D1665638

Dr. Hans-Albrecht Harth hat Betriebswirtschaft und Soziologie studiert und ist heute Geschäftsführer zweier Unternehmen.

Als Autodidakt beschäftigt er sich seit 40 Jahren mit Persönlichkeitsentwicklung. In seinem Buch beschreibt er seine Erkenntnisse und Methoden - keine Theorie, sondern das von ihm gelebte, umsetzbare Konzept. Seine Überzeugung ist: Alles, was uns widerfährt, hat damit zu tun, welche Persönlichkeit wir haben. Persönlichkeitsentwicklung ist deshalb die zentrale Aufgabe des Lebens - und darin sind wir alle Autodidakten!

Ich danke

- meinen Eltern für ihre Liebe und die Möglichkeiten, die sie mir boten,
- dem Leben für die vielfältigen Probleme und Herausforderungen, die mich haben wachsen lassen,
- Monika Hein-Dielemans, die mir in den 90-er Jahren ein Buch schenkte, das eine Kettenreaktion auslöste,
- Dr. Michael Spitzbart, der mich 1999 in einem Vortrag zum Joggen brachte, was ungeahnte Folgen für meine Persönlichkeit hatte,
- Ingrid Naab, die das Manuskript kritisch gelesen und wichtige Verbesserungsvorschläge gemacht hat.

Hans-Albrecht Harth

# Entwickle deine wahre Persönlichkeit

und die Welt verändert sich

Die im Buch enthaltenen Links wurden vor der Veröffentlichung (zum angegebenen Zeitpunkt) aufgerufen. Auf spätere Veränderungen habe ich keinen Einfluss und übernehme deshalb dafür keine Haftung.

© 2021 Dr. Hans-Albrecht Harth

ISBN Softcover: 978-3-347-45282-4
ISBN Hardcover: 978-3-347-45283-1
ISBN E-Book: 978-3-347-45284-8

Druck und Distribution im Auftrag des Autors: tredition GmbH, Halenreie 40-44, 22359 Hamburg, Germany

# Inhaltsverzeichnis

# Vorwort

Die Corona-Pandemie mit den folgenden Schutzmaßnahmen hat unsere täglichen Routinen ausgeschaltet, hat unsere Gewohnheiten unterbrochen, die bürgerlichen Freiheitsrechte eingeschränkt und den sozialen Kontakt zu unserer Familie und Freunden reduziert. Selbst die berufliche und geschäftliche Zusammenarbeit hat sich häufig auf Heimarbeit mit Telefon- und Video-Kontakt reduziert. Wir erleben eine soziale Vereinsamung, wir wurden und werden auf uns selbst zurück geworfen und stellen fest, dass wir dafür schlecht vorbereitet sind.

Nach dieser Krise werden die Welt, die Wirtschaft und die Gesellschaft andere sein. Diese Krise bewirkt einen Paradigmenwechsel, weil das Virus nicht wieder verschwinden wird. Wir müssen lernen, besser mit dieser und mit anderen Krisen umzugehen. Aber wie?

Die Corona-Krise ist nicht das einzige, was uns herausfordert. Die Welt hat sich bereits in den letzten 20 Jahren durch Digitalisierung, Globalisierung und neue Medien schnell und einschneidend verändert. Wir haben uns dem angepasst, meist ohne dass es uns bewusst wurde. Als Folge der Corona-Pandemie mussten wir uns erneut anpassen. Wir hatten gar keine Wahl.

Nach all den Anpassungen an äußere Veränderungen, sollten wir uns jetzt fragen, warum wir uns immer nur anpassen. Sollten nicht unsere Ziele im Leben und unsere Bedürfnisse eine viel größere Rolle spielen?

Worum soll es eigentlich gehen in Ihrem Leben? Wer sind Sie? Wohin wollen Sie selbst?

Die Krisen zeigen deutlich, dass es keine Sicherheit gibt und die äußeren Strukturen und Abläufe nicht gottgegeben und alternativlos sind, auch wenn sie von manchen Menschen gerne so bezeichnet werden. Vielmehr können - von heute auf morgen - weltweit Rahmenbedingungen entscheidend verändert werden: Unternehmen und Restaurants schließen, der Flugverkehr wird eingestellt und wir benutzen in Bahnen und Läden Schutzmasken, etwas das wir früher nur aus Asien kannten.

Die Krise traf weltweit alle Menschen - mehr oder weniger - gleich. Egal ob weiß oder farbig, ob arm oder reich. Selbst für den Multimillionär gab es keinen Linienflug in der ersten Klasse. Die äußeren Rahmenbedingungen, auf die wir uns ausgerichtet haben, und die damit einhergehende, vermeintliche Sicherheit erwiesen sich als trügerisch. Wo finden wir in Zukunft verlässliche Orientierung, Halt und Glück?

Orientierung, Sicherheit und Glück finden wir in Zukunft - mehr denn je - nur in uns selbst, in unserer Persönlichkeit. Wir müssen uns selbst um unsere wahren Bedürfnisse kümmern und dafür eintreten, denn, wer sonst außer uns, kann unsere wahren Bedürfnisse kennen? Warum haben wir das nicht besser gelernt? Warum setzen wir es nicht konsequenter um?

Sehen und nutzen Sie die Corona-Krise als Ihre Chance, sich nicht wieder nur den äußeren Erfordernissen *passiv* anzupassen, sondern diesmal *aktiv* nach Ihren Zielen, nach Ihren Werten, Bedürfnissen und Gefühlen - nach Ihrer *wahren* Persönlichkeit - zu suchen und dann Ihr Denken, Fühlen und Handeln danach auszurichten.

Sie haben die Chance Ihre Persönlichkeit zu entwickeln, die Ihnen Sicherheit und Glück bietet, da Sie in ihr Ihre Ziele und Ihre Orientierung finden. Ich zeige Ihnen, wie Sie nicht nur mit Corona und anderen Krisen fertig werden, sondern in Zukunft besser - mit sich selbst im Einklang - leben und glücklich werden können. Ich bin dankbar, dass ich Ihnen jetzt nach zweieinhalb Jahren mein Buch präsentieren kann, in dem ich Ihnen zeige, was ich erkannt habe und selbst auch lebe.

Frankfurt, 18.12.2021

# 1. Einleitung

Sie haben sich das Buch gekauft, weil Sie sich vermutlich Fragen stellen wie:

- Wer bin ich - und wie bin ich so geworden?
- War´s das, oder kann ich mein Leben verändern?
- Worum soll es gehen in meinem Leben?
- Wie finde ich meine *wahre* Persönlichkeit? Und vor allem:
- Wie entwickle ich *aktiv* meine *wahre* Persönlichkeit?

Fragen über Fragen. Aber gut, dass Sie sich diese Fragen stellen. Die meisten Menschen kommen gar nicht auf die Idee, solche Fragen zu stellen.

Da Sie das Buch gekauft haben, glauben Sie offenbar, dass Sie sich verändern, sich entwickeln können. Das ist bemerkenswert, denn die meisten Menschen sind der Meinung: „Ich bin so, wie ich bin." Oder „Ich bin zu alt, um mich noch zu verändern."

Die gute Botschaft gleich vorweg: Sie können sich weiter entwickeln. Ich habe es selbst gemacht. Ich zeige Ihnen meine Methode, wie Sie vorgehen können und biete Ihnen eine Fülle von Hilfsmitteln, die ich selbst nutze.

Seit vierzig Jahren beschäftige ich mich mit  Persönlichkeitsentwicklung. Der Grund dafür ist: ich stamme aus einfachen Verhältnissen, machte Abitur und studierte. Dabei lernte ich Menschen kennen, deren Einstellungen und Verhalten ganz anders waren, als meine. Menschen, die anders dachten, reagierten und agierten als ich. Genau diese Unterschiede in Einstellung und Verhalten waren der Auslöser für meine immer wieder gestellten Fragen, die mich ein Leben lang begleitet haben: „Was ist richtig, was ist falsch"? „Was kann ich an meinem Verhalten ändern?" und „Soll ich etwas an mir ändern?"

An Persönlichkeitsentwicklung im eigentlichen Sinn, so wie ich sie heute verstehe, habe ich damals überhaupt nicht gedacht. Ich wollte meine Persönlichkeit gar nicht ändern, es war ja schließlich meine Persönlichkeit - meine Identität. Schon gar nicht wollte ich anderen Einfluss auf meine Persönlichkeit geben, ich wollte mich nicht von anderen verändern lassen. Doch genau das geschieht permanent. Unsere Persönlichkeit wird durch andere geprägt und wird fortwährend durch externe Einflüsse weiter verändert. Wir sind uns dessen nur nicht bewusst.

Zu meinem Konzept der Persönlichkeitsentwicklung fand ich mehr per Zufall. Der Anfang war mir nicht einmal bewusst. Erst rückblickend habe ich erkannt, dass das damals der Beginn meiner bewussten, aktiven Persönlichkeitsentwicklung war. Meine Überzeugung ist heute:

Persönlichkeitsentwicklung ist das zentrale Thema des Lebens. Alle anderen Aspekte unseres Lebens folgen unserer Persönlichkeit oder werden von ihr beeinflusst.

Persönlichkeitsentwicklung mit bewusstem Ziel-Selbstbild und der Weg, wie man sie erreichen kann, sind Themen dieses Buches.

Ich liebe Menschen, die etwas aus ihrem Leben machen und sich bewusst entwickeln wollen. Dieses Buch ist genau für Sie gedacht und soll Ihnen dabei helfen. Mit diesem Buch will ich Sie ermutigen, aktiv an Ihrer Persönlichkeit zu arbeiten. Das ist meine Motivation.

Weiter zeige ich Ihnen, was ich bei meiner Persönlichkeitsentwicklung entdeckt und gelernt habe. Sie können es nutzen und so die Fehler vermeiden, die ich begangen habe, und sich so viel Zeit und Enttäuschungen ersparen.

Die Erkenntnisse und Informationen, die ich gefunden habe, stammen aus verschiedenen Fachgebieten. Ihre Persönlichkeit hat mehrere Facetten, die sich wechselseitig beeinflussen. Ich bin der Meinung, dass sie alle für eine harmonische Persönlichkeitsentwicklung berücksichtigt werden müssen.

Für Ihre Persönlichkeitsentwicklung und Ihren Lebensweg hilft Ihnen deshalb nicht die Antwort eines Spezialisten. Nur ein ganzheitliches, fachübergreifendes Konzept ermöglicht, dass sich Ihre Persönlichkeit harmonisch entwickelt und Ihnen Ihr Leben gelingt. Übernehmen Sie davon einfach das, was Sie überzeugt und woran Sie glauben.

Je länger ich an dem Buch arbeitete, desto mehr Fragen tauchten auf. Ich entdeckte immer wieder eine neue Schicht unter der Schicht, die ich als

Basis angesehen hatte. Die Fragen wurden immer philosophischer. Das wird auch Ihnen so gehen, wenn Sie einmal angefangen haben. Das ist die Herausforderung des Lebens, sich Fragen zu stellen und Antworten zu suchen, so wie Sie das auch tun.

Ich werde Ihnen allerdings nicht die Frage beantworten, was Ziel Ihres Lebens sein soll oder wie Ihre Persönlichkeit aussehen soll. Die Antworten auf die Fragen, wer Sie sind und worum es in Ihrem Leben gehen soll, können nur Sie selbst finden. Den Weg - Ihre Lebensreise - können auch nur Sie selbst gehen. Sie sind die Fachfrau oder der Fachmann, wenn es um Ihr Leben geht - niemand sonst!

Was ich Ihnen anbiete, sind die Erkenntnisse aus meinem Lernprozess und die Hilfsmittel und Methoden, die ich gefunden und zum Teil selbst entwickelt habe. Sie sollen Ihnen helfen, Ihr Ziel und Ihren Weg besser zu erkennen, damit Ihnen Ihr Lebensweg besser gelingt und Sie Irrwege - wenn möglich - vermeiden können. Sie sollen Ihnen vor allem Mut machen, anzufangen und dann durchzuhalten, Ihr Ziel nicht mehr aus den Augen zu verlieren. Beharrlichkeit ist eine Grundvoraussetzung für das Gelingen Ihrer Persönlichkeitsentwicklung und Ihres Lebenswegs, denn beide sind grundsätzlich lebenslänglich.

Sie können Ihre *wahre* Persönlichkeit erkennen und leben. Sie können viel mehr, als Sie sich heute womöglich vorstellen. Seien Sie gespannt darauf, was alles möglich ist - und was gerade auch Ihnen möglich ist. „If you are searching for that one person that will change your life, take a look into the mirror."

In diesem Buch finden Sie

- was ist und wie entstand Ihre Persönlichkeit,
- dass Ihre Persönlichkeit veränderbar ist,
- wie Sie Ihre *wahre* Persönlichkeit finden – und
- wie Sie Ihre *wahre* Persönlichkeit entwickeln.

Warum sollten Sie Ihre Persönlichkeit entwickeln wollen? Ich habe mich lange geweigert, an meiner Persönlichkeit Veränderungen zuzulassen, ich wollte vor allem niemand anderem die Macht geben, meine Persönlichkeit zu verändern. Das will ich auch heute nicht. Nach einiger Zeit habe ich aber erkannt, dass meine Persönlichkeit gar nicht „meine" ist, da wir alle unsere Persönlichkeit von anderen erhalten.

Wenn Sie also zu *Ihrer* Persönlichkeit kommen wollen, müssen Sie Ihre *wahre* Persönlichkeit - Ihr „Ziel-Selbstbild" - erst einmal erkennen. Im zweiten Schritt müssen Sie dann bewusst an der „von anderen" vermittelten Persönlichkeit (Ihrer aktuellen Persönlichkeit) arbeiten, um zu Ihrer *wahren*, in Ihnen angelegten Persönlichkeit zu gelangen. Das ist Arbeit, das ist anstrengend und langwierig - aber es geht. Ich habe es selbst gemacht - und ich arbeite weiter daran!

Nach einiger Zeit werden Sie die ersten positiven Veränderungen an sich bemerken. Sie werden erkennen, dass Sie auf einem guten - auf einem besseren - Weg sind, als zuvor. Vielleicht erkennen Sie dann, dass Sie zum ersten Mal überhaupt auf *Ihrem* Lebensweg sind, nicht dem von anderen vorgegebenen Weg. Sie müssen dazu nur anfangen - und dann einfach nicht mehr aufhören.

Das Buch ist für die 2 % der Menschen gedacht, die sich aktiv um die Richtung ihres Lebens kümmern, ihre Persönlichkeit wirklich entwickeln und dazu beharrlich an sich arbeiten wollen. Es liefert Gedanken und Antworten zu folgenden Themen:

Kapitel 2:

Die Grundlagen der Persönlichkeit: Wie Sie wurden, wer Sie sind. Ihr Selbstbild. Warum Sie nicht so bleiben müssen, wie Sie sind - egal wie alt Sie sind. Der Wert der Harmonie von Körper, Geist und Seele.

Kapitel 3:

Der Sinn des Lebens. Wie finden Sie Ihr „Ziel-Selbstbild" und Ihren Lebensweg? Woher nehmen Sie die Motivation und den Mut, Ihren Weg zu gehen?

Kapitel 4:

Wie erreichen Sie tatsächlich Ihr „Ziel-Selbstbild" und beschreiten Ihren Lebensweg so, dass Ihr Leben gelingt? Herausforderungen und Hilfsmittel.

Kapitel 5:

Die Wirkung der Persönlichkeitsentwicklung auf Ihr Umfeld in sozialer und finanzieller Hinsicht.

Das Buch enthält teilweise mehr Fragen als Antworten. Der Grund ist, dass die Antworten, die Ihnen andere geben, die Antworten sind, die für deren Leben richtig sein mögen, jedoch nicht für Ihr Leben. Die Antworten auf die Fragen Ihres Lebens müssen Sie selbst finden.

Mit Ihrer Persönlichkeitsentwicklung ändern Sie nicht nur sich selbst und Ihren Blick auf die Welt, sondern bewirken - durch Ihr daraus folgendes verändertes Verhalten - auch eine Veränderung Ihres Umfelds und damit - ein ganz kleines Bisschen - die Welt.

Wenn Sie Persönlichkeitsentwicklung betreiben und Kinder haben, dann wird die Folge deutlicher. Sie ändern sich, Sie agieren und reagieren anders und Ihre veränderte Persönlichkeit wirkt - verbal und durch Ihr Vorbild - auf Ihre Kinder. Ihre Kinder werden sich anders entwickeln als ohne Ihre Persönlichkeitsentwicklung. Die nächste Generation wird dann schon auf einem höheren Niveau wiederum an ihrer Persönlichkeit arbeiten. Der Prozentsatz der Menschen wird steigen, die bewusst und aktiv ihre Persönlichkeit entwickeln.

Das Buch ist geeignet für alle Menschen, die den dringenden Wunsch haben, ihr Leben zu verändern, auch für die, die sich noch nicht mit dem Thema beschäftigt haben. Falls Sie sich schon mit Persönlichkeitsentwicklung beschäftigt haben, werden Ihnen einzelne Aspekte bekannt sein. Gehen Sie dann einfach zum nächsten Abschnitt weiter oder zu dem Abschnitt, der Sie besonders interessiert.

Sie können das Buch beginnen, wo immer Ihre Neugierde Sie gerade hin treibt. Zu allen Begriffen und Themen gibt es Verweise auf den Abschnitt, in dem sie behandelt werden.

Ich empfehle allerdings, das Buch einmal komplett zu lesen. Wichtig für die Zusammenhänge und meine späteren Empfehlungen im 4. Kapitel sind die Abschnitte:

2.2.2. Die Arten der Motivation,
2.4.    Harmonie von Körper, Geist und Seele,
3.1.3. Heteronomie - Autonomie - Theonomie,
3.2      Ihr Ziel-Selbstbild und
3.3.3. Mut und Glaube.

Die bewusste Entwicklung Ihrer Persönlichkeit werden Sie nur erreichen, wenn Sie aktiv und mit Beharrlichkeit daran arbeiten. Das einmalige Lesen des Buches bringt wenig, denn Ihre heutige Persönlichkeit hat sich über Jahrzehnte gebildet. Bewusste Persönlichkeitsentwicklung können Sie nicht in drei Monaten erledigen, es ist vielmehr ein lebenslanger Prozess.

Darin stecken zwei gute Botschaften. Sie können:

- Ihrem Leben immer eine neue Richtung geben - und
- sich weiter entwickeln - egal wie alt Sie sind.

Cicero hat gesagt: "Fange nie an, aufzuhören, höre nie auf, anzufangen." In diesem Sinne: Fangen Sie an - und hören Sie nie wieder auf!

# 2. Ihre Persönlichkeit - Wie Sie wurden, wer Sie sind.

Wenn Sie die Grundlagen der Gehirnentwicklung, der Sozialisation, der Motivation und der Persönlichkeit kennen, können Sie direkt im Kapitel 3 weiter lesen. Sie sollten aber auf jeden Fall die Abschnitte 2.2.2. „Die Arten der Motivation", 2.3. „Ihr Selbstbild" und Abschnitt 2.4. „Harmonie von Körper, Geist und Seele" lesen, denn die sind Grundlage der weiteren Überlegungen.

Da Erkenntnisse flüchtig sind und Sie sich im Zweifelsfall später nicht mehr daran erinnern, finden Sie am Ende des Kapitels zwei Seiten für Ihre Notizen. Was auch immer Ihnen einfällt, notieren Sie es umgehend!

Notieren Sie auch das, was Ihr Zensor im Kopf (Ihr Verstand) aufgrund Ihrer Sozialisation direkt verwerfen will! Notieren Sie es dennoch!

## 2.1. Quellen der Persönlichkeit

Was ist Persönlichkeit? Gordon Allport beschreibt sie als "die dynamische Ordnung des psychophysischen Systems im Individuum, die die einzigartigen Anpassungen an seine Umwelt bestimmen."

Persönlichkeit umfasst nach dieser Definition zwei Facetten - Körper und Geist - und beschreibt, wie sich die Person / Persönlichkeit in Bezug auf ihr Umfeld verhält. Persönlichkeit umfasst also, wie sich der Mensch selbst sieht, wie er sein Umfeld wahrnimmt, welche Chancen er sieht, welche Ziele er sich setzt, wie er handelt und welche Gefühle er dabei entwickelt. Wie entsteht Persönlichkeit?

### 2.1.1. Gehirnentwicklung

Menschen und Menschenaffe haben zu 99,5 % die gleichen Gene. Der Menschenaffe ist uns zwar genetisch ähnlich, jedoch kann nur der Mensch denken, planen, die Folgen seiner Handlungen abschätzen, phantasieren und neue Dinge erfinden (auch unnütze).

Das Gehirn des Menschen ist bei seiner Geburt in weiten Teilen noch nicht ausgeformt. Deshalb kann die spezifische Prägung eines Menschen im Rahmen der Sozialisation entsprechend des Umfelds und des Kulturkreises, in den der Mensch hinein geboren wird, erfolgen.

Nach den neusten Erkenntnissen der Neurowissenschaften wird die Persönlichkeit bestimmt durch die Gene der Eltern und - zu einem wesentlichen Teil - durch die Sozialisation, die Erziehung - wiederum primär durch die Eltern. Die Sozialisation wirkt - wie wir später noch sehen werden - sogar auf die Aktivität der Gene zurück.

Die Art und Funktion unseres Gehirns wird nach Gerald Hüther - einem bekannten und renommierten Neurowissenschaftler - definiert durch die „neuronalen und synaptischen* Verschaltungsmuster", die sich im Laufe

---------------------------------------------------------------------------------

*Die Neuronen sind die Nervenzellen; die Synapsen sind Nervenfortsätze zur Signalübertragung zwischen den Neuronen.

der ersten Lebensjahre in unserem Gehirn entwickeln und verfestigen. Die Verschaltungen sind feste Reaktionsmuster - bestehend aus Denken, Fühlen und Handeln - auf äußere Impulse.

Bei unserer Geburt sind zunächst nur die für die Körperfunktionen notwendigen Verknüpfungen der Neuronen (Nervenzellen) vorhanden. Ohne fremde Hilfe sind wir nicht überlebensfähig. Wir benötigen sowohl physiologische Versorgung (Nahrung) als auch emotionale Zuwendung - Liebe - unserer Eltern, um überleben zu können.

Bemerkenswert ist, dass unser Gehirn bei unserer Geburt - neben den für die Körperfunktionen notwendigen Neuronen - mit sehr viel mehr Nervenzellen ausgestattet ist, als wir später benutzen. Wir kommen also mit einem Überfluss auf die Welt und haben ein offenes, vielfältig formbares, lernfähiges Gehirn - bestehend insbesondere aus dem Hirnstamm, Mittel- und Zwischenhirn und dem Großhirn mit dem besonders wichtigen Teil, dem sog. präfrontalen Cortex, für die kognitiven Prozesse.

Bei der Geburt stehen uns, neben einer riesigen Zahl von Neuronen (etwa 100 Milliarden), eine noch viel größere Zahl an Fortsätzen und Verknüpfungen (Synapsen) zur Verfügung (geschätzt auf rund 100 Billionen), die die Informationen - zielgerichtet - von Neuron zu Neuron weiterleiten und sich so verbinden, wie sie aufgrund äußerer und innerer Reize im Rahmen der Sozialisation tatsächlich genutzt werden.

Von dieser riesigen Zahl an Neuronen und Synapsen bleiben nur die erhalten, die tatsächlich genutzt werden, zum Beispiel für Krabbeln, Gehen, Sprechen, Denken. Die anderen werden wieder abgebaut. Es gilt das Prinzip: „Use it or loose it."

Die inneren (Körper) und äußeren Reize, die nachfolgenden Aktionen und die damit verbundenen Gefühle - Lust und Unlust (Frust) - werden im Gehirn in Form von „neuronalen und synaptischen Verschaltungen" abgebildet. Die entstehenden Verschaltungen bestehen immer aus dem (äußeren) Reiz, dem Denken, Handeln und dem damit verbundenen Gefühl.

Im Rahmen der Sozialisation machen wir mit unseren Eltern und unserem Umfeld ganz bestimmte Erfahrungen, was gefordert wird, was belohnt wird, ob unsere Eltern sich so verhalten, wie sie es sagen, etc.. Die Überzeugungen und das Verhalten unserer Eltern und unserer sonstigen Bezugspersonen werden ebenfalls in unserem Gehirn repräsentiert. Unsere Weltsicht und unsere Vorstellung von unseren Möglichkeiten in der Welt entwickeln sich so ebenfalls entsprechend denen unseres Umfelds.

Das führt zu entsprechenden - von Kultur zu Kultur, von Schicht zu Schicht, von Familie zu Familie und von Kind zu Kind - ganz unterschiedlichen Verschaltungen im Gehirn. Deshalb hat jeder von uns eine ganz unterschiedliche und individuelle Persönlichkeit.

Als Kind lernen wir auch mit Widersprüchen zwischen den Körperbedürfnissen und den Erwartungen unseres Umfelds - insbesondere der Eltern - umzugehen, z.B. körperliche Impulse zu kontrollieren. Die Anforderungen und Vorgaben führen wiederum zu entsprechenden Verschaltungen in unserem Gehirn.

Eine besondere Funktion spielt die Amygdala (Mandelkern), ein Bereich des Gehirns, der Ereignisse mit Emotionen verknüpft und in Verbindung mit dem Sympathikus zu Körperreaktionen führt. Die Amygdala spielt eine entscheidende Rolle bei unserer Reaktion auf als bedrohlich empfundene Situationen oder Ereignisse. Die Amygdala verursacht die bekannten urzeitlichen, undifferenzierten Reaktionen: Angriff, Flucht oder auch Schockstarre. Wir kommen später auf das Thema zurück

Was die wahrgenommene Wirklichkeit für uns bedeutet und wie wir uns dementsprechend am sinnvollsten verhalten, wird im präfrontalen Cortex verarbeitet und entschieden. Hier werden unsere Planungen, Handlungsalternativen mit Folgeabschätzung und Haltungen (ethisch-moralische Prinzipien) abgewogen und entschieden. Dieser Teil des Gehirns entwickelt und differenziert sich zuletzt aus.

Was wir also sehen, wie wir es bewerten, wie wir uns dabei fühlen und wie wir dementsprechend handeln, ist ein Resultat der Verschaltungen in unserem Gehirn. Die Verschaltungen bilden sich entsprechend der Art und Weise, wie wir unser Gehirn nutzten. Wir nutzen unser Gehirn so, wie wir es in und von unserem Umfeld lernen.

Wir erhalten also ein individuelles Gehirn entsprechend der Art der Nutzung, eingeübt im Rahmen der Sozialisation. Was und wie wir denken, wie wir uns dabei fühlen, was wir uns wünschen und wie wir letztlich handeln, ist aber nichts anderes als unsere Persönlichkeit.

Neben einem genetischen Anteil erhalten wir also einen entscheidenden Teil unserer Persönlichkeit im Rahmen der Sozialisation von anderen Menschen, zum Beispiel im Elternhaus, in der Schule, in Gruppen von Gleichaltrigen, in anderen Bezugsgruppen und letztlich durch die ganze Gesellschaft. Unsere Persönlichkeit haben wir also von anderen!

In unserem Gehirn wird die Welt abgebildet mit den für uns gültigen Bedeutungen und Möglichkeiten. Diese inneren Bilder umfassen nicht nur die Ereignisse und unser Verhalten. In unserem Gehirn werden auch die damit verbundenen Gefühle verarbeitet, die ja wiederum unser Verhalten steuern, unsere Psyche.

Der Begriff Seele geht nach meiner Auffassung über den Begriff Psyche hinaus. Die Seele ist für mich der unsterbliche und unantastbare Teil unserer Persönlichkeit, die Psyche ist hingegen der weltlich formbare, emotionale Teil der Persönlichkeit. Dennoch werden im Folgenden beide Begriffe parallel benutzt.

Im Laufe der Sozialisation lernen wir auch mit Gefühlen wie Angst, Wut, Trauer etc. umzugehen. Wenn diese Gefühle oder Gefühlsäußerungen im jeweiligen sozialen Umfeld nicht geschätzt werden, lernen wir ggf. diese Gefühle zu unterdrücken oder nicht zu äußern, was körperliche Auswirkungen haben kann und sich in Haltung, Muskulatur, Atmung und daraus folgenden Erkrankungen widerspiegeln kann. Die Medizin kennt das als psychosomatische Erkrankungen.

In unserem Gehirn werden alle für uns wichtigen Vorgänge und Ereignisse und ihre Bedeutung - durch innere Bilder - repräsentiert. Unser Verhalten erfolgt als „Rückgriff auf erfahrungsabhängig herausgeformte, handlungsleitende, das Denken bestimmende, Orientierung bietende innere Bilder" (Hüther).

Je öfter wir auf ein äußeres Ereignis in einer bestimmten Art und Weise reagieren, desto mehr verfestigt sich das Reaktionsmuster. Wir reagieren und handeln also eher automatisch - aus unserem Unterbewusstsein heraus und entsprechend den in der Sozialisation gebildeten Verschaltungsmustern -, als bewusst mit unserem Verstand zu entscheiden.

Eine erhebliche Um- und Neuorientierung findet für die Jugendlichen in der Pubertät statt. Die Meinung und das Verhalten der Gruppe der Gleichaltrigen - der Peer-Group -, zu der man dazu gehört oder gehören will, werden wichtiger als die Meinung der Eltern.

Diese Um- und Neuorientierung stellt für die Jugendlichen ein Problem dar, das mit starken Gefühlen verbunden ist, da ihre bisherigen Reaktionsmuster nicht oder nur teilweise mit den neuen Anforderungen (von außen oder innen) übereinstimmen. Es müssen neue Verschaltungen gebildet werden. Bei starken Emotionen (Wut, Trauer, Freude) schüttet das Gehirn neuroplastische Botenstoffe (Neurotransmitter) aus, mit deren Hilfe diese neuen Verschaltungen gebildet werden.

Das ist eine wichtige Erkenntnis für unser Thema. Unser Gehirn ist in der Lage, Probleme zu lösen - sich an geänderte Bedingungen anzupassen -, indem es neue Verschaltungen bildet, wenn unsere Emotionen groß genug sind! Diese Fähigkeit zur Veränderung bleibt uns ein Leben lang - bis ins hohe Alter - erhalten. Wir können es nutzen.

Meist arbeitet unser Gehirn jedoch mit den gebildeten Verschaltungen, mit einer Art „Autopilot". Der Grund ist, dass aktives Denken eine anstrengende Tätigkeit ist und viel Energie erfordert. Unser Gehirn verbraucht rund 20 % unserer Kalorienaufnahme (bei etwa 2 % Anteil am Körpergewicht) – bei intensivem Denken sogar mehr. Das Gehirn versucht deshalb, so oft wie möglich, aktives Denken zu vermeiden und greift auf die vorhandenen neuronalen Verschaltungen zurück. Unsere Reaktion kommt dann aus dem Unterbewusstsein.

Noch bevor wir mit dem präfrontalen Cortex anfangen, bewusst über unsere Reaktion nachzudenken, hat unser Unterbewusstsein bereits auf Basis der programmierten Muster auf äußere Einflüsse reagiert. Wie wir noch sehen werden, ist dies eines der Hauptprobleme der bewussten Persönlichkeitsentwicklung.


## 2.1.2. Sozialisation


Sozialisation (vom lat. „sociare" = verbinden) ist der Prozess der Einübung von Verhalten des Kindes (des Menschen), entsprechend der Normen seines Umfelds, d.h. das Einüben von  Wahrnehmung, Bewertung und Handlung auf äußere Ereignisse.

Hält man sich vor Augen, wie unterschiedlich sich Menschen  in verschiedenen Kulturkreisen, Schichten und Gesellschaften verhalten und auch im Zeitablauf entwickelt haben, dann wird deutlich, wie groß der Einfluss der Sozialisation auf den Menschen und seine Persönlichkeit ist.

Die grundlegenden Prägungen unserer Persönlichkeit erhalten wir - neben den Genen - in den ersten Lebensjahren - üblicherweise - durch unsere Eltern.

## 2.1.2.1. Sozialisation durch Eltern

Ein Grundbedürfnis des Kindes ist Geborgenheit: einmal in physiologischer Hinsicht und dann als emotionale Geborgenheit. Wenn das Baby schreit, weil es Hunger hat, und der Hunger gestillt wird, macht es eine erste wichtige Erfahrung: Ich kann mir selbst helfen (Selbstwirksamkeit) und jemanden herbei holen, der mich füttert. Wenn es gestreichelt wird, merkt es: Ich bin nicht allein. Es entwickelt Urvertrauen und Selbstwertgefühl.

Wenn das Baby gegenteilige Erfahrungen macht, dann ist leicht einsehbar, was das für die Entwicklung seines Gehirns, seines Selbst- und Weltbildes und seiner Persönlichkeit bedeutet.

Das zweite Grundbedürfnis ist die Erkundung seines Umfelds, die Neugierde. Das Kind krabbelt, greift und steckt erst einmal alles in den Mund. Das Kind tut dies aus eigenem Antrieb, aus einer intrinsischen Motivation heraus.

Die Erziehung im eigentlichen Sinne besteht im bewussten Einüben eines bestimmten Verhaltens durch Vorgaben und Vorleben. Kinder sind von Natur aus neugierig und lernen Neues mit Begeisterung. Sie lernen die Regeln des Zusammenlebens durch Vorleben und eignen sich Wissen an, lernen zu sprechen, zu lesen, zu rechnen etc.

Regeln und Vorgaben werden von den Kindern übernommen, da sie den Eltern gefallen wollen, Liebe und Lob instinktiv suchen, und - im negativen Fall - Bestrafung fürchten. Freude (Lob, Liebe) und Schmerz (Strafe) sind ja die beiden wichtigsten Motive des Menschen.

Lernen von Verhalten geschieht am besten durch Vorleben. Kinder orientieren sich zunächst insbesondere am Verhalten der Eltern. Sie lernen durch Spiegelneuronen und imitieren das bei ihren Vorbildern (Eltern, Familie, Lehrern, ...) beobachtete Verhalten.

Richtiges Verhalten lernen Kinder leicht, wenn die Eltern und andere Bezugspersonen konsistent und konsequent handeln, d.h.:

- selbst nach den verbalen Vorgaben und Regeln handeln - und
- die Einhaltung von Vorgaben und Regeln durchsetzen.

Ein wichtiges Element der Sozialisation sind Verbot und Regeln wie: „Das darfst du nicht.", „Dazu bist du noch zu klein." Diese Regeln werden zum Teil so oft wiederholt, dass wir sie als wahr übernehmen. Sie werden „internalisiert" und damit Teil unserer Persönlichkeit. Ein Teil der Regeln sind jedoch schlicht Meinungen, wie „Das kannst du nicht.", die uns limitieren, d.h. einschränken. Eine unbewusste Limitierung ist beispielsweise auch der Satz einer Mutter zu ihrer Tochter: „In Mathematik war ich auch immer schlecht." Die Tochter versteht: „Ich bin weiblich, also liegen meine Probleme mit Mathematik an meinem Geschlecht und nicht daran, dass ich mich zu wenig bemühe."

Die Limitierungen erfolgen häufig nicht bewusst, sondern – wie das vorstehende Beispiel zeigt - einfach durch Vorleben und beiläufige Wiederholung. Da sie unterbewusst entstehen, werden die Limitierungen später auch nicht bewusst hinterfragt. Diese Limitierungen sind Suggestionen. Sie sind vielleicht gut gemeint, sie sind aber Meinungen anderer und haben mit unseren Grenzen nichts zu tun. Sie führen jedoch dazu, dass wir unser Potential, die vielfältigen Möglichkeiten unseres Gehirns und die uns mögliche Persönlichkeit nicht (voll) leben.

Wir lernen also irgendwie geartete Kompromisse zu leben, gebildet aus unseren inneren Bedürfnissen (Gefühlen und Körper) und den internalisierten äußeren Anforderungen und Grenzen. Wenn diese Kompromisse häufig genug gelebt werden, bilden sich feste neuronale und synaptische Verschaltungen, die unser Denken, Fühlen und Handeln ausmachen - unsere Komfortzone. Sie sind Teil unserer Persönlichkeit geworden.

Die Limitierungen führen aber auch zum Zweifel an uns selbst oder gar zur Resignation. Wir zweifeln, ob uns mehr möglich ist, oder geben auf, mehr zu wollen, weil es angeblich für uns nicht möglich ist. Wir richten uns in den Grenzen ein, die durch die Suggestion - das Urteil anderer - errichtet worden sind. Um in diesen (engen) frustrierenden Grenzen erträglich leben zu können, reagieren manche Menschen auf sie mit Ablenkungen: Partys, Reisen, Konsum, Alkohol u.a. Der Mensch, der gerne Abenteurer wäre, macht dann einen Abenteuerurlaub.

Kinder lernen die Sprache analog zum Sprachgebrauch der Eltern und des Umfelds. Die Wortwahl und Sprache beeinflussen die Wahrnehmung, das Denken und Fühlen und mithin die Persönlichkeit. „Die Sprache gehört zum Charakter des Menschen.", stellte Francis Bacon bereits vor 400 Jahren fest.

Die Kinder erwerben einen eingeschränkten Wortumfang, wenn ihre Eltern nur einen eingeschränkten Wortschatz haben. Sie lernen differenziert zu denken und zu formulieren, wenn ihre Eltern differenziert denken, einen entsprechend umfangreichen Wortschatz nutzen und differenziert argumentieren. Das Denken, die Kommunikation und die Persönlichkeit werden durch die erworbene Sprache wesentlich beeinflusst.

Das irgendwie geartete innere oder äußere Verhalten, die ethisch-moralische Haltung und die Limitierungen korrespondieren immer damit, was in der jeweiligen Familie und dem betreffenden Umfeld erwartet wird und üblich ist. Die Eltern geben dabei wiederum Teile der Sozialisation weiter, die sie von ihren Eltern erhalten haben. Die Art der Sozialisation wird also - grundsätzlich - von Generation zu Generation weiter gegeben.

Die Eltern verhalten sich zudem wie die Gruppe, Schicht und Gesellschaft, zu der sie gehören oder gehören wollen, und vermitteln diese Werte, Sichtweisen und das zugehörige Verhalten dieser Gruppe, Schicht oder Gesellschaft an ihre Kinder weiter.

Ein wichtiger Aspekt der Sozialisation sind Grenzen. Grenzen dessen, was man nicht tut, und Grenzen dessen, was man kann. „Das kannst du nicht." ist nur die Meinung anderer, bewirkt aber als Suggestionen eine Limitierung der eigenen Möglichkeiten.

Es gibt auch Limitierungen, die gar nicht explizit, sondern durch Unterlassung erfolgen. Alles, was ein Kind nicht kennenlernt, wird es später nicht vermissen und suchen. Denn warum sollte sich jemand um etwas bemühen, nach etwas suchen, das er nicht einmal kennt? Bei mir war es das Theater, das ich durch meine Eltern und die Schule nicht kennengelernt hatte. Mir fiel dann auf, dass Freunde ins Theater gingen, ich aber nicht. Ich fragte mich, warum mir die Motivation dazu fehlte und habe das später im Rahmen einer Dissertation untersucht. Das Thema Motivation wird im Abschnitt 2.2.2. genauer behandelt.

Leider ist die Meinung weit verbreitet: „Unser Kind soll es mal besser haben." Mit dieser Einstellung werden Probleme von den Kindern fern gehalten. Damit verhindern wir, dass Kinder an Herausforderungen wachsen und starke Persönlichkeiten entwickeln. Das wirkt wie eine Limitierung. Ohne Übung im Umgang mit Problemen wirken sie wie ein Hindernis und nicht als Herausforderung. Mehr hierzu in Abschnitt 2.2.3.

Ein weiterer Einflussfaktor auf die Bildung der Persönlichkeit ist die Einkommens- und Vermögenssituation der Eltern. Wenn Geld vorhanden ist, kann das hilfreich sein. Wenn wenig Geld da ist, ist das eine Erschwernis - mehr nicht. Die heute weit verbreitete Auffassung, dass Kinder aus ärmeren Haushalten keine Chance haben, ist unzutreffend und kontraproduktiv. Ich selbst bin ein Beispiel dafür.

Meine Eltern hatten wenig Geld. Sie waren aber für mich da, gaben mir Liebe und ermöglichten mir, Selbstvertrauen und Selbstwertgefühl zu entwickeln. Ich spürte mein Potential, sah Möglichkeiten und versuchte, sie zu nutzen. Über viele Jahre habe ich nach dem Sinn meines Lebens gesucht und mich um persönliches Wachstum bemüht. Der Weg war nicht einfach, keine Frage. Aber er war möglich! Glauben Sie also an sich und lassen Sie sich nicht limitieren - auch nicht von begrenzten Geldmitteln.

## 2.1.2.2. Sozialisation durch Schule

Der nächste Abschnitt der Sozialisation findet in der Schule statt. Ein Teil der Eltern hofft oder verlässt sich darauf, dass die Schule den von ihnen versäumten Teil der Erziehung übernimmt. In den Schulen ist dafür aber nicht hinreichend Zeit. Es geht primär um Wissensvermittlung, Integration, Inklusion etc., weniger um Persönlichkeitsentwicklung.

In diesem Abschnitt geht es mir vor allem um die Frage, wie die Schule die Motivation beeinflusst. Die Art der Motivation ist für das ganze Leben von entscheidender Bedeutung, was in Abschnitt 2.2.2. erläutert wird.

„Das Lernen vieler Dinge lehrt nicht Verständnis", hat Heraklit bereits vor 2.500 Jahren festgestellt! Es geht also um die wichtige Fähigkeit, ein

Problem zu verstehen, zu analysieren und einen (eigenen) Lösungsweg zu finden. Das Verständnis des Problems ist die Voraussetzung dafür, die Lösung finden zu können.

Kinder sind grundsätzlich neugierig, begeistern sich für das Neue, sind also intrinsisch motiviert. Es sollte deshalb möglich sein, ihnen über die Neugierde neues Wissen zu vermitteln. Das Neue muss dazu interessant, ja spannend als Problem präsentiert werden. Dann kann das Problem (von den Schülern) analysiert werden und ein (eigener) Lösungsweg gefunden werden.

Das wird häufig jedoch nicht erreicht. Warum? Das Problem sind die Lehrpläne, respektive die davon abweichenden Interessen der Kinder. Die Kinder sind durch die „Aufmerksamkeitsökonomie" der neuen Medien - alles ist bunt, schnell und simpel - weniger in der Lage als früher, sich zu konzentrieren und anzustrengen. Mit der schnellen, bunten Welt des Internets, mit Stars und Spielen können Lehrer nicht mithalten.

Wenn sich die Kinder nicht für ein Thema interessieren, das der Lehrplan vorgibt, bleibt als einzige Motivation die Benotung. Die Bedeutung der Noten wird durch bestimmte Eltern wegen der Versetzung, dem Erreichen des Abiturs oder der Zulassung zu bestimmten Studienfächern noch verstärkt. Dann motiviert aber nicht die Neugierde, sondern die Angst vor der schlechten Note.

Die Noten werden häufig auf Basis der gemachten Fehler vergeben. Je weniger Fehler, desto besser die Note. Das führt zum Auswendiglernen des Ergebnisses und des vorgegebenen Lösungswegs, aber eben nicht zum Verständnis. Die Betonung der Fehler bewirkt die falsche Motivation der Fehlervermeidung, was für das weitere Leben nicht hilfreich ist. Das Faktenwissen ist jedoch drei Jahre nach Ende der Schulzeit zu rd. 80 % wieder vergessen.

Besser ist es doch, die Kinder durch einen spannenden Vortrag und eine interessante Präsentation für den Lehrstoff selbst zu begeistern. Wir müssen ihre Begeisterung für das Neue nur aufrechterhalten und immer wieder auf neue Themen lenken. Dann lernen Kinder - zunächst einmal - von alleine. Eine Begleitung der Kinder, die dafür sorgt, dass sie „von alleine" auf die richtigen Fragen und Antworten kommen, prägt für das ganze Leben. Das geht natürlich nur mit kleinen Klassen, bestens ausgestatten Schulen und entsprechend ausgebildeten Pädagogen.

Dass das geht, zeigen die Montessori-Schulen. Dort lernen die Kinder angelehnt an die Lehrpläne das, was und wann sie es interessiert. Die Kinder bestehen am Ende die allgemeinen Prüfungen, haben also alles Notwendige gelernt. Sie haben es nur immer dann gelernt, wenn sie daran interessiert waren, und nicht dann, wenn es ein fester Lehrplan vorsah. Sie sind dabei neugierig geblieben, haben ihre Eigeninitiative behalten und gelernt, zu lernen, d.h. sich Themen selbst zu erarbeiten. Sie haben aus intrinsischer Motivation heraus gelernt, Probleme selbständig zu lösen. Das ist eine für das Leben wesentliche Fähigkeit.

Ein Pädagoge, der einem Schüler überzeugend vermittelt, dass er ihm etwas zutraut, etwas von ihm erwartet, weckt das Selbstbewusstsein und den Ehrgeiz des Schülers. Nicht nur Kinder, sondern auch noch pubertierende Jugendliche strengen sich für einen (geliebten) Lehrer mehr an, wenn er bestimmte Erwartungen in sie setzt und ihnen vermittelt, dass er an ihre Möglichkeiten glaubt. Das stärkt die intrinsische Motivation und das Selbstvertrauen.

Ein Lehrer hingegen, der der Mutter eines Kindes mit schlechten Noten mitteilt, dass Bemühungen sinnlos seien - was mir berichtet wurde -, zerstört ein Potential (so klein es auch sein mag). Ein Kind aufzugeben, ist völlig indiskutabel. Woher sollen das Kind und die Mutter - gerade die aus bildungsferneren Verhältnissen - die Motivation nehmen, um den Rückstand aufzuholen? Schlimmer noch, hier wurde der Glaube an sich selbst zerstört.

Wir sollten in den staatlichen Schulen auch die Begabten fördern und fordern und nicht die Geschwindigkeit und den Anspruch an den Schwachen ausrichten, auf die Gefahr hin, dass die Begabten auf die Privatschulen gehen. Auch Begabte brauchen Herausforderungen.

Ich kenne eine sehr wohlhabende Mutter, die ganz bewusst ihren Sohn auf öffentlichen Schulen ließ, bis sie ihn - wegen fehlender Ganztagsbetreuung - doch auf eine Privatschule schicken musste. Beide Aspekte gemeinsam senken das Niveau, schwächen das Verständnis füreinander und den sozialen Zusammenhalt in der Gesellschaft.

Schüler und Lehrer haben es heute schwer aufgrund der vielfältigen Einflüsse, die auf die Kinder und Jugendlichen einwirken, und das fehlende Vorbild eines Teils der Elternschaft.

Die WHO hat in einer Studie zur Depression ermittelt, dass besonders die 15-29 Jahre alten Personen Selbstmord gefährdet sind. Dan Chisholm, einer der Autoren sagte: „Schulen müssen mehr Lebenskompetenz vermitteln, um die Widerstandsfähigkeit der Kinder gegen Druck von außen zu stärken." Das ist die Forderung nach Persönlichkeitsentwicklung. Die Frage ist, wie sie erreicht werden kann.

Wir brauchen dazu sicher eine neue, bessere Bildungspolitik, entschlackte Lehrpläne, besser ausgestattete Schulen und bestens ausgebildete und motivierte (auch bezahlte) Pädagogen. Selbstvertrauen, eigene Motivation und Vertrauen in die eigene Problemlösungsfähigkeit sind entscheidend für den Lebensweg. Engagierte Pädagogen sind ein wesentliches Element, denn wie Augustinus bereits vor 1600 Jahren sagte: „In dir muss brennen, was du in anderen entzünden willst."

## 2.1.2.3. Sozialisation durch Umfeld und Gesellschaft

Auf der Ebene von Gruppen oder ganzen Gesellschaften entstehen - über Generationen hinweg - allgemein anerkannte Vorstellungen und Überzeugungen davon, ob und wenn ja wie man handelt. Diese Vorstellungen wirken auf die Eltern, Schulen etc., die sie wiederum an die Kinder weitergeben. Je nach Umfeld und Kultur ist dabei der Anpassungsdruck größer oder kleiner.

Diese festen Vorstellungen und Verhaltensmuster in einzelnen Gesellschaften und Schichten haben sich allerdings in den letzten drei Jahrzehnten durch die Globalisierung und Digitalisierung grundlegend geändert und aufgelöst. Die Verhaltensmuster haben ihre Bindekraft verloren. Andere Vorbilder haben an Einfluss gewonnen.

Die Sozialisation erfolgt heute mehr durch die Medien (Fernsehen, Internet, Streaming,...) – und zwar ab einem immer früheren Zeitpunkt der Entwicklung. Die Erziehung durch die Eltern findet entsprechend nicht oder weniger statt. Eltern kontrollieren den Medienkonsum - aus Unwissenheit oder Bequemlichkeit - nur unzureichend und überlassen so einen Gutteil der Sozialisation den Einflüsterungen der Medien.

Die Medien verfolgen jedoch wirtschaftliche Interessen. Es wird ein konsumorientierter Lebensstil vermittelt, was zu dem Bedürfnis der Jugendlichen nach Anerkennung durch die Gruppe passt. Es geht um die neuesten elektronischen Geräte, die angesagte Kleidung, die Events, die man gesehen haben muss, und wo man seinen Kaffee trinkt, um dazu zu gehören.

Das dahinter liegende Interesse am Verkauf der Produkte und Dienstleistungen ist das Motiv für die gezeigten Lebensentwürfe. Es geht um extrinsische Motivation. Dazu wird gezeigt, was man angeblich haben muss und wie man auszusehen hat, um dazu zu gehören. Die Werbung weckt Bedürfnisse, die befriedigt werden wollen und macht letztlich unzufrieden.

Ich verurteile nicht den Konsum. Für bedenklich halte ich jedoch die Ausschließlichkeit und die Intensität der Einflussnahme durch die ständige Verbindung mit dem Internet und den sozialen Medien. Wie beeinflusst das gerade die Jugendlichen, die auf der Suche nach sich selbst sind?

Die Frage ist, welches Ziel Erziehung und Sozialisation haben: den extrinsisch motivierten Menschen, der von Lob und Zustimmung anderer abhängig ist oder den intrinsisch motivierten Menschen, der seine Persönlichkeit und sein Potential sucht, eigenverantwortlich (aber nicht im klassischen Sinne „egoistisch") entwickelt und seinen Wertvorstellungen folgt? Wenn Eltern Letzteres wollen, dann müssen sie es durch ihre Erziehungsarbeit einüben und vor allem auch vorleben.

Die Jugend sucht nach Abenteuer, nach dem eigenen Weg, auch nach der Abgrenzung zur Eltern-Generation. Wäre es nicht sinnvoll, die Jugendlichen vor der Einengung des Lebens auf den durch Konsum fixierten Lebensweg zu bewahren und ihnen stattdessen ihr eigenes Leben - das Finden und Entwickeln ihre eigenen Persönlichkeit - als das große Abenteuer ihres ganzen Lebens zu vermitteln?

Sie können sich (in einem bestimmten Rahmen) unabhängig und frei entfalten, allerdings dann auch mit eigener Verantwortung. Warum tun wir das nicht? Warum klappt das bisher nicht? Weil wir es nicht wollen - Angst vor dem Ergebnis haben - oder weil wir es ihnen nicht zutrauen, ihnen nicht vertrauen?

## 2.1.2.4. Lebenslange Sozialisation

Bei Jugendlichen ist es die Peer-Group, bei Erwachsenen ist es die Bezugsgruppe - die Familie und der Freundeskreis - und allgemein die Gesellschaft, die einen lebenslangen Einfluss auf unsere Persönlichkeit nehmen. Das gilt vor allem für diejenigen, die sich dessen nicht bewusst sind, die die Zusammenhänge nicht erkennen und die die Möglichkeiten der bewussten Persönlichkeitsentwicklung nicht kennen und nutzen.

Ob der Mensch in einem auftretenden Problem ein Hindernis (Grenze) sieht oder eine Herausforderung, an der er wachsen kann, ist eine der wichtigsten Aspekte der Sozialisation. Problem ist zunächst nur „eine zu erledigende Aufgabe", das ist die Bedeutung des Wortes. Mehr dazu in Abschnitt 2.2.3.

Der Umgang des Einzelnen mit den Anforderungen des Lebens, mit Problemen und Schwierigkeiten, wird auch durch die Gesellschaft und die Politik beeinflusst. Bildungspolitik, Rechtspolitik (Strafverfolgung), Wirtschafts- und Sozialpolitik bilden wichtige Einflussfaktoren der lebenslangen Sozialisation.

Die deutsche Sozialpolitik bewirkt, dass sich Menschen mit schlechter Ausgangslage nicht hinreichend anstrengen müssen - und dürfen. Mangels entsprechender Anforderungen und Perspektiven verhindert sie, Erfolgserlebnisse erzielen zu können. Die Menschen entwickeln deshalb weniger Selbstvertrauen und können sich aus ihrer Situation schlechter emanzipieren. Man sagt diesen Menschen: „Das kannst du nicht.", „Das kann man von dir nicht erwarten, denn du hast eine schlechte Ausgangslage." Das sind genau die limitierenden Suggestionen, die die Menschen nicht zur eigenen Anstrengung motivieren.

In den USA ist - anders als in Deutschland - Scheitern keine Schande. Herausforderungen werden deshalb dort angenommen, bei uns vermieden, denn man könnte ja scheitern. Das ist einer der Gründe, warum in Deutschland weniger Innovationen mit Nachdruck und entsprechenden Investitionen vorangetrieben werden, als in den USA. Die Angst zu scheitern, sich zu blamieren und Geld zu verlieren, ist größer als die intrinsische Motivation.

Joachim Gauck hat gesagt: "Ihr werdet die Schwachen nicht stärken, wenn ihr von ihnen nichts erwartet." Wir sollten also gerade den „Schwachen" eine eigene Anstrengung zumuten - und sie ihnen auch zutrauen.

„Erwarten" kann man mit Herausforderung gleichsetzen. Wir sollten die Menschen herausfordern, zu versuchen, ihre Probleme selbst zu lösen. Wenn es ihnen nicht gelingt, ist das keine Schande, dann hilft die Allgemeinheit. Die eigene Anstrengung aber sollte von ihnen erwartet werden, verbunden mit der Botschaft: „Du kannst das schaffen!" und mit Hilfe zur Selbsthilfe.

Die eigene Anstrengung würde die Persönlichkeit stärken. Will die Sozialpolitik das vielleicht gar nicht?


## 2.1.2.5. Epigenetik

Ein sehr interessantes, relativ neues Forschungsgebiet ist die Epigenetik. Sie analysiert, wie die Aktivität unserer Gene durch die Umwelt und unser Verhalten beeinflusst werden.

Durch die Umwelt oder unser Verhalten wird durch die sog. „Methylierung" die Ablesbarkeit oder Aktivität der Gene verändert, nicht die Gene selbst. Es findet also eine „Genregulation" statt. Das wirkt wie ein Dimmer bei einer Glühbirne und kann im Extrem das Abschalten eines Gens bedeuten. Das Gen ist dann weiterhin vorhanden, nur wirkt es nicht mehr.

Durch die Sozialisation wird also nicht nur unser Verhalten geprägt. Parallel führen die Umwelt und die gemachten Erfahrungen zu einer epigenetischen Modulation unserer Gene. Diese Modulation wird über das Erbgut sogar an die nächste Generation weiter gegeben.

Für unser Thema interessant ist die Erkenntnis, dass die Genregulation reversibel ist, d.h. durch eine veränderte Umwelt oder unser geändertes Verhalten verändert werden kann.

Die Modulation der Gene wird z.B. beeinflusst durch:
- die Qualität unserer Ernährung
- Bewegung
- Meditation

Mit einer Veränderung Ihres Verhaltens können Sie also über epigenetische Prozesse Ihre Persönlichkeit verändern. Sie können die Wirkung Ihrer Gene modulieren, ausschalten oder wieder einschalten. Das alles ist eine Frage Ihres Verhaltens, Ihrer Sichtweise, Ihrer Persönlichkeit.

## 2.2. Aspekte der Persönlichkeit

Ihre heutige Persönlichkeit – Ihre „Ist-Persönlichkeit" – ist das Ergebnis der Gene und Ihrer bisherigen Sozialisation. Stellen Sie sich Ihre Persönlichkeit als ein Haus vor und die Persönlichkeitsentwicklung als eine Erweiterung des Hauses. Dann ist die Frage, ob

- Ihr Haus auf tragfähigem Grund steht,
- das Fundament stark genug für eine Aufstockung ist,
- der Grundriss auf eine Erweiterung vorbereitet ist.

Die an der Planung und dem Bau eines Hauses beteiligten Personen und Institutionen denken häufig nicht an eine Erweiterung. Die Vorbereitung, z.B. die Verstärkung des Fundaments für eine Aufstockung verursacht Kosten, die gerne gespart werden.

Ähnlich sieht es bei der Persönlichkeit aus, wo - außer womöglich durch die Eltern - wenig an die Entwicklung gedacht wird. Auch achten die verschiedenen, an der Sozialisation Beteiligten kaum auf ein konsistentes Zusammenwirken der Facetten der Persönlichkeit, weil sie die Ziele und Einflüsse der anderen Beteiligten auch nicht kennen.

Sie wollen Ihr Haus jetzt ausbauen. Steht es auf tragfähigem Grund und ist sein Fundament stark genug? Sie können dem Haus eine neue, schicke Fassade geben, ein neues Bad einbauen. Wenn Sie es aufstocken wollen, müssen Sie zuerst das Fundament verstärken.

Ihre Persönlichkeitsentwicklung kann nur auf Ihrer aktuellen Persönlichkeit aufbauen. Sie müssen dazu erst eine Bestandsaufnahme machen und erkennen, wer Sie sind:

1. Wie nehmen Sie die Welt wahr und wie bewerten Sie das Wahrgenommene?
2. Welche Art der Motivation haben Sie?
3. Sehen Sie Chancen oder Hindernisse in der Welt? Können Sie in ihr etwas bewirken?
4. Haben und leben Sie Werte und Tugenden?

Erst wenn Sie Ihre Ist-Persönlichkeit (Ihr Haus) kennen, wissen Sie, worauf Sie aufbauen können und wie die Facetten Ihrer Persönlichkeit zueinander passen.


## 2.2.1. Die „Brille" der Wahrnehmung


Im Rahmen unserer Sozialisation verinnerlichen wir bestimmte Vorstellungen von der Welt und von den Möglichkeiten in dieser - so wahrgenommenen - Welt. Es ist nicht die Realität! Es sind Vorstellungen, die auf Erfahrungen und Bewertungen beruhen, die wir von anderen erhalten haben!

Wir haben gelernt, die Welt auf eine bestimmte Art und Weise zu sehen, das Geschehen in einer bestimmten Art zu interpretieren, bestimmte Fragen zu stellen, Probleme als unüberwindliche Hindernisse oder als Chance für Wachstum zu sehen. Mit diesen Interpretationen sind bestimmte Gefühle verknüpft, die uns entsprechend handeln lassen.

Wir sehen die Welt durch die „Brille" unserer Bewertungen, die wir in der Sozialisation erhalten haben und durch die wir ein Leben lang unsere Realität, unser Leben, unsere Probleme und unsere Möglichkeiten sehen. Es ist Ihre Brille, aber sie ist nicht von Ihnen!

Durch diese Brille sehen Sie ein irgendwie gefärbtes oder verzerrtes Bild der Wirklichkeit. Sie sehen auch nur einen Ausschnitt der Realität, weil Sie bestimmte Dinge nicht kennen gelernt haben oder nicht erwarten und deshalb auch nicht beachten. Das geht allen Menschen so. Das ist auch ein Grund dafür, dass mancher Streit entsteht. Zwei Personen sehen die Realität durch zwei verschiedene „Brillen", sie sehen etwas anderes und kommen deshalb auch zu unterschiedlichen Urteilen.

Jemand, der konsumorientiert sozialisiert wurde, wird ein neues Produkt wahrnehmen. Denken Sie an die Menschen, die vor Apple campieren, wenn ein neues iPhone erscheint. Diejenigen hingegen, die mit Musik oder Literatur erzogen wurden, werden die neue Einspielung einer Sinfonie, einen Konzerttermin oder ein neues Buch registrieren. Zukünftig werden Sie vermutlich vermehrt Aspekte der Persönlichkeit wahrnehmen, bei sich selbst oder bei anderen. Sie sehen die Welt mit Ihrer „Brille".

Beim Umgang mit der Realität gibt es zwei Stufen:

1. Sie nehmen die Situation „objektiv" wahr, d.h. Sie bemühen sich um eine ungeschminkte Erkenntnis der Situation - soweit Ihre „Brille" das zulässt. Oder Sie nehmen sie nicht „objektiv" wahr (weil es Angst verursacht), und ignorieren sie mehr oder weniger bewusst.

   Ich kenne einen Mann, der sich über viele Jahre hinweg Illusionen über seine finanzielle Situation und seine Möglichkeiten machte und ständig über seine Verhältnisse lebte. Er hat sich immer weiter verschuldet und in Schulden verstrickt. Warum? Er nahm die Realität durch seine „Brille" verzerrt wahr.

   Wenn dieser Mann den Einfluss seiner „Brille" verstanden und sich seine Lage eingestanden hätte, hätte er anfangen können, unnötige Ausgaben zu vermeiden. Die Wahrnehmung der Realität bedrohte jedoch sein Selbstbild und deshalb behielt er seine „Brille".

   Die Folgen: Dieser Mann liebte sich nicht und liebte deshalb auch andere nicht! Er hat z.B. immer wieder andere „nieder gemacht", um sich selbst besser zu fühlen. Dass dieser Mann nicht mit sich im Reinen war, dass er nicht integer lebte und sein Selbstwertgefühl ständig weiter beschädigte, hat er nicht gesehen.

2. Auch wenn Sie sich bemühen, die Realität objektiv zu sehen, kann es sein, dass Sie bestimmte Dinge nicht sehen, weil Ihre „Brille" eine blinden Fleck aufweist, weil Sie etwas nicht erwarten und deshalb nicht wahrnehmen. Unser Gehirn interpretiert das Wahrgenommene

und unterschlägt Aspekte, die nicht dazu passen.*

Ein Ehepaar hat ständig Ärger, mit den Nachbarn, mit den Ärzten, mit Kunden oder im Urlaub im Hotel. Nichts ist recht. In ihrer Wahrnehmung geschieht alles um sie herum mit Absicht und um ihnen zu schaden. Das ist ihre Erwartung. Positive Aspekte liegen im blinden Fleck der „Brille", sie nehmen sie nicht wahr. Die negativen Aspekte werden dafür mit einem Vergrößerungsglas gesehen. Natürlich ist ihr Verhalten kritisch und die Reaktion der Mitmenschen dem entsprechend. Gegen diese „Betriebsblindheit" hilft ein Perspektivwechsel (vgl. Abschnitt 3.2.2.).

Die Situation bei anderen sehen wir häufig klarer, als bei uns selbst. Schon in der Bibel steht deshalb: „Was siehst du aber den Splitter in deines Bruders Auge, des Balkens jedoch in deinem eignen Auge wirst du nicht gewahr." Lukas 6, 41.

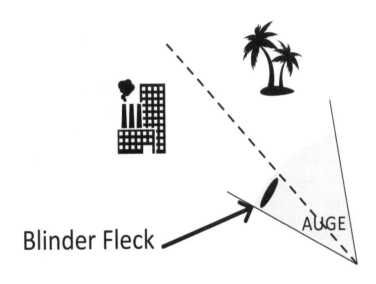

Blinder Fleck                                    AUGE

------------------------------------------------------------------------

* vgl. Materialien

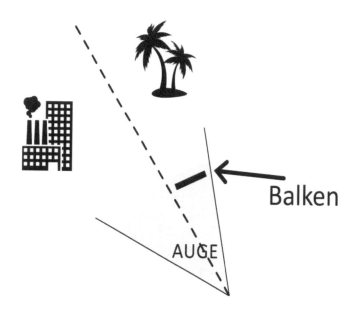

Balken

AUGE

3. Nur wenn Sie Ihre Situation „objektiv" wahrnehmen, können Sie sinnvoll handeln. Wenn die wahrgenommene Realität Ihren Vorstellungen
und Zielen entspricht, wunderbar. Wenn sie nicht Ihren Vorstellungen
und Zielen entspricht, haben Sie ein Problem, dem Sie wiederum auf
zwei Arten begegnen können. Sie können das Problem als:

      a. nicht überwindbares Hindernis oder Zumutung bewerten

      b. als Herausforderung ansehen, die es zu meistern gilt.

Sie haben also grundsätzlich drei Möglichkeiten auf Geschehnisse und
Situationen zu reagieren, die nicht in Ihrem Sinne sind: Sie ignorieren sie,
Sie ärgern sich darüber und tun nichts oder Sie analysieren die Situation
und Ihre Einflussmöglichkeiten und versuchen dann die Situation in Ihrem Sinne zu ändern.

Ich glaube, dass 90 % unserer Probleme Folgen unserer falschen Wahrnehmung - unserer „Brille" - sind, d.h. unserer unzutreffenden oder unvollständigen Sicht der Realität - der Welt, unserer selbst und unserer Möglichkeiten. Wir haben viel mehr Möglichkeiten, wenn wir uns zutrauen und den Mut aufbringen, anders zu handeln. Wir sind viel größer, als wir uns selbst wahrnehmen (vgl. Abschnitt 4.2.1.)

Wenn Eltern ihre Situation nicht realistisch sehen (wollen), über ihre Probleme schimpfen, sich aber nicht zutrauen, sie selbst zu lösen, sondern lieber nach dem Staat rufen, vermitteln sie genau das an ihre Kinder weiter. Die Kinder übernehmen mit hoher Wahrscheinlichkeit die Grenzen und das Verhalten ihrer Eltern. Helfen kann ihnen dann nur ein Vorbild - ob in der Schule oder außerhalb -, das vorlebt, dass es anders geht, dass man seine Probleme als Herausforderungen auffassen und selbst lösen kann.

Diese Verhaltensweisen „vererben" sich von Generation zu Generation, bis man sich dessen bewusst wir. Sie wissen jetzt um die Verzerrungen und möglichen blinden Flecken Ihrer „Brille", können sie berücksichtigen und überwinden!

Da Ihre „Brille" (Ihre Sozialisation) die objektive Wahrnehmung erschwert, achten Sie auf das, was Ihnen widerfährt. Achten Sie auf die Probleme und die Chancen, die Sie immer wieder erleben. Das, was Ihnen (immer wieder) widerfährt, ist ein Spiegel Ihrer Persönlichkeit.

## 2.2.2. Arten der Motivation

Ein wichtiger Aspekt der Sozialisation ist die Art der Motivation und der Umgang mit Problemen. Der Mensch handelt grundsätzlich aus zwei Motiven

- Schmerz zu vermeiden oder
- Freude zu erlangen

Von Geburt an ist der Mensch neugierig und will seine Umwelt kennen lernen. Er hat eine  intrinsische Motivation (intrinsisch kommt aus dem Lateinischen „intrinsecus" = „von innen her" kommend). Die Motivation eines Kindes liegt in der Sache selbst - es will etwas können (lernen) oder haben. Das bezieht sich z.B. auf den:

   - Körper - es lernt laufen, springen, musizieren,
   - Geist  - es lernt sprechen, kommunizieren, denken.

Die intrinsische Motivation hat den großen Vorteil, dass das Kind auf dem Weg zum Ziel  auch eine Anstrengung (Schmerz) in Kauf nimmt, denn es will ja das Ziel - um seiner selbst willen - erreichen. Die Vorfreude - das Motiv - liegt im Ziel; und die Belohnung liegt in der Zielerreichung!

Intrinsische Motivation können Sie bei Kindern beobachten, wenn sie spielen, z.B. eine Sandburg bauen. Was machen die Kinder, wenn die Burg steht? Sie zerstören sie wieder oder wenden sich von ihr ab. Die Kinder wollen die Burg bauen, sie wollen sie erschaffen, sie wollen sie nicht verwalten.

Die intrinsische Motivation hebt den Menschen quasi über das Problem (den Schmerz) auf dem Weg zu Ziel hinweg. Das Kind will zum Beispiel laufen lernen. Es fällt hundertmal hin, steht aber immer  wieder auf und lernt letztendlich laufen. Ganz nebenbei hat es auch Selbstwirksamkeit erfahren und Beharrlichkeit geübt.

Später einmal will das Kind ein Eis haben. Es bittet immer wieder darum, bis es das Eis bekommt. Man nennt das „kaputte Schallplatte." Kinder sind sehr beharrlich, Eltern wollen häufig ihre Ruhe haben und geben - inkonsequent - nach. Das Kind merkt sich das.

Eine gute Erziehung ist die, die das Interesse des Kindes an bestimmten Themen fördert und die darin liegende Begeisterung und Beharrlichkeit nutzt - die intrinsische Motivation. Damit entwickelt das Kind einen Wettstreit mit sich selbst, nämlich um die bestmögliche Entwicklung seiner Anlagen, seines Potentials. Es findet seine Ziele in sich!

Erwachsene, die so sozialisiert wurden, finden dann auch ihr Potential, das „lohnende" Ziel in sich. Nur diese Menschen erkennen, wenn extrinsische Motive - die Zielvorgaben des Umfelds -, mit den eigenen Zielen kollidieren. Wer keine - mehr oder weniger klar definierten - inneren Ziele hat, merkt das nicht.

Für Menschen, die mit intrinsischer Motivation sozialisiert wurden, sind Probleme auf dem Weg zu ihrem Ziel kein Hinderungsgrund, denn ihre

Motivation und ihre Beharrlichkeit ergeben sich aus der Sache selbst. Die intrinsische Motivation ist eine Begeisterung für die Aufgabe, die Tätigkeit oder das Ziel an sich.

Wenn Menschen sich für ein Ziel begeistern, dann sind Beharrlichkeit und das vermeintliche Problem der Disziplin kein Thema. Da die Begeisterung im Tun, in der Aufgabe selbst liegt, kann es kein zu großes Ziel oder ein Zuviel an Motivation geben. Selbst wenn das Erreichen eines Ziels sehr lange dauert, erschöpft das den Menschen nicht, denn es ist immer noch sein Ziel und auch kleine Fortschritte halten die Motivation aufrecht.

In der Sozialisation liegt die Kunst also darin, dem Interesse des Kindes immer wieder neue Betätigungsfelder und Herausforderungen zu bieten, durch deren Bewältigung seine Persönlichkeit wachsen kann. Grundlage dabei ist immer die liebevolle Annahme des Kindes. Die Liebe zum Kind und seine Persönlichkeit selbst werden nicht durch einen Rückschlag in Frage gestellt.

Bei dieser Art der Erziehung lernt das Kind Selbstwirksamkeit. Es hat ein Problem - vielleicht ein sich selbst gestelltes -, selbst analysiert und dann selbst - womöglich mit entsprechender Hilfe - gelöst. Es hat eine Herausforderung gemeistert. Sein Selbstvertrauen und sein Selbstwertgefühl sind gewachsen.

Ein Mensch, der solche Erfahrungen machen konnte, geht an ein Problem mit Selbstsicherheit und Ruhe heran. Er fühlt sich durch das Problem nicht bedroht, sondern herausgefordert. Deshalb wird nicht die Amygdala (mit den archaischen Notfallreaktionen) die Führung übernehmen. Das Großhirn bekommt die Chance, in Ruhe eine Problemlösung zu finden. Das Selbstvertrauen wächst, die Ruhe nimmt zu und dieser Mensch wird die nächstgrößere Herausforderung mit hoher Wahrscheinlichkeit ebenfalls meistern.

Das Gegenteil ist die extrinsische Motivation (extrinsisch kommt aus dem Lateinischen extrinsecus =, „von außen her" kommend). Diese Motivation liegt im positiven Fall in einem Bonus (Lob oder Geld), im negativen Fall in der Angst vor einem drohenden Schmerz oder Ärger (z.B. dem Taschengeld-Entzug).

Extrinsische Motivation wird genutzt:

- im Elternhaus, weil die Eltern nicht geduldig das Interesse des Kindes fördern, sondern zu irgendeinem Zeitpunkt etwas anderes wollen als das Kind und dann ihren Willen mit Versprechungen (Lob, Geld,..) oder angedrohter Strafe zu erreichen suchen

- in der Schule durch die Orientierung am Lehrplan, statt den aktuellen Interessen der Kinder zu folgen, und Vergabe von Noten, orientiert am richtigen Ergebnis statt am Verstehen des Problems und der Problemlösung. Die Bedeutung der Noten steigt durch die Frage der Versetzung und später der Folgen des Numerus Clausus.

Die Motivation wird nach außen verlegt - in Form einer Belohnung oder Bestrafung -, weg von der Neugierde und damit weg von der intrinsischen Motivation. Extrinsische Motivation (Lob und Strafe) ist notwendig zur Einübung von Regeln des Zusammenlebens, sofern die Vorbildfunktion allein nicht ausreicht.

Lernen, im Sinne von Wissen und Verstehen, erfolgt dann aber nicht, weil ein Interesse am Thema besteht, sondern weil das Kind die Strafe zu vermeiden sucht oder die Belohnung haben will. Das führt dann häufig dazu, dass gerade so viel gelernt wird, dass die Strafe vermieden und z.B. die Versetzung erreicht wird. Kommt Ihnen das irgendwie bekannt vor? Ich habe so gelernt, leider.

Wenn das Lernen vor allem über extrinsische Motivation erfolgt ist, wird der Mensch später wenig Neues lernen wollen, da ihm die intrinsische Motivation fehlt. Wenn kein Druck da ist, wird er nichts tun. Er hat kein inneres Motiv, kein eigenes Ziel, er will nirgendwo hin.

Wenn Sie nicht gelernt haben, mit intrinsischer Motivation zu lernen, werden Sie sich gemäß den äußeren Vorgaben verhalten. Sie werden dann häufig nicht bemerken, dass Sie gegen Ihre eigenen Ziele handeln, weil Ihnen Ihre eigenen Ziele nicht bewusst sind. Oder Sie handeln gemäß den äußeren Vorgaben, weil Sie nicht gelernt haben, Ihren eigenen Zielen zu folgen und sie gegebenenfalls höher zu werten als die Vorgaben von außen.

Für den Menschen hat extrinsische Motivation gegenüber intrinsischer Motivation vor allem einen entscheidenden Nachteil: Das vorgegebene Ziel und die Maßstäbe für die Zielerreichung - die Voraussetzung für das

Lob - legen andere fest. Sie bekommen die Bestätigung (Lob, Gehaltserhöhung) nur, wenn Sie das tun, was der oder die anderen wollen und sofern sie wollen. Das ist der Beginn des Hamsterrades.

In der Kindheit ist die extrinsische Motivation noch eher unproblematisch, da die Eltern normalerweise ein Interesse daran haben, dass sich ihr Kind gut und im Rahmen seiner Möglichkeiten entwickelt. Später aber, als Erwachsener, können die anderen gar nicht wissen, was gut für Sie ist! Die anderen können und werden nur das belohnen, was für sie gut und richtig ist!

Die anderen haben z.B. ein Interesse daran, dass Sie konsumieren. Deshalb gibt es die Werbung für das neue Auto, das neue Smartphone, das angesagte Konzert, den Club-Urlaub (warum eigentlich sind das „die besten Wochen des Jahres"?). Wenn Sie mit extrinsischer Motivation sozialisiert wurden, folgen Sie den von außen vorgegebenen Zielen, den Zielen, die die Werbung suggeriert.

Mit extrinsischer Motivation - über Konsum - kommen Sie nie zur Zufriedenheit, kommen Sie nie zur Ruhe. Das Ziel der Wirtschaft ist ja gerade, dass Sie wieder ein neues Produkt kaufen oder eine Dienstleistung nutzen, um sich damit soziale Anerkennung (extrinsisches Motiv) zu verschaffen. Sie fühlen sich als Getriebene im Hamsterrad der extrinsischen Motivation, in der 95 % der Bevölkerung stecken.

Weil die meisten Menschen mit extrinsischer Motivation sozialisiert wurden, kommen sie - aktuell in der Corona-Krise oder in anderen Krisen – gar nicht auf die Idee, nach eigenen (intrinsischen) Motiven zu suchen. Sie passen sich vielmehr den neuen - wieder von außen vorgegebenen Bedingungen (extrinsischen Motiven) - einfach (vielleicht widerstrebend) an.

Sie passen sich an, sie verbiegen sich und sind dann in der Folge immer weniger mit sich selbst im Reinen. Sie wissen nicht, dass ihre Persönlichkeit drei Facetten hat, die in Harmonie sein sollten (vgl. Abschnitt 2.4.) und haben nicht gelernt, nach ihren Bedürfnissen, Zielen und ihrem Potential zu suchen. Das Ergebnis sind Unzufriedenheit, Frustration, Aggression oder Depression.

### 2.2.3. Problem vs. Herausforderung

Ein Problem (lat. „problema" = das Vorgelegte, gestellte Aufgabe, Streitfrage) ist einfach eine zu lösende Aufgabe, eine zu entscheidende (Streit-) Frage. Die Differenz zwischen dem „Ist" und einem Ziel „Soll" ist ein Problem, nämlich wie das Soll erreicht werden kann.

Wenn die Eltern - oder das Umfeld - intrinsisch motiviert sind und Ziele haben, die sie trotz Problemen mit Ruhe beharrlich verfolgen, dann wird sich das Kind daran orientieren und das Verhalten übernehmen.

Wenn sich hingegen Eltern über Probleme nur ärgern, problematische Situationen ignorieren aber nichts gegen das Problem unternehmen, wird auch dieses Verhalten das Verhalten des Kindes und späteren Erwachsenen prägen (die erlernte Hilflosigkeit).

Das Kind ist jedoch zunächst einmal intrinsisch motiviert und neugierig. Es sieht deshalb in einem Problem auf dem Weg zu seinem Ziel eine Herausforderung, die es zu bestehen gilt und die ganz normal dazu gehört. Es fordert sich also selbst heraus und wächst daran.

Wenn ich von einem Kind eine Frage gestellt bekomme, antworte ich oft mit einer Gegenfrage, die das Kind auf den Lösungsweg bringen soll. Das Kind spielt mit, weil es ja die Antwort wissen will und ich ihm zu verstehen gebe, dass ich es ihm zutraue, die Antwort (mit meiner Hilfe) selbst zu finden. Im Ergebnis findet das Kind die Antwort meist selbst. Für das Kind bedeutete das:

   - einen Erkenntnisgewinn - und, viel wichtiger,
   - das Erfolgserlebnis: es hat ein Problem selbst gelöst.

Falls es nicht klappt, wird das Kind getröstet: „Die Frage war ja auch schwierig." Auf diese Art lernt das Kind, das Anstrengungen und Scheitern zum Leben gehören, scheitern aber nicht seine Bindung und seine Persönlichkeit in Frage stellen. Herausforderungen zu bestehen, gehört zum Leben dazu, wie Laufen lernen.

Je mehr kleine und dann größere Herausforderungen das Kind besteht, desto besser lernt es mit Herausforderungen und den damit verbundenen Risiken (Ängsten) umzugehen. Es erlebt mit Begeisterung, dass es die

Herausforderungen immer besser meistern kann. Durch die Begeisterung werden neuroplastische Botenstoffe freigesetzt, die neue Verschaltungen im Gehirn bilden oder alte - wieder genutzte Verschaltungen - verfestigen.

Das Kind hat nicht nur ein Problem gelöst, sondern es hat zusätzlich gelernt, dass es eine Problemlösungsfähigkeit hat, dass es Selbstwirksamkeit hat. Das Kind wird so immer besser darin, Probleme (Herausforderungen) anzugehen, sie zu analysieren und einen Lösungsweg zu finden. „Schwierigkeiten bilden die beste Erziehung in diesem Leben." (Benjamin Disraeli)

Je öfter ein Mensch Probleme bewältigt, desto besser wird er darin, denn er entwickelt mehr Selbstvertrauen und behält die Ruhe. Die emotionale Reaktion auf ein Problem - die Angst zu scheitern - wird geringer. Aus einem Hindernis wird eine Herausforderung. Der Mensch gewinnt an Sicherheit, dass er das Problem meistern kann. Damit verliert die Amygdala - mit ihren archaischen Notfallmodi: Angriff, Flucht oder Erstarrung - ihre Dominanz. Der präfrontale Cortex erhält die Chance, das Problem zu lösen durch Analyse, Zielalternativen, Folgeabschätzung und Handlungsplanung.

Mit jedem gelösten Problem wird der Mensch sicherer und ruhiger. Es ist Übungssache, Training. Deshalb sollten wir Problemen nicht aus dem Weg gehen, sondern sie anpacken. Deshalb sollten wir auch Kindern nicht alle Probleme aus dem Weg räumen.

Das Vorleben der Eltern ist natürlich auch in diesem Zusammenhang prägend. Ein Kind in einem politisch engagierten Elternhaus wird sich automatisch (eher) für Politik interessieren und kontroverse Diskussionen als normal ansehen. Ein Kind in einem Elternhaus von Musikern oder Mathematikern wird sich eher für Musik oder Mathematik interessieren und die Anstrengungen mit den Themen als normal ansehen, denn es erlebt ja die Begeisterung der Eltern für das jeweilige Thema, trotz der Probleme.

Diese Erfahrungen und die damit einhergehenden Verschaltungen im Gehirn sind für die Persönlichkeitsentwicklung von großer Bedeutung. Ein Problem ist für einen so sozialisierten Menschen kein Hindernis, im Sinne einer Grenze, sondern nur eine Herausforderung, an der er sich messen und wachsen kann. Das Ziel steht im Vordergrund und nicht das Problem.

Die Grundfrage ist:

- Habe ich ein Ziel und sehe ich Chancen, es zu realisieren? Oder:
- Habe ich kein Ziel, sehe ich deshalb auch keine Chancen für mich, lehne deshalb meine Situation und die kommende Entwicklung ab?

Anders formuliert: Sehe und glaube ich an mein Potential und meine Problemlösungsfähigkeit? Nur dann werde ich mich auf meinen Weg machen, nur dann werde ich auch das Rückgrat haben, meine Ziele gegen Widerstände zu verfolgen.

Wenn ich ein Ziel habe und den Glauben, es erreichen zu können, dann nehme ich die Welt anders wahr. Ich sehe dann die Aspekte auf dem Weg zu meinem Ziel, die zu meinem Ziel passen, und nicht nur Probleme bei der Erfüllung äußerer Anforderungen. Ich sehe mich dann auch nicht mehr als Getriebener, der dem Geschehen - quasi hilflos - ausgeliefert ist.

Das Lösen von Problemen sollte bewusst geübt werden, damit aus Problemen, die den Menschen begrenzen, Herausforderungen werden, die ihn wachsen lassen. Wenn Sie das erreichen, sehen Sie die Welt mit anderen Augen - durch eine andere „Brille". Sie sehen dann mehr Chancen, sorgen sich weniger, meistern Ihre Herausforderungen und sind glücklicher.

## 2.2.4. Tugenden

Tugend kommt lt. Duden vom Verb taugen: „geeignet sein", „ein Ziel erreichen". Tugend ist also Tauglichkeit, Vortrefflichkeit für das Leben. Durch das Christentum bekamen Tugenden zudem einen sittlich-moralischen Anspruch. Sie machen den Umgang zwischen Menschen vorhersehbarer und damit auch angenehmer.

Eine Erziehung, die die intrinsische Motivation stärkt und dem Kind zusätzlich (innere) Wertmaßstäbe - also Tugenden - vermittelt, bietet dem Menschen neben dem eigenen Ziel auch eine Orientierung, welchen Weg zum Ziel er wählen soll.

Das ist heute umso wichtiger, als viele Rollenmuster, kulturelle Prägungen und Strukturen (Vereine, Kirchen, Parteien, ...) ihre Bindekraft verloren haben und für die Orientierung wegfallen. Diese Orientierung müssen wir in uns selbst finden, sie muss internalisiert sein. Die Grundlage dafür sollte in der Sozialisation gelegt worden sein.

Werte und Tugenden verlegen die Handlungsorientierung nach innen im Sinne einer intrinsischen Motivation. Ich tue etwas nicht, nicht weil es unter Strafe steht, sondern weil ich es - aufgrund der internalisierten Werte - gar nicht will. Der entscheidende Unterschied ist: „Ich will nicht!" statt „Ich darf nicht!"

Ganz praktisch helfen Tugenden bei der Impuls- oder Affekt-Kontrolle. Wenn ich meine Begierden kontrolliere, ihnen also nicht „ausgeliefert" bin, erhalte ich mir meine Freiheit der Entscheidung. Heute sieht man allerdings eher das Ausleben der Begierden als Freiheit an. Rousseau hat geschrieben: „Die Freiheit des Menschen liegt nicht darin, dass er tun kann, was er will, sondern dass er nicht tun muss, was er nicht will."

In jedem Fall machen Werte und Tugenden unabhängiger vom Urteil anderer. Sie haben Ihre Wertmaßstäbe internalisiert. „Ich will nicht." lässt sich viele leichter befolgen als „Ich darf nicht." Damit bin ich souverän und frei.

Wie lernt der Mensch Tugenden, wie Integrität, Konsequenz, Selbstdisziplin, Verlässlichkeit („mein Wort gilt"), Maßhalten? Am ehesten von anderen Menschen, im Idealfall von den Eltern und den Menschen des unmittelbaren Umfelds, die diese Tugenden vorleben.

Wie alle wichtigen Aspekte der Sozialisation müssen Werte eingeübt und vorgelebt werden. Beides geschieht heute zu wenig. Heute gilt eher: „Alles ist okay." Aber ist das wirklich so? Karl Lagerfeld sagte: „Wer eine Jogginghose trägt, hat die Kontrolle über sein Leben verloren." Hatte er Recht?

Kinder lernen leicht über Spiegelneuronen. Sie prägen sich so das Verhalten anderer ein und bilden die entsprechenden neuronalen Verschaltungen. Das gilt aber nur, wenn die Eltern (das Umfeld) konsequent sind und selbst so handeln. Wie soll ein Kind Konsequenz und Beharrlichkeit lernen, wenn die Eltern inkonsequent handeln, wenn z.B. der Vater Sport predigt, selbst aber nach dreimal Sport wieder aufgibt (warum auch immer) oder wenn die Eltern gegen übermäßigen Medienkonsum schimpfen, selbst aber ständig auf ihr Smartphone starren. Konsequenz ist anfänglich anstrengend. Ist das der Grund, warum heute Tugenden so wenig vermittelt werden und alles „okay" ist?

Wenn man aber erst einmal Konsequenz gelernt und Tugenden internalisiert hat, dann vermitteln sie eine bestimmte Haltung. In dem Wort Haltung steckt der Wert der Tugenden: der Mensch erhält einen Halt. Er handelt dann „natürlich" entsprechend der erworbenen Tugenden. Er erhält Verhaltenssicherheit und damit auch Selbstsicherheit. Er muss nicht jedes Mal neu überlegen und entscheiden, wie er handeln soll. Bestimmte Handlungsalternativen sind für ihn vor vornherein ausgeschlossen, weil sie nicht zu seinem Selbstbild passen. Das spart Zeit und Energie, denn jede bewusste Entscheidung (Denkleistung) erfordert Energie.

Mit Tugenden folgen Sie Ihrem Lebensweg und Ihren Überzeugungen „geradlinig", unabhängig von der aktuellen Meinung Ihres jeweiligen Umfelds. Ihre Umgebung wird dann registrieren, dass Sie Grundsätze haben und danach leben. Die Achtung Ihnen gegenüber wird steigen.

Wenn Sie für Ihre Haltung bekannt sind, wird man gewisse Versuche bei Ihnen nicht starten. Warren Buffett ist bekannt dafür, dass er grundsätzlich nicht nachverhandelt. Er bekommt ein Angebot, das er annimmt oder ablehnt. Weil er bekannt dafür ist, bekommt er das „beste" Angebot zuerst. Das erspart ihm Zeit, Nerven und Geld.

Es geht nicht darum, dass Sie einen Heiligenschein bei Ihrem Handeln haben, sondern darum, dass Sie integer leben (vgl. Abschnitt 2.4.), sich mit Ihrem Handeln gut fühlen und sich - in der langfristigen Perspektive - nicht selbst sabotieren. Im Geschäft betreiben wir Benchmarking oder das „Lernen von den Besten". Warum tun wir das im Privaten nicht auch im Hinblick auf Tugenden und Persönlichkeit?

Auf den Lauf der Dinge haben Sie kaum Einfluss, ihn können Sie nur mit Demut annehmen. Das Verhalten Ihrer Mitmenschen können Sie nicht steuern, darüber haben Sie wenig Macht. Macht haben Sie einzig und allein über Ihr eigenes Verhalten. Dafür sind Sie verantwortlich. Das ist unser Thema.

Über das Thema Tugenden könnte man ein eigenes Buch schreiben. Sie werden hier nur als wichtiger Aspekt der Persönlichkeit erwähnt.

Tugenden wie:

- Fleiß
- Geduld und Beharrlichkeit
- Tapferkeit
- Gerechtigkeit
- Integrität und Loyalität
- Selbstbeherrschung (das rechte Maß)
- Dankbarkeit und Demut
- Wohlwollen
- Aufrichtigkeit
- Selbstverantwortung

## 2.2.4.1. Klugheit

Klugheit ist nicht Intelligenz. Klugheit ist vielmehr ein an der Realität und langfristigen Zielen orientiertes Handeln unter Abwägung der verschiedenen relevanten Aspekte. Das hört sich schwierig an und ist es auch. Das Ziel ist ein konsistentes (integres), vergnügliches Leben - also nicht Askese. Was ist klug?

Klug ist es:

1. die Realität erkennen zu wollen, sich entsprechend zu informieren,

2. drohende zukünftige Unannehmlichkeiten zu antizipieren und zu vermeiden zu suchen, sich also z.B. heute anzustrengen oder einzuschränken, für eine bessere Zukunft; sich rechtzeitig um seine Gesundheit zu kümmern, bevor man krank wird,

3. nicht partout Recht haben zu wollen, sondern zu erkennen, dass wir weniger wissen, als wir zu wissen glauben (Sokrates) und deshalb bereit zu sein, von anderen zu lernen, ihre Sichtweise oder Bewertung zu prüfen und ggf. zu übernehmen.

Klug ist es z.B. integer zu leben, d.h. den eigenen Überzeugungen zu folgen und sich nicht der herrschenden Meinung einfach zu beugen. Klug ist es auch, bei einem sportlichen Wettkampf mit Anstand zu verlieren und nicht die Regeln neu zu definieren („be a good sport"). Einem Menschen mit gut entwickelter Persönlichkeit wird das nicht schwer fallen.

Klugheit brauchen Sie auch, um zu erkennen, welche Tugend, welcher Wert, bei einem Widerstreit von Werten die Priorität hat oder welches Maß an Bedeutung zukommt. Klugheit oder Weisheit brauchen Sie auch, um zu erkennen, was Sie ändern können und sollten, und was Sie nur mit Demut annehmen können.

Ein guter Anfang für Klugheit ist es, wenn Sie Untugenden wie Hass, Neid, Ungeduld und Misstrauen bekämpfen und ihnen nicht so ohne weiteres nachgeben wie bisher.

Klug ist es vor allem, sich selbst aktiv um die Entwicklung der eigenen Persönlichkeit zu kümmern, wie Sie das ja bereits tun, und sie nicht allein äußeren Vorgaben und Einflüssen zu überlassen. Klugheit ist wie ein Navigationssystem.

## 2.2.4.2. Das rechte Maß

Das Leben gelingt in der Ausgewogenheit, der Besonnenheit, der Selbstbeherrschung. Alle diese Worte vermitteln nicht ganz den Sinn des schönen Wortes „Temperantia", das vom lateinischen Verb „temperare" = richtig mischen, kommt. Es geht darum, klug die richtige Balance von Begierde und Impulskontrolle (Vernunft) zu finden und „aus verschiedenartigen Teilen ein einiges geordnetes Ganzes fügen" (Josef Pieper), zum Gelingen des Lebens.

Unser Ziel ist glücklich zu sein, zu bleiben oder zu werden. Askese macht nicht glücklich. Das exzessive Ausleben von Begierden und Emotionen macht aber auch nicht glücklich, zumindest nicht langfristig, denn es zieht negative Konsequenzen nach sich.

Warum sollten Sie sich damit abmühen? Haben Sie schon einmal zu viel Alkohol getrunken? Dann erinnern Sie sich an die Kopfschmerzen am nächsten Tag. Oder haben Sie schon mal zwei Tafeln Schokolade gegessen, weil doch ein Riegel so lecker war? Ihnen war nachher schlecht und Sie konnten die nächsten Tage keine Schokolade mehr sehen oder riechen. Das „zu viel" bereitet „Kopfschmerzen". Das gilt auch für den Fall, dass Sie z.B. unüberlegt zu viel Geld für Konsum ausgeben haben, womöglich Geld, das Sie gar nicht haben.

Das rechte Maß bedeutet zu erkennen, was „genug" ist. Menschen, die das „genug" nicht kennen, werden nicht glücklich, weil sie immer noch mehr brauchen. Glücklich ist, wer genug hat.

Beim rechten Maß oder der Temperantia geht es nicht nur um Ihre Persönlichkeit selbst. Nicht nur das rechte Maß beim Essen und Trinken, beim Sport oder sonstigen Aktivitäten und Interessen im Verhältnis zu anderen Aspekten Ihrer Persönlichkeit ist das Thema. Es geht vielmehr auch um das Verhältnis zu Ihren Mitmenschen (Geduld, Anteilnahme,…) und um das rechte Maß bei Ihrem Umgang mit Geld und Vermögen.

Es geht - in einem gelingenden Leben - um die Harmonie der Facetten Ihrer Persönlichkeit (vgl. Abschnitt 2.4.). Wir haben das große Privileg, jeden Tag frei entscheiden zu können. Das rechte Maß gewährt und sichert Ihnen Ihre Freiheit. Wenn Sie Dinge und Handlungen nicht - oder nicht immer - für Ihr Ego brauchen, wenn Sie also souverän entscheiden können, sind Sie frei.

Temperantia muss geübt werden, damit sich überhaupt ein Bewusstsein dafür entwickelt. Das rechte Maß muss auch immer wieder neu gefunden werden. Wenn Sie aber einmal angefangen haben und erste positive Resultate erleben, geht es immer besser und leichter. Sie sind dann - ein Stück weit - souverän.

Wie bei vielen anderen Dingen gilt es anzufangen, es jeden Tag (bewusst) etwas besser zu machen und beharrlich zu sein. Im Lauf der Zeit wird es zur Gewohnheit. Das rechte Maß - die Temperantia - macht Freude, sie macht Sie unabhängig(er) von Ihren Begierden und auch von Ihrem Phlegma.

## 2.2.4.3. Mut

Eine der vier Kardinal-Tugenden ist der Mut. Mut ist Handeln trotz Angst oder Furcht. Angst ist lebenserhaltend, denn sie bewirkt, dass wir die Bedrohungen vermeiden oder zumindest Gegenmaßnahmen ergreifen.

Die Angst resultiert aus

- einer realen Bedrohung

- einer gefühlten Bedrohung

- Ungewissheit oder Unwissen (Zukunft).

Die meisten realen Gefahren sind in unserer Zivilisation aus unserem Leben jedoch verschwunden. Aufgrund des Wohlstands und des Komforts haben wir verlernt, dass das Leben mit Anstrengung, Gefahr und Schmerz verbunden ist, oder wir wollen es nicht wahr haben. Bei früheren Initiationsriten gehörten eine Mutprobe und eine kleine körperliche Verletzung zum Erwachsenwerden mit dazu. Das kennen wir nicht mehr. Was geblieben ist, sind eher Unannehmlichkeiten und Anstrengungen.

Zeitgleich hat die allgemeine Ungewissheit und das Unwissen, darüber, was die Zukunft bringt, aufgrund der rasanten und tiefgreifenden Veränderungen in Technik, Wissenschaft, Wirtschaft und Gesellschaft erheblich zugenommen. Darin liegen gefühlte Bedrohungen, die heute unseren Mut erfordern, zu entscheiden und zu handeln.

Die eigentliche Herausforderung, die Mut erfordert, ist die Persönlichkeitsentwicklung, nämlich das Leben zu führen, das in uns angelegt ist und das wir erkennen und leben können, unabhängig davon, ob andere dem zustimmen oder Widerstand leisten. Diese Herausforderung besteht ein Leben lang. Wir können nur die Augen davor verschließen oder ihr entgehen, wenn wir unsere *wahre* Persönlichkeit nicht leben, sie verleugnen. Wir haben aber in jedem Zeitpunkt unseres Lebens die Chance, diese Herausforderung mit Mut anzunehmen und zu meistern.

Viele Menschen suchen nach Herausforderungen und Abenteuern, um sich lebendig zu fühlen. Deshalb machen sie Bungee-Springen, Abenteuerurlaube (mit Reisekostenrücktrittsversicherung!) oder bestreiten Marathons, Ironman-Wettkämpfe etc. Warum begeben sie sich nicht auf das Abenteuer ihrer Persönlichkeitsentwicklung? Warum bestreiten sie nicht den Marathon ihres eigenen Lebens?

Ein schönes Beispiel für Mut und Integrität ist der Wahlspruch der Familie von Boeselager: „Et si omnes, ego non." Georg v. Boeselager war am Attentat am 20.07.1944 gegen Hitler beteiligt. „Und wenn auch alle (etwas tun), ich tue es nicht, (wenn ich nicht davon überzeugt bin)." Sollte das nicht unser aller Wahlspruch sein?

Mut brauchen Sie, um

> - etwas Neues zu wagen,
>
> - auf jemand zuzugehen,
>
> - jemand um Verzeihung zu bitten.

Mut brauchen wir immer dann, wenn wir scheitern können, wenn wir nicht wissen, ob sich das realisieren lässt, was wir uns vorstellen, wenn wir uns blamieren oder eine Zurückweisung erleiden könnten. Mut brauchen Sie also immer, wenn Sie nach Ihren eigenen Kriterien und Zielen entscheiden, wenn Sie sich nicht nach den Vorgaben anderer richten (denen Sie dann später die Schuld geben könnten).

Woher kommt der Mut? Mut habe ich, wenn ich überzeugt bin, dass

> - es richtig und mir wichtig ist, was ich tun will,
> - ich es vollbringen kann - trotz der Angst,
> - mir meine Integrität wichtiger ist, als die Zustimmung anderer.

Mein Mut muss also größer als meine Angst oder meine Furcht sein. Woher kommt der Mut? Dazu mehr im Abschnitt 3.3.3.

Zum Mut gehört als Gegenpart die Demut, eine heute wenig gelebte Tugend. Wir haben geglaubt, alles unter Kontrolle zu haben, die Welt nach unseren Vorstellungen gestalten zu können, alles selbst bestimmen zu können, und waren deshalb auch der Meinung, dass immer jemand verantwortlich ist.

Die Corona-Pandemie und die Flutkatastrophe lehren uns, dass Schicksalsschläge auch heute und bei uns in Europa möglich sind. Was uns in dieser Situation helfen kann, ist Demut. Die Demut, eine Situation erst einmal anzunehmen, so wie sie ist. Ohne Schuldzuweisung, ohne Ärger - einfach annehmen! Die Situation heute können wir nicht ändern, ob sie uns gefällt oder nicht.

## 2.2.4.4. Dankbarkeit

Was mit der Demut korrespondiert, ist die Dankbarkeit. Sie haben immer etwas, für das Sie dankbar sein können. Es ist eine Frage der Beachtung. Sie können Ihre Aufmerksamkeit immer auf das richten, was schlecht ist, was fehlt, was nicht in Ihrem Interesse liegt. Sie können aber genauso gut beachten, was gut ist, was Sie haben und was Sie unterstützt.

Wenn Sie dankbar sind, anderen für eine erwiesene Aufmerksamkeit oder einen Gefallen Ihren Dank aussprechen, wird Ihr Leben schöner. Sie werden auch umgänglicher, Ihr Verhalten zu Ihren Mitmenschen verbessert sich. Das wirkt wieder auf Sie zurück. Fangen Sie mit Dankbarkeit an! Erwarten Sie nicht, dass andere den ersten Schritt machen.

Ich musste das erst lernen. Ich war verwöhnt und erwartete zu viel. Deshalb war ich unzufrieden, wenn nicht alles so kam, wie ich es erwartete. Als ich bewusst Dankbarkeit trainierte - also meine Gesundheit, meine Freunde, mein schönes Zuhause bewusst beachtete -, ging es mir auf einmal besser. Und meine Situation wurde auch besser.

Marc Aurel hat formuliert: „Denke lieber an das, was du hast, als an das, was dir fehlt! Suche von den Dingen, die du hast, die besten aus und bedenke dann, wie eifrig du nach ihnen gesucht haben würdest, wenn du sie nicht hättest."

Dankbarkeit ist einer der Schlüssel zum Glück. Francis Bacon hat bereits vor 400 Jahren geschrieben: „Nicht die glücklichen Menschen sind dankbar, es sind die dankbaren, die glücklich sind." Üben Sie Dankbarkeit!

## 2.2.4.5. Konsequenz

Was ist Konsequenz? Konsequenz ist, das zu tun, was Sie sich vorgenommen haben oder was Sie anderen zugesagt haben. Konsequenz ist also schlicht: Ihr Wort gilt!

Konsequenz ist Selbstbeherrschung und führt zu Selbstwertgefühl. Selbstwertgefühl ist das Gefühl, dass Sie von sich selbst haben. Anderen Menschen können Sie etwas vorspielen, sich selbst nicht. Können Sie ein gutes Selbstwertgefühl haben, wenn Sie sich alles Mögliche vornehmen, es aber nicht ausführen?

Können Sie Kinder gut erziehen, wenn Sie nicht konsequent das vorleben, was Sie predigen, wenn Sie nicht dafür sorgen, dass die Regeln, die Sie vorgeben, auch befolgt werden? „Inkonsequenz in der Erziehung ist einer der schlimmsten Fehler." (Herbert Spencer)

Wie wollen Sie ein Ziel erreichen, wenn Sie nicht konsequent sind, wenn Sie z.B. nicht - über eine lange Zeit - jeden Tag ein paar Vokabeln lernen oder Klavier üben, nicht mehrmals in der Woche Sport machen? Es gibt unendlich viele Menschen, die sich immer wieder etwas vornehmen, dann aber scheitern, weil sie einfach nicht konsequent, nicht beharrlich sind, weil sie zu bequem sind.

Das Problem ist, dass wir es heute alle bequem haben wollen. Wir wollen uns nicht mehr anstrengen. Früher musste man erst mal sammeln oder zur Jagd gehen, wenn man etwas zu essen haben wollten. Wir gehen in den Supermarkt. Man musste morgens zunächst den Ofen anheizen, erst dann wurde es warm. Wir stellen die Heizung an.

Beharrlichkeit oder Konsequenz ist Voraussetzung für die Entwicklung Ihrer Persönlichkeit. Persönlichkeitsentwicklung verläuft exponentiell, nur haben wir dafür keine Wahrnehmung. Zwei Beispiele dazu, was exponentielles Wachstum bedeutet:

1. Falten Sie ein DIN A4-Blatt Papier in der Mitte und wiederholen Sie das immer wieder. Das Format des Papierstapels halbiert sich also von Faltung zu Faltung. Das Papier ist ca. 0,1 mm dick. Wenn Sie

dreimal gefaltet haben, sind das ca. 0,8 mm, runden Sie für Ihre weiteren Überlegungen gedanklich auf 1 mm auf.

Wie dick ist der Papierstapel, wenn Sie das Papier vierzig Mal gefaltet haben? Schätzen Sie!

2. Die Reiskorn-Parabel. Nach einer Sage ist Sissa ibn Dahir der Erfinder des Schachspiels. Für seine Erfindung hatte er bei seinem Herrscher einen Wunsch frei. Ibn Dahir wünschte sich ein Reiskorn auf dem ersten Feld des Schachspiels, zwei Reiskörner auf dem zweiten Feld, dann vier Körner auf dem dritten Feld und so fort. Auf jedem folgenden Feld die doppelte Zahl Reiskörner. Der Herrscher lachte über den bescheidenen Wunsch. Wie viel Reis hat ibn Dahir bekommen? Das Schachspiel hat 64 Felder. Schätzen Sie!

Beide Antworten finden Sie in den Materialien.

Das Problem mit exponentiellem Wachstum ist, dass es so langsam beginnt und sich dann zunehmend beschleunigt. Unserem Gehirn fehlen dafür die Erfahrungswerte, da das Leben meist linear verläuft. Da am Anfang die Veränderung so gering ist, geben viele Menschen am Anfang bald wieder auf. Ich will Sie ermutigen, konsequent(er) zu leben.

Ich selbst war früher weniger konsequent. Ich habe es über mein Sportprogramm gelernt (vgl. Abschnitt 4.1.1.). Wenn Sie sich einmal überwunden haben und z.B. sechs Monate konsequent waren, dann wird es zur Gewohnheit und steigert Ihr Selbstwertgefühl. Dann geht es fast von allein. Beharrlichkeit wird zur intrinsischen Motivation. Sie sind dann konsequent, einfach weil Sie es wollen!

Eine nette Geschichte dazu: Als Steve Miller (Steve Miller Band) seinen Hit „The Joker" hatte und berühmt wurde, wurde er von einem Reporter gefragt, wie es sich anfühlt, so über Nacht berühmt geworden zu sein. Seine Antwort war: „Es hat nur elf Jahre gedauert, bis diese Nacht kam." Steve Miller wollte einfach Musik machen, das war seine intrinsische Motivation. Er schrieb elf Jahre lang Lieder, bis „The Joker" dabei heraus kam.

## 2.3. Ihr Selbstbild

Der erste Schritt der Persönlichkeitsentwicklung ist eine Bestandsaufnahme der Persönlichkeit, die Sie leben. Wie ist Ihr Selbstbild? Wie sehen
Sie sich selbst? Welche Persönlichkeit leben Sie?

Wenn Sie einen Freund fragen, wer er ist, wird er Ihnen vielleicht antworten mit: Deutscher, Manager, Eigentümer einer Immobilie, Sportwagen-
fahrer etc. Er definiert sich über Attribute, über seine soziale Stellung und
das, was er hat. Das ist allerdings nicht seine Persönlichkeit. Es beschreibt
seine Person - zum Teil.

Bemühen Sie sich deshalb um eine realistische und ungeschminkte Bestandsaufnahme Ihrer Persönlichkeit. Lassen Sie nichts aus. Es geht darum, dass Sie sich selbst besser kennen lernen. Es geht nicht um eine
Bewertung, schon gar nicht um Verurteilung. Es ist Ihre Persönlichkeit,
Sie haben keine andere. Sie sind zunächst auch nicht für sie verantwortlich, denn Sie haben sie ja von anderen.

Nur wenn Sie ein realistisches Bild Ihrer Persönlichkeit haben, wenn Sie
Ihre Stärken und Schwächen kennen (Klugheit), können Sie Ihre Persönlichkeit mit Mut weiter entwickeln.


## Polarität

Ihre Persönlichkeit befindet sich immer zwischen den Extremen, den
Polen. Beide Pole sind grundsätzlich im Menschen angelegt. Sie finden
Ihre Persönlichkeit zwischen:

| | |
|---|---|
| - introvertiert | - extrovertiert |
| - emotional | - rational |
| - am Sein orientiert | - am Haben orientiert |
| - an Familie orientiert | - an Karriere orientiert |
| - konsequent | - inkonsequent |

| | |
|---|---|
| - intrinsisch motiviert | - extrinsisch motiviert |
| - souverän | - abhängig von Lob/Wertung |
| - beharrlich | - sprunghaft |
| - resilient | - sensibel |
| - hohes Selbstwertgefühl | - niedriges Selbstwertgefühl |
| - kreativ | - imitierend |
| - Chancen sehend | - Probleme sehend |

Das sind nur einige Aspekte als Anregung. Wenn Sie beide Pole in sich spüren oder einmal so und dann wieder entgegengesetzt fühlen oder handeln - also „hin und her gerissen" sind - ist das ganz normal. Wir sind „double bind", spüren immer beide Pole in uns.

Schauen Sie sich Ihr Leben an und Sie finden sicher weitere Aspekte. Nehmen Sie sich Zeit und notieren Sie Ihre Erkenntnisse. Die Notizen sind nur für Sie persönlich.

Fragen, die Sie sich stellen können, sind:

- Sehe ich mich gesund und stark?

- Habe ich Selbstwirksamkeit durch gelöste Probleme erlebt (kleine und große - auch z.B. durch Basteln oder Sport)?

- Wie groß ist mein Selbstvertrauen?

- Verfolgen ich eigene Ziele? - Wenn nein: warum nicht?

- Habe ich ein Wertesystem? Handle ich nach meinen Werten?

Zu Ihrer Persönlichkeit gehört auch Ihr soziales Umfeld; Ihre Familie und Ihre Freunde, in die Sie hinein geboren wurden. Haben Sie sich womöglich anders entwickelt als Ihr Umfeld? Mögliche Fragen hierzu:

- Fühlen Sie sich wohl mit Ihren sozialen Kontakten: Partner(in), Freunde, Bekannte? Passen Sie (noch) zu Ihrem Umfeld oder Ihr Umfeld zu Ihnen?

- Entsprechen Ihre Ziel und Werte denen Ihres Umfelds?

- Sehen Sie die Menschen Ihres Umfelds als Verbündete?

Ein letzter Punkt: Wie sehen Sie Ihre Vermögens- und Einkommens-situation? Ihre finanzielle Situation beeinflusst Ihre Möglichkeiten, macht bestimmte Dinge leichter oder schwerer möglich.

- Sehen Sie Ihre finanzielle Situation als Begrenzung?

- Empfinden Sie diese Grenzen nur oder sind sie real?

Bemühen Sie sich um eine realistische Bestandsaufnahme. Notieren Sie möglichst alle Aspekte zunächst ohne Be- oder Verurteilung. Verschlie-ßen Sie nicht die Augen, selbst wenn die Erkenntnisse nicht angenehm sein sollten. Nur so kommen Sie weiter. Ihr Selbstbild ist der Ausgangs-punkt, von dem aus Sie sich weiter entwickeln werden. Seien Sie deshalb ehrlich zu sich selbst. Schauen Sie sich Ihre Aufzeichnungen immer wie-der an und ergänzen Sie sie. Sie sind nur für Sie selbst bestimmt.

Sie werden staunen, was Ihnen alles auffällt, wenn Sie einmal angefan-gen haben. Ich mache das seit vielen Jahren und entdecke selbst heute noch neue Aspekte und Verbindungen. Ich arbeite weiter an meinem „Lebenslauf", den bis heute niemand anderes gesehen hat!

# Komfortzone

Sie wissen jetzt, wie Ihre Persönlichkeit entstanden ist, und haben erste Erkenntnisse davon, wie Ihre Persönlichkeit aktuell aussieht. Was Sie gefunden haben, die neuronalen und synaptischen Verschaltungen, ist Ihre Komfortzone:

- Ihre Sicht auf sich selbst - Ihr Selbstwertgefühl,
- Ihre Ziele mit den von Ihnen wahrgenommen Chancen und akzeptierten Grenzen,
- Ihre Bewertung der Welt und der Ereignisse,
- Ihre mit Ihrer Situation und den Ereignissen verbundenen Gefühle - und
- Ihre Art der Interaktion mit anderen.

Komfortzone heißt nicht, dass Sie sich wohl fühlen, dass Sie glücklich sind. Komfortzone bedeutet allein, dass Sie sich im Rahmen Ihrer gebahnten Verschaltungen verhalten.

Auch wenn Sie nicht glücklich sind, wenn die Facetten Ihrer Persönlichkeit nicht in Harmonie sind, ist das dennoch Ihre Komfortzone. Ihre Komfortzone ist der Rahmen, in dem Sie sich automatisch bewegen, das Muster, mit dem Sie automatisch reagieren, und die Gefühle, die Sie „normal" haben. Sie sehen sich und die Welt mit der „Brille" Ihrer Persönlichkeit. Diese Wahrnehmung der Realität bestimmt Ihre Aktion oder Reaktion innerhalb Ihrer Komfortzone.

Diese Wahrnehmung sieht so natürlich aus, dass viele Menschen gar nicht auf die Idee kommen, es könnte anders sein. Sie können sich nicht vorstellen, dass Sie Ihr Leben anders gestalten könnten.

Wenn Sie sich die Komfortzone als einen Ring um sich herum vorstellen, dann bedeutet er auf der einen Seite (Verhaltens-) Sicherheit, auf der anderen Seite aber auch Begrenzung. Entwickeln können Sie sich nur außerhalb des Rings, im Unbekannten, im Risiko!

Sind Sie glücklich in Ihrer Komfortzone? Oder stellen Sie gerade fest, dass ein Teil Ihrer Persönlichkeit nicht recht zu einem anderen passt? Haben Sie das Gefühl, Ihr Leben ändern zu sollen? Womöglich stellen Sie die eine oder andere Disharmonie fest, denn bisher haben Sie ja nicht bewusst darauf geachtet, dass Ihre Persönlichkeit in Harmonie ist.

Ihre Sozialisation und Ihr bisheriges Handeln (in der Komfortzone) haben Sie zu der Persönlichkeit gemacht, die Sie heute sind. Wenn Sie weiter so handeln wie bisher, werden Sie die gleiche Persönlichkeit bleiben. Viele Menschen erhoffen sich eine Veränderung, handeln aber weiterhin genauso wie bisher. Albert Einstein hat dazu gesagt: „Die reinste Form des Wahnsinns ist es, alles beim Alten zu belassen, und zu hoffen, dass sich etwas ändert."

Wenn Sie sich in Ihrer Komfortzone nicht recht wohl fühlen, dann ist es klug, das zu ändern, was Sie ändern können: Ändern Sie sich selbst! Entwickeln Sie Ihre Persönlichkeit!

## 2.4. Harmonie von Körper, Geist und Seele

Der Mensch ist ein Individuum (lat. in = nicht - und dividere = teilen), also ein nicht teilbares Ganzes. Das Individuum hat eine bestimmte Persönlichkeit, die aus drei Facetten besteht - nämlich Körper, Geist und Psyche (Seele).

Damit die Persönlichkeit ein harmonisches Ganzes ist, bleibt oder wird, also integer ist (lat.: integrare = einordnen), müssen die Facetten der Persönlichkeit (Körper, Geist und Psyche) zueinander passen, parallel entwickelt und immer wieder neu aufeinander abgestimmt werden. Je besser Ihnen das gelingt, desto glücklicher sind Sie mit Ihrem Leben.

Dieser Dreiklang - Körper, Geist und Seele - ist in den westlichen Industrienationen vernachlässigt worden. Wir haben uns vor allem darum gekümmert, in Sicherheit und ökonomischem Wohlstand zu leben. Nach den Erfahrungen des zweiten Weltkriegs war verständlich, dass man wieder in Frieden leben und genug zu essen haben wollte. Dazu kamen die Wohltaten des technischen Fortschritts und der Massenproduktion.

Die Wohltaten des technischen Fortschritts und der Massenproduktion haben sich jedoch verselbständigt und wurden zu einem nicht enden wollenden Konsum, angeheizt durch Mode, Design und Marketing. Als Folge davon ging es für die Menschen primär um wirtschaftlich nutzbare, geistige Fähigkeiten und um Wohlstand. Wurde aus Wohlstand aber auch Wohlbefinden und Glück?

Nein, denn die Bedürfnisse des Körpers und der Seele wurden weitgehend vernachlässigt. Die Menschen wurden und werden krank. Wir haben inzwischen allerdings die Reparatur des Menschen auf ein hohes Niveau gebracht. Wenn der Mensch körperlich krank wird, versuchen wir den Körper mit Medikamenten und Operationen zu reparieren. Behandelt werden dabei aber häufig nur die Symptome, nicht die Ursachen.

Vor einiger Zeit - mit gestiegenem Wohlstand und zunehmenden Zivilisations-Krankheiten - gewann die körperliche Gesundheit an Stellenwert. Heute registrieren wir steigende Ausgaben für Gesundheit, Fitness und

Körper-Optimierung (Schönheitschirurgie). Es geht dabei primär um die Außenwirkung und wieder eine einseitige Ausrichtung auf nur einen Teil der Persönlichkeit. Es ist ein Trend, der von interessierter Seite (Ärzte, Pharmafirmen, Geräte-Hersteller und Fitness-Studios) befeuert wird.

Wenn Geist und Psyche krank werden, werden sie ebenfalls mit Medikamenten und Psychotherapie behandelt. Die Psychotherapie setzt dabei aber am Verstand an. Die Seele ist nicht ihr Thema. Die Seele wäre Aufgabe der Kirchen, die jedoch in den westlichen Industrienationen den Zugang zu vielen Menschen verloren haben. Haben Sie sich einmal die Frage gestellt, warum so viele Menschen psychisch krank werden?

In letzter Zeit werden geistige Themen verstärkt angesprochen, ganz offensichtlich weil es dafür ein Bedürfnis gibt - allerdings wiederum isoliert. Neben der asiatischen Richtung wie Yoga und Ayurveda gibt es vor allem Angebote für Erfolg und Motivation im Sinne von richtigem Denken. Kern ist der sogenannte „Mindset"- als Glaubenssätze übersetzt.

Die Seele wird dabei weitgehend vernachlässigt oder - zumindest nach meiner Meinung - mit untauglichen Mitteln angesprochen. Beim „Mindset" handelt es sich mehr um ein Set allgemeiner Überzeugungen, eben für das angeblich richtige Denken. Die Bedürfnisse der Psyche werden damit nicht befriedigt. Die Psyche denkt nicht, sie fühlt. Die wahren Bedürfnisse der Psyche können nicht mit Denkmustern gesättigt werden, sondern nur durch Überzeugungen (Gefühle).

Da der Mensch ein Individuum ist, also unteilbar, muss - nach meiner Überzeugung - die Persönlichkeitsentwicklung immer alle drei Facetten der Persönlichkeit umfassen und muss versuchen, sie parallel zu entwickeln. Durch einseitige Ausrichtung - auf einzelne Aspekte der Persönlichkeit - kann keine Harmonie der Persönlichkeit entstehen.

Nur wenn alle drei Facetten der Persönlichkeit ähnlich weit entwickelt und in Harmonie sind, sind Sie glücklich. Dann haben Sie einen Reichtum in Ihrer Persönlichkeit, den Ihnen niemand nehmen kann. Sie sind mit sich selbst im Reinen und beziehen Ihr Selbstwertgefühl nicht mehr aus der Zustimmung Dritter.

Stellen Sie sich Ihre Persönlichkeit als Rad mit drei Segmenten vor. Wenn die Segmente annähernd gleichen Anteil haben (gleich breit sind) und ähnlich weit entwickelt sind (gleich tief sind), dann wird das Rad rund laufen und - aufgrund des reduzierten Widerstands - auch mit geringerem Energieeinsatz. Ihr Leben läuft wie auf Kugellagern. Ihre Persönlichkeit ist dann in Harmonie und Sie sind im Frieden mit sich und der Welt.

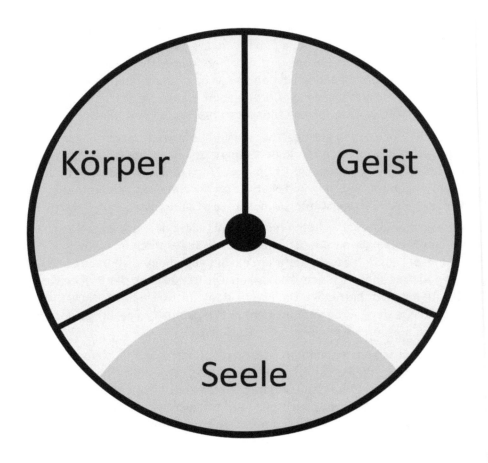

Stellen Sie sich dagegen ein Rad mit ungleichen Segmenten vor, die zudem ungleich entwickelt sind (ungleich tief sind). Das Rad läuft dann unrund und erfordert einen höheren Energieeinsatz, das Leben ist anstrengender. Das Rad bekommt eher Schäden, bricht gar (Krankheiten). Das ist die Persönlichkeit, die sich nicht in Harmonie befindet.

Was bewirkt die Harmonie von Körper, Geist und Seele?

1. Wenn Ihr Körper gesund und leistungsfähig ist, dann strahlt das körperliche Wohlbefinden auf Ihren Geist aus:
   - Wenn Ihnen nichts weh tut, sehen Sie die Welt positiv, Sie denken optimistischer.
   - Wenn Sie sich stark und gesund fühlen, haben Sie mehr Selbstvertrauen. Sie sehen Chancen und packen sie an.

2. Wenn Ihr Geist gesund ist, Sie logisch und optimistisch denken,
   - sehen Sie die Chancen neben den Problemen,
   - achten Sie auf eine gesunde Ernährung,
   - wird Ihr Körper positiv reagieren und Sie werden eher gesund bleiben.

3. Wenn Ihre Psyche gesund und stabil ist, dann wirkt das auf Geist und Körper, denn Sie,
   - glauben dann an Chancen für sich (statt an Probleme),
   - lieben sich selbst und tun etwas für Ihren Körper und Ihren Geist,
   - glauben an Ihre Kraft und glauben an Hilfe von außen,
   - lieben sich - und können dann auch andere lieben (mit entsprechender Reaktion).

Im positiven Fall ist das eine Aufwärtsspirale:
- Der gesunde Körper - bewirkt ein Wohlgefühl und ein gedankliches Feuerwerk.
- Der beflügelte Geist wirkt positiv auf den Körper zurück.
- Der Glaube verleiht zusätzliche körperliche Kraft und gedankliche Zuversicht.

Diese positive wechselseitige Beeinflussung (Interdependenz) beflügelt Ihren Geist, stärkt Ihren Körper und macht Sie glücklich. Die harmonische Entwicklung von Körper, Geist und Psyche ist die beste Voraussetzung, um glücklich zu sein. Vielleicht nicht immer aber immer öfter oder für längere Zeit.

Ein ganzheitlicher Ansatz - bestehend aus Körper, Geist und Seele - wird in der Regel nicht verfolgt. Das verwundert nicht, da die ganzheitliche Persönlichkeitsentwicklung eine Verhaltensänderung und ein Arbeiten an sich selbst erfordert. Das sehen viele Menschen nicht ein („das habe ich doch nicht nötig") und wollen es auch nicht, weil es anstrengend ist. Sie gehen lieber zum Arzt, lassen sich ein paar Pillen verschreiben und leben so weiter wie bisher.

Auch ich habe mich jahrelang geweigert, an meiner Persönlichkeit zu arbeiten. Ich war - fälschlich - der Meinung, dass das ja „meine" Persönlichkeit ist, die ich nicht verändern darf, da ich sonst meine Identität verändern und verlieren würde.

Dass wir alle unsere Persönlichkeit von anderen in der Sozialisation erhalten haben, war mir damals nicht bewusst. Mir war auch nicht klar, dass die Persönlichkeit durch die Sozialisation nicht eine in sich widerspruchsfreie und harmonische sein muss, da zu viele Menschen an ihr beteiligt sind. Es gibt also gute Gründe für eine bewusste Weiterentwicklung der eigenen Persönlichkeit, die nur Sie selbst leisten können.

Warum kümmern sich  nicht mehr Menschen um die harmonische Entwicklung ihrer Persönlichkeit?

- Erstens ist den meisten der Zusammenhang nicht bekannt. Ich selbst habe das auch erst spät erkannt. Ich hatte zum Glück eine stabile Psyche, denn Probleme hatte ich mehr als genug.

- Ein zweiter Grund liegt in unserer Sozialisation: Wir werden überwiegend mit extrinsischer Motivation erzogen. Unser Umfeld und die Wirtschaft haben normalerweise kein Interesse an unserem inneren Wachstum, d.h. belohnen unsere diesbezüglichen Anstrengungen nicht. Persönlichkeitsentwicklung erfordert also Eigeninitiative, eine intrinsischer Motivation, die wir meist nicht gelernt haben. Wie Sie es dennoch schaffen können, finden Sie im 4. Kapitel.

- Drittens erfordert die Entwicklung Ihrer Persönlichkeit Geduld und Beharrlichkeit. Sie müssen ja die Verschaltungen in Ihrem Gehirn - inclusive Ihrer Gefühle - verändern. Bestimmte Verschaltungen müssen neu gebildet, andere verstärkt, wieder andere aufgelöst werden. Wie immer in der Natur und bei allen großen Dingen erfordert das Zeit, Geduld und Beharrlichkeit. Wer einmal einen Apfelbaum gepflanzt hat, weiß, dass man Jahre warten muss, bis man die ersten Äpfel ernten kann.

Die Wirtschaft ist an Impulskäufen interessiert und bietet uns deshalb an, unsere „vermeintlichen" Bedürfnisse, sofort zu befriedigen. Wir lernen so immer weniger, Geduld aufzubringen, uns Zeit zu nehmen und uns beharrlich um die Dinge zu bemühen, die wirklich wichtig sind für uns. Für Ihre Persönlichkeitsentwicklung sollten Sie diese Zeit und die Beharrlichkeit aufbringen. Es gibt nichts Wichtigeres!

Betrachten Sie also Ihre Persönlichkeit: Wo sind Disharmonien? Wo ist eine Facette Ihrer Persönlichkeit weiter entwickelt als eine andere? Vielleicht fühlen Sie auch einfach, dass etwas nicht stimmig ist. Betrachten Sie diesen Aspekt weiter, bis sich das Bild klärt (vgl. Abschnitt 3.2.3.). Das kann Wochen dauern. Sie werden es aber erkennen, wenn Sie beharrlich sind. Und wenn Sie einmal mit dem Erkenntnis-Prozess angefangen haben, werden Ihnen immer mehr Zusammenhänge klar werden.

Bezogen auf Ihr soziales und berufliches Umfeld werden Sie vielleicht erkennen, dass bestimmte Personen oder Umstände nicht (mehr) zu Ihnen passen. Achten Sie auf negative Menschen, die Sie herunter ziehen. Vielleicht ist es am Anfang nur ein Gefühl. Gehen Sie dem nach und lassen Sie sich nicht von Ihren aufkommenden Ängsten abbringen.

Wichtig ist, dass Sie sich Zeit und Ruhe nehmen, um sich selbst besser kennen zu lernen. Die meisten Menschen sind heute ständig beschäftigt; sie haben zwar Freizeit aber keine Muße. Sorgen Sie also für Zeit und Ruhe, um Ihre Persönlichkeit zu erkunden.

In einem weiteren Schritt erkennen Sie Ihre *wahre* Persönlichkeit und damit Ihre intrinsische Motivation, anstatt weiter den Zielen zu folgen, die Ihnen von außen vorgegeben werden. Wie das geht, finden Sie im 3. Kapitel.

Wie Sie das Erkannte umsetzen und Ihre „wahre" Persönlichkeit leben können, finden Sie im 4. Kapitel. Übernehmen Sie die Führung Ihres Lebens, bleiben Sie nicht Zuschauer!

## 2.5. Aufgaben

1. Fangen Sie an! Wenn Sie es nicht schon gemacht haben, notieren Sie Ihre Erkenntnisse:
   - die Ausprägungen Ihrer Polarität,
   - Ihre Sicht auf sich selbst und die Welt,
   - Ihre Sicht auf Ihre Möglichkeiten, Chancen und Ängste,
   - Ihre Gefühle, Motivationen und Ihre Komfortzone.

2. Wie erreichen Sie das?
   - Machen Sie sich einen Plan über vier Wochen!
   - Verabreden Sie sich jeden zweiten Abend für eine Stunde mit sich selbst (tragen Sie den Termin in Ihr Notizbuch oder elektronischen Kalender ein)!
   - Sorgen Sie für ungestörte Ruhe!
   - Schalten Sie das Smartphone aus!
   - Schreiben Sie alles auf, was Ihnen durch den Kopf geht (das ist kein streng logischer Vorgang)!
   - Fangen Sie einfach an - und haben Sie Geduld!
   - Nehmen Sie die Notizen nach einer Woche wieder zur Hand! Notieren Sie neue Erkenntnisse, die Ihnen sicher kommen werden.
   - Wiederholen Sie das noch 3- bis 4-mal, nach jeweils einer weiteren Woche.
   - Legen Sie sich ein Blatt Papier neben das Bett (mir kommen Erkenntnisse häufig in der Nacht (vgl. Abschnitt 3.5.2.).

3. Im Laufe der Zeit kommen immer mehr Aspekte zusammen und Sie lernen sich selbst besser kennen. Die Notizen sind dazu da, damit Sie sich später erinnern, zu welchen Erkenntnissen Sie bereits gekommen sind. So können Sie darauf aufbauen.

4. Notieren Sie auch Erkenntnisse, die Sie ggf. sofort verwerfen möchten! Wir sträuben uns manchmal gegen Erkenntnisse, die zu unserem Selbstbild nicht recht zu passen scheinen. Sie passen aber vielleicht zu uns, nur nicht zu unserer Komfortzone und sind unbequem.

Notieren Sie diese Punkte, setzen Sie sich damit auseinander und finden Sie die richtige Antwort! Sie wird kommen, früher oder später. Die Punkte, die Sie emotional stören, sind Ansatzpunkte für Ihre Weiterentwicklung, Ihr Ziel-Selbstbild (vgl. 3. Kapitel).

5. Seien Sie ehrlich mit sich selbst! Nur die ungeschminkte Wahrheit (Achtung „Brille") hilft Ihnen weiter.

6. Halten Sie zumindest vier Wochen durch!

## 2.6. Notizen

......................................................................................................................

......................................................................................................................

......................................................................................................................

......................................................................................................................

......................................................................................................................

......................................................................................................................

......................................................................................................................

......................................................................................................................

......................................................................................................................

......................................................................................................................

......................................................................................................................

......................................................................................................................

......................................................................................................................

# Notizen

........................................................................................................

........................................................................................................

........................................................................................................

........................................................................................................

........................................................................................................

........................................................................................................

........................................................................................................

........................................................................................................

........................................................................................................

........................................................................................................

........................................................................................................

........................................................................................................

# 3. Persönlichkeitsentwicklung - das Ziel

Da Erkenntnisse flüchtig sind und Sie sich im Zweifelsfall später nicht mehr daran erinnern, finden Sie am Ende des Kapitels zwei Seiten für Ihre Notizen. Was auch immer Ihnen einfällt, notieren Sie es umgehend!

Notieren Sie auch das, was Ihr Zensor im Kopf (Ihr Verstand) aufgrund Ihrer Sozialisation direkt verwerfen will! Notieren Sie es dennoch!

## 3.1. Grundlagen

Sie kennen jetzt Ihre Persönlichkeit besser und haben vermutlich auch eine erste Vorstellung davon, was Sie ändern wollen. Was aber ist eigentlich Ihr Ziel?

1. Worum geht es im Leben allgemein?
2. Worum soll es in Ihrem Leben gehen? Gibt es ein spezifisches Ziel für Sie?
3. Wie finden und wie erreichen Sie Ihr Ziel?

Auf diese Fragen sollen im Folgenden Antworten gefunden werden.

## 3.1.1. Sinn des Lebens

Welches Ziel verfolgen Menschen in ihrem Leben? Die meisten Menschen stellen sich diese Frage nicht, sondern machen das, was die anderen tun, ohne nach dem dahinter liegenden Ziel zu fragen. Sie wundern sich dann, dass ihr Leben nicht gelingt, dass sie nicht zufrieden und glücklich sind.

Die Philosophen der vergangenen 2.500 Jahre haben über den Sinn des Lebens nachgedacht und sind zu dem Ergebnis gekommen, dass das Ziel des Menschen schlicht ist: „glücklich zu sein". Nur wie werden Sie glücklich? Durch:

|  |  |
|---|---|
| - Spaß haben | - Party, Sex, Alkohol, schnelle Autos? |
| - Macht ausüben | - Politiker, Manager? |
| - Wissen | - Forscher, Lehrer? |
| - Spiritualität | - Pfarrer, Mönch/Nonne, Einsiedler? |

Was offenbar nicht wirklich glücklich macht, sind die üblichen Vorgehensweisen:

- richtig viel Geld haben, denn sonst würden Reiche nicht Selbstmord begehen oder sich nicht mit Alkohol und Drogen betäuben. Immer mehr Konsum ist ein Hamsterrad und eher Ausdruck eines geringen Selbstwertgefühls.

Viele Reiche, denen es - von außen betrachtet - vermeintlich so gut geht, sind genau in diesem Hamsterrad gefangen. Ihr Hamsterrad ist nur größer als das der anderen Menschen. Sie können mehr Geld ausgeben, aber glücklich werden sie damit nicht, denn sie entkommen dem Hamsterrad nicht.

Ein abschreckendes Beispiel ist ein Multi-Millionär, der sich eine 120 m lange Yacht bauen ließ. Als sie fast fertig war, erfuhr er, dass parallel ein anderer Multi-Millionär sich eine 120,5 m lange Yacht bauen ließ. Daraufhin wurde seine Yacht auseinander gesägt und auf 122 m verlängert. Wie arm!

Kann man so glücklich werden? Kaum, denn morgen kommt der nächste und lässt sich eine 125 m oder 130 m lange Yacht bauen. Es gibt kein Ende und mithin sind Zufriedenheit und Glück nicht im Vergleich mit anderen zu erlangen. Das Thema kann man auf Autos und Häuser übertragen. Konsum macht nicht nachhaltig glücklich. Glücksforscher haben herausgefunden, dass das Glücksniveau nur im eigentlichen Kaufvorgang kurzfristig erhöht ist, danach aber wieder auf das alte Niveau sinkt.

Glücklich sein durch immer größer, länger, weiter von allen möglichen Dingen? Das geht nicht, denn es gibt immer einen anderen, der mehr hat oder mehr kann. Glücklich werden Sie im Vergleich mit anderen nicht. Sören Kierkegaard sagte: „Das Vergleichen ist das Ende des Glücks und der Anfang der Unzufriedenheit."

- „Spaß haben", Party, Abenteuerurlaub, etc. Spaß haben ist nicht falsch, nur kann es kein Lebensziel, kann nicht Lebensinhalt sein. Es geht ja nicht um einen Tag oder eine Nacht, nicht um Glück für einen Monat, sondern um Ihr gesamtes Leben.

Glück kommt vom mittelhochdeutschen „gelücke", was gelingen bedeutet. Es geht also darum, dass Ihnen Ihr Leben gelingt, dass Sie Ihr Lebensziel erreichen. Was aber ist das Ziel?

Aristoteles leitete das Ziel des Lebens aus der Frage ab, warum wir etwas tun. Wir arbeiten und verdienen Geld, um zu leben. Wir kaufen uns Dinge, um uns an ihnen zu erfreuen - oder um anderen damit zu imponieren, wie der Yachtbesitzer mit der (vorübergehend) längsten Yacht. Wir strengen uns an, lernen etwas, um Erfolg zu haben. Wir suchen uns einen Partner, mit dem wir glauben „in guten und in schlechten Tagen" leben zu wollen. Alles, was wir in diesen Beispielen anstreben, ist jeweils ein Mittel zum Zweck. Aristoteles kam deshalb zu dem Schluss, dass der Sinn des Lebens etwas ist, das eben nicht mehr Mittel ist. Das einzige Ziel, das „Gut", das nicht wieder Mittel ist, ist das „glücklich sein" - die Glückselig-keit, die Eudämonie (Eudaimonia bei Aristoteles).

Glückseligkeit ist also unser oberstes Ziel. Wir sind glücklich, wenn uns unser Leben gelingt. Das ist eine Gesamtbetrachtung. Das bedeutet nicht, dass wir jeden Tag „trunken vor Glück" sind. Aber insgesamt betrachtet, erreichen wir unser bestmögliches Leben, unser höchstes Glücks-Niveau, wenn wir merken, dass uns unser Leben gelingt. Wie können wir das erreichen?

Eudämonie kann nur durch eine innere Entwicklung erreicht werden, indem wir klug unsere Fähigkeiten und die Chancen erkennen und nut-zen, die das Leben uns bietet, und indem wir auf die harmonische Ent-wicklung der drei Facetten unserer Persönlichkeit achten. Wir müssen klug unseren individuellen Lebensweg erkennen und - die langfristigen Vor- und Nachteile abwägend - gehen. Damit ist auch klar, das kann nur jeder für sich selbst erkennen und dann leben. Das ist auch kein Sprung auf eine höhere Ebene, sondern eine lange Treppe, die wir nur beharrlich Stufe um Stufe hinauf steigen können.

Glücklich sein, in diesem Sinne, erfordert ein Umdenken von Ihnen, eine Veränderung Ihrer Bewertungen und Ihres Handelns auf Ihr Lebensziel hin und eine langfristige (lebenslängliche) Perspektive. Unglücklich sein hingegen, ist einfach. Dazu müssen Sie nichts ändern. Dazu können Sie so weiter leben, wie bisher, und tun, was Ihnen von anderen vorgegeben worden ist. So wie das die meisten anderen tun.

Nochmal zur Klarstellung: Der Fehler der meisten Menschen liegt darin, dass sie HABEN und SEIN verwechseln. Ein Mensch - eine Person – hat ein großes Haus, ein schickes Auto und eine tolle Yacht oder was auch immer man angeblich braucht, um glücklich zu sein. Die Persönlichkeit dieses Menschen wird aber nicht durch das Haben definiert, sondern durch das Sein. Deshalb ist das Ziel auch „glücklich sein", nicht „glücklich haben".

Das Haben ist ein Aspekt der Person aber eben nicht der Persönlichkeit. Persönlichkeit können Sie nicht kaufen. Persönlichkeit können Sie nur entwickeln durch die Werte, Tugenden und durch die Haltung, die Sie leben. Es geht um geistige und emotionale Aspekte, nicht um materiellen Besitz.

Sie müssen an sich arbeiten. Es geht um Ihr Bewusstsein - Ihr „Selbstbewusstsein" -, dass Ihnen Ihr Leben gelingt, dass Sie auf dem langfristig richtigen Weg sind. Dafür müssen Sie die Verantwortung für Ihr Leben übernehmen und sich aktiv entwickeln.

Es gibt also nur eine Möglichkeit für das Gelingen Ihres Lebens und die liegt in Ihrer Persönlichkeit. Alles was Ihnen in Ihrem Leben widerfährt und welche Bedeutung es für Sie hat, ist Folge Ihrer Persönlichkeit, denn:

- wie Sie die Welt und Ihre Möglichkeiten sehen, ist Folge Ihrer Bewertung (Ihre „Brille"),

- welche Ziele Sie sich setzen, ist Ihre Entscheidung, ist Folge Ihrer Wertmaßstäbe,

- ob Sie mit Ihrer Situation glücklich sind, ist erstens eine Folge Ihres Verhaltens und zweitens Frage Ihrer Bewertung (wieder Ihre „Brille"),

- wenn die Ergebnisse nicht so sind, wie Sie sie wollen, liegt es an Ihnen, ob Sie handeln oder nichts tun.

Es liegt alles an Ihnen. Sie sind Ursache - für Ihr Handeln und Ihre Bewertung Ihrer Situation! Auch wenn das Schicksal Ihnen einen Strich durch die Rechnung macht, können Sie (vergleichsweise) glücklich sein, wenn Sie mit Demut annehmen, was Sie nicht ändern können. Was ist, ist! Ihre Persönlichkeit - nämlich Ihre Einstellung zu den Tatsachen - ist wichtiger als die Tatsachen! Aktive Persönlichkeitsentwicklung ist deshalb die zentrale Aufgabe des Lebens, wenn Sie glücklich sein oder werden wollen.

In Ihre Persönlichkeit sind, sowohl genetisch als auch durch Ihre Sozialisation, die Erkenntnisse Ihrer Vorfahren (Familie, Schicht und Gesellschaft) eingeflossen und wirken in Ihnen fort. Ihre Persönlichkeit wurde Ihnen von anderen vermittelt. Wenn Sie zu Ihrer *wahren* Persönlichkeit gelangen wollen, müssen Sie aktiv an der von anderen vermittelten Persönlichkeit arbeiten, sie bewusst weiter entwickeln.

Persönlichkeitsentwicklung bietet Ihnen zwei entscheidende Vorteile:

Erstens haben Sie mit der Konzentration auf Ihr Lebensziel - auf Ihre innere Entwicklung - ein eigenes Ziel, dass Sie intrinsisch motiviert. Ihr Ziel ist und bleibt Ihr Ziel - hinsichtlich Ihres Denkens, Fühlens und Handelns - und kann nicht durch sich verändernde Zielvorgaben anderer wieder ernsthaft in Frage gestellt werden.

Zweitens stellen Sie Ihre Fortschritte auf Ihrem eigenen Weg anhand Ihrer eigenen Maßstäbe - Ihrer eigenen Bewertung - selbst fest. Ihr Glück (Ihr „Gelingen") hängt nur von Ihren eigenen (hohen) Maßstäben und Zielen ab. Die Bewertung Ihrer Bemühungen kann nicht auf einmal negativ ausfallen, nur weil jemand anderes seine Kriterien für Erfolg geändert hat. Sie erlangen Souveränität.

Spannend ist, dass Sie durch Ihre veränderte Sichtweise und Ihr verändertes Verhalten sogar die Wirkung Ihrer Gene (Epigenetik - vgl. Abschnitt 2.1.2.5.) verändern, die Sie von Ihren Vorfahren geerbt haben. Die Natur gibt Ihnen also - auch als Erwachsener - die Möglichkeit, Ihre Persönlichkeit bis auf die Ebene der Wirkung Ihrer Gene zu ändern.

Sie selbst sind für Ihre Ziele, Ihr Verhalten und die Bewertung Ihres Verhaltens sowie der Ergebnisse verantwortlich. Es ist eben Ihr Leben. Wer sonst - außer Ihnen - sollte Ihre Ziele und Ihre Fortschritte auf Ihrem Lebensweg beurteilen können? Es ist Ihr Leben, Sie haben es in der Hand und jede Anstrengung lohnt sich!

Entscheidend für Ihre Glückseligkeit ist allein, dass Sie sich auf Ihrem Lebensweg in die richtige Richtung bewegen und (möglichst) nicht vom Weg abkommen. Nicht entscheidend ist hingegen das Tempo Ihrer Schritte und wie weit Sie tatsächlich auf Ihrem Lebensweg kommen. Sie vergleichen sich nicht mit anderen. Sie messen sich an Ihren Zielen und Ihren Ansprüchen an sich selbst, nämlich an der besten, Ihnen möglichen Persönlichkeit. Jeder Schritt darauf zu ist „Gelingen".

Die harmonische Entwicklung der drei Facetten Ihrer Persönlichkeit erreichen Sie durch fortwährenden Ausgleich im Laufe Ihres Lebens, denn die Harmonie wird immer wieder (von außen) gestört werden. Vielleicht kommen Sie auch mal von Ihrem Weg ab, Sie bemerken es, korrigieren Ihr Verhalten und kommen so wieder auf Ihren Weg. Es ist ein lebenslanges Bemühen, eine Entwicklung, die Ihnen gelingen und Sie glücklich machen wird.

Machen Sie sich Ihr Ziel bewusst, aber setzen Sie sich für die Erreichung des Ziels keine zeitliche Vorgabe. Wenn Sie Ihr Persönlichkeits-Ziel mit einem Zeitpunkt verknüpfen und es nicht zu dem vorgestellten Zeitpunkt erreichen, sind Sie unglücklich. Glücklich werden Sie, wenn Sie beachten, dass Sie sich - vielleicht mit einer Verzögerung oder einem Umweg – weiter Ihrem Ziel annähern.*

Im Kern geht es um Ihr „Selbst-Wert-Gefühl", das Gefühl des Wertes also, das Sie von sich selbst und Ihrem Verhalten haben. Das Selbstwertgefühl hängt ab von Ihrem Ziel und der Bewertung Ihres Tuns. Sie machen den nächsten Schritt und erreichen Ihr Ziel, früher oder später. Nur das zählt. Was andere darüber denken und meinen, ist unwichtig. Ihr Weg ist das Ziel, ist Quelle Ihres Glücks.

Wenn Sie Ihre Persönlichkeit weiter entwickeln, blicken Sie in eine andere Welt. Sie sehen die Welt anders, weil sich Ihre „Brille" ändert, handeln folglich anders und bekommen deshalb auch andere Ergebnisse. Die Ergebnisse bewerten Sie auch anders. Sie sehen die Menschen anders, verhalten sich ihnen gegenüber anders und die Menschen reagieren entsprechend. Sie haben also Einfluss auf Ihr Umfeld und die Welt.

Wenn wir alle so leben würden, würden wir das Verhalten der anderen besser verstehen und akzeptieren lernen. Allein das Verstehen und das Akzeptieren würde die Menschen verändern. Die ganze Gesellschaft würde sich verändern und würde lebenswerter werden.

Wahre Persönlichkeitsentwicklung ist überaus spannend, nur leider bisher in der Gesellschaft ein wenig beachtetes Ziel. Das ist nicht verwunderlich, denn die Persönlichkeit zu entwickeln, ist herausfordernd und langwierig und mit diversen Konflikten verbunden (vgl. Abschnitt 4.3.). Herausfordernd ist Persönlichkeitsentwicklung im wahrsten Sinne des Wortes, denn Sie fordern damit die besten Anlagen - Ihr Potential - aus Ihnen „heraus".

---------------------------------------------------------------------------------

* Das widerspricht der üblichen Definition eines Ziels. Es geht hier aber nicht um wirtschaftliche Ziele, sondern um Ihre Entwicklung in der Zukunft. Ihre Entwicklung in der Zukunft ist ungewiss. Deshalb ist eine zeitliche Festlegung ungeeignet.

Dass Persönlichkeitsentwicklung in unserer jetzigen Gesellschaft (noch) kein großes Thema ist, liegt auch daran, dass man damit kaum Lob und Anerkennung gewinnen kann. Weil wir überwiegend mit extrinsischer Motivation sozialisiert wurden, sind Lob und Anerkennung durch andere für die meisten Menschen wichtig. Keine Anerkennung von außen, heißt für diese Menschen keine Motivation und in Folge dessen kein Bemühen.

Auch ich bin mit extrinsischer Motivation erzogen worden. Deshalb habe ich die erste Hälfte meines Lebens versucht, mit Konsum die Anerkennung der anderen zu gewinnen und so glücklich zu werden - und bin damit gescheitert.

Erst nach einigen Rückschlägen bin ich zu der Erkenntnis gekommen, dass der Sinn des Lebens ein anderer ist. Erst dann bin ich auf die Idee gekommen, dass meine Persönlichkeit veränderbar ist und dass ich sie gezielt verändern kann. Bis dahin war ich der Meinung, dass meine Persönlichkeit eben meine Persönlichkeit ist - und dass sie so bleiben muss, wie sie ist, weil ich sonst meine Identität verliere.

Erst in der Mitte meines Lebens habe ich erkannt, dass ich meine Persönlichkeit von andern habe, dass ich sie entwickeln kann, ja muss. Erst dann fing ich an, mich mit der bewussten Entwicklung meiner Persönlichkeit zu beschäftigen. Ich habe dabei aber auf keinen Fall wiederum einem Dritten Macht über die Veränderung meiner Persönlichkeit geben wollen. Fremdbestimmung hatte ich im Rahmen meiner Sozialisation genug erlebt. Wie ich den Einstieg fand, lesen Sie in Abschnitt 4.1.

Wenn Sie Ihre Persönlichkeit entwickeln, Ihren eigenen Lebensweg beschreiten und erste Veränderungen bemerken, dann erleben Sie eine tiefe Befriedigung und Ihr Selbstwertgefühl wächst. Mit dem wachsenden Selbstwertgefühl suchen Sie weniger die Zustimmung anderer, trauen Sie sich mehr zu und setzen sich höherer Ziele. Die Entwicklung Ihrer Persönlichkeit ist damit unumkehrbar.

Es geht also um „Ihre Lebensreise":

- woher Sie kommen = Vergangenheit (also Gehirnentwicklung und Sozialisation),
- wer Sie heute sind = Ihre Persönlichkeit heute,
- wer Sie sein wollen = Ihr Ziel-Selbstbild (für die Zukunft),
- wie Sie Ihr Ziel-Selbstbild erreichen - und
- was dabei parallel in Ihrem Umfeld geschieht.

Wer seine Persönlichkeit entwickelt, sollte auch Demut lernen, nämlich Widrigkeiten und Schicksalsschläge anzunehmen und sich nicht darüber zu ereifern. Seneca, ein Vertreter der Stoa, betonte, dass uns alles nur „geliehen" wird: unser Leben, unser Erfolg, unsere Gesundheit. Das uns alles wieder genommen werden kann. Ihm wurden sein Reichtum und auch sein Leben willkürlich von Kaiser Nero genommen. Wir sollten lernen, alle Geschehnisse mit einer gewissen stoischen Gleichmut anzunehmen. Gleichmut ist ein Zeichen von Klugheit und ist Teil der Glückseligkeit.

Mit einer stoischen Einstellung regen wir uns nicht darüber auf, was womöglich in Zukunft geschehen wird. Wir wissen, dass alles möglich ist. Auch wenn wir Erfolg haben und gesund sind, sollten uns immer bewusst sein, dass es auch anders kommen kann. Damit verhindern wir, dass wir übermütig werden und dass wir aus dem inneren Gleichgewicht geraten, wenn das Schicksal es nicht gut mit uns meint. Unsere Persönlichkeit wird dann im Kern davon nicht berührt werden.

Persönlichkeitsentwicklung ist ein dynamischer, lebenslanger Prozess. Es ist Ihr Lebensweg, bei dem Sie den wahren Endpunkt Ihrer Reise nicht sehen können! Sie wissen nicht wie weit Sie auf Ihrer Lebensreise kommen, welche neuen Höhen Sie unterwegs entdecken und dann erklimmen oder welche Rückschläge Sie erleiden werden (vgl. Abschnitt 3.2.1).

Was kann man aber Schöneres sagen, als dass man sich selbst gefunden hat und seine *wahre* Persönlichkeit und sein Potential lebt? Dieser Prozess wirkt nach innen, im Sinne der Persönlichkeitsentwicklung im engeren Sinne, und parallel nach außen, denn Sie werden sich anderen gegenüber auch anders verhalten und bewirken durch Ihr verändertes Verhalten eine veränderte Reaktion Ihres Umfelds (vgl. 3.3.4. Bezugsgruppe).

Glücklich sein ist ein Gefühl. Sie fühlen sich (überwiegend) glücklich und können womöglich nicht mal genau sagen warum. Wenn Sie hingegen unglücklich sind, können Sie normalerweise genau benennen, was Ihnen fehlt oder was Ihnen nicht passt. Unglücklich ist man nämlich mit dem Verstand. Von Seneca stammt der Gedanke: „Glücklich ist nicht der, der anderen so vorkommt, sondern wer sich selbst dafür hält."

> **Die aktive Entwicklung Ihrer Persönlichkeit ist die zentrale Aufgabe Ihres Lebens. Ihr Sein entscheidet, das Haben ist eine Folge!**

Fangen Sie mit Ihrer Persönlichkeitsentwicklung an, auch wenn Sie das Ziel noch nicht genau erkennen! Warten Sie nicht auf den - vermeintlich - optimalen Zeitpunkt oder auf den, zu dem Sie meinen, besser vorbereitet zu sein! Sie kennen ihn nicht und werden ihn nie kennen! Handeln Sie jetzt!

## 3.1.2. Integrität

Sie sind ein Individuum (lat. „in" = nicht – und „dividere" = teilen) also ein unteilbares Ganzes. Deshalb sollten alle Facetten Ihrer Persönlichkeit (Körper, Geist und Psyche) in Harmonie sein und parallel in Harmonie entwickelt werden.

Die Harmonie erfordert vor allem Integrität, ein Handeln in Übereinstimmung mit Ihren Zielen und Wertmaßstäben. Sie ist ein inneres Phänomen - hat also nichts mit Wohlstand oder Anerkennung von außen zu tun. Stellen Sie sich vor, Sie lügen oder betrügen und die anderen bemerken es nicht. Sie sind ein angesehenes Mitglied der Gruppe. Sie selbst aber wissen um Ihre Verfehlungen um die mangelnde Integrität. Können Sie damit ein hohes Selbstwertgefühl haben? Solange Sie nicht (annähernd) integer leben, haben Sie ein geringes Selbstwertgefühl und sind deshalb auch nicht wirklich glücklich.

Sie haben Ihre Persönlichkeit erkundet und haben vermutlich Facetten und Aktivitäten gefunden, die nicht zueinander passen. Sie wollen das eine, machen aber etwas anderes. Sie wollen ehrlich sein, sagen aber doch nicht die Wahrheit. Sie wollen entspannen und Ihre Ruhe haben, verabreden sich aber doch mit den Freunden, die gerade angerufen haben.

Sie erkennen oder spüren die Widersprüche, die Ihre Integrität (lat. integrare = einordnen) und Ihr Selbstwertgefühl beeinträchtigen. Warum handeln wir so?

Wir sind soziale Wesen und suchen deshalb instinktiv Bindung und Anerkennung unserer Bezugsgruppe, zudem gibt es das Phänomen der Gruppen-Dynamik. Wir laufen mit anderen in eine Richtung, wissen aber - mehr oder weniger bewusst -, dass wir eigentlich in die andere Richtung wollen oder sollten.

Der zweite Grund ist, dass wir fast alle mit extrinsischer Motivation erzogen worden sind. „Allgemeinen" Zielen oder Vorgaben zu folgen, ist für uns deshalb normal. Extrinsische Motive müssen jedoch nicht zu Ihrer *wahren* Persönlichkeit und Ihrem Potential passen. Wenn Sie Zielen, Motiven und Bestätigungen der anderen folgen, folgen Sie womöglich den für Sie falschen Zielen oder Sie verfolgen die Ziele mit Mitteln, die nicht zu Ihrem Wertesystem passen.

Ohne (weitgehende) Harmonie der Facetten Ihrer Persönlichkeit entsteht keine widerspruchsfreie Persönlichkeit, bei der das Ganze mehr ist als die Summe der Teile. Manchmal ist dann das Ganze sogar weniger als die Summe der Teile, wenn nämlich Teile gegeneinander wirken. Wenn Sie z.B. immer mehr arbeiten, um viel Geld zu verdienen (um damit Anerkennung von außen zu bekommen), dabei aber Ihren Körper und Ihre Familie vernachlässigen, dann erzielen Sie womöglich ökonomischen Erfolg, werden aber körperlich oder psychisch krank oder Ihre Ehe scheitert. Sind Sie dann glücklich, ist das das Geld wert?

Damit sich ein „größeres" Ganzes ergibt, ist Integrität erforderlich. Alle Aspekte Ihrer Persönlichkeit müssen sich möglichst widerspruchsfrei in Ihre Persönlichkeit einfügen. Den Fokus auf die Entwicklung einzelner Facetten Ihrer Persönlichkeit zu richten, ergibt deshalb keine sinnvolle Persönlichkeitsentwicklung.

Corona zeigt: Es kommt auf den Einzelnen an! Auf Sie! Wir alle müssen uns emanzipieren von den Prägungen unserer Sozialisation und damit auch von dem Warten auf Zielvorgaben und Motivation von außen.

Wenn jeder von uns sein Leben selbst in die Hand nimmt und wir gemeinsam demokratisch unsere Vorstellungen abwägen, dann entsteht ein neues Leben für uns alle und eine neue Qualität der Gesellschaft.

Wenn Sie für sich eine neue werthaltige, nachhaltige Orientierung (Ziele, Wertvorstellungen, Handlungsmuster,...) finden und integer leben, ändern Sie nicht nur Ihr eigenes Leben, sondern beeinflussen - durch Ihr Vorbild - auch die Ziele, Wertvorstellungen und Handlungsmuster Ihres Umfelds. Persönlichkeitsentwicklung ist also nicht etwas, das Sie nur für sich tun, sondern auch für Ihr Umfeld, Ihre Kinder und die Gesellschaft allgemein.

Allgemein wird erwartet, dass nach Corona die Welt eine andere sein wird. Jeder von uns hat die Möglichkeit, aktiver Teil der Veränderung zu sein. Mehr dazu im Abschnitt 3.3.4.

Sie haben erkannt, dass Persönlichkeitsentwicklung geht. Sie wollen das Beste aus sich und Ihrem Potential machen. Nur wie finden Sie Ihre wahre Persönlichkeit?

### 3.1.3. Heteronomie – Autonomie –Theonomie

Wie finden Sie Ihre *wahre* Persönlichkeit, die für Sie richtigen Ausprägungen von Körper, Geist und Psyche? Woher kommen Ihre neuen, „eigenen" Ziele, Werte, Gefühle und Handlungsmuster?

Den meisten Menschen ist nicht bewusst, dass sie ihre Persönlichkeit durch die Gene und die Sozialisation von anderen erhalten haben, dass:

- ihre Persönlichkeit also gar nicht „ihre" Persönlichkeit ist,
- ihre (aktuelle) Persönlichkeit nicht ihre beste sein muss und
- ihre aktuelle Persönlichkeit nicht so bleiben muss.

Menschen, die sich nicht aktiv mit Persönlichkeitsentwicklung beschäftigen, verändern dennoch fortwährend ihre Persönlichkeit, da ständig äußere Einflüsse (Ereignisse oder Menschen) auf sie einwirken. Die Persönlichkeit passt sich den jeweiligen Einflüssen an,

Diesen Vorgang kennen wir bereits aus der Erziehung. Man nennt ihn Heteronomie (griech. hetero = der andere - nomos = Gesetz). Menschen, die sich nicht aktiv um ihre Persönlichkeitsentwicklung kümmern, werden ein Leben lang von anderen geformt und gelenkt, wie Marionetten. Sie lassen es zu und sind sich dessen häufig nicht einmal bewusst. Den meisten Menschen ist vor allem nicht bewusst, dass sie eine Alternative haben.

Es gibt die Meinung, dass wir zu annähernd 100 % von Genen und der Sozialisation geprägt sind und bleiben, d.h. keinen Einfluss auf unser weiteres Leben haben. Das wäre Determinismus und würde bedeuten, dass wir nicht bewusst entscheiden können, keine Verantwortung für unser Handeln haben, und dass eigene Anstrengungen nichts bewirken.

Ich bin davon überzeugt, dass wir unsere Persönlichkeit und unser Leben - in Grenzen - sehr wohl beeinflussen können. Wir haben jeden Tag die Wahl, etwas anders zu machen. Die Frage ist nur, warum wir es meist nicht tun und wie das „anders" aussehen könnte?

Eine aktuelle Strömung sagt als Gegenposition, wir könnten uns - quasi beliebig - Ziele setzen und unser Verhalten verändern. Den Menschen wird suggeriert, sie könnten sich neu erfinden oder einfach Teile ihrer Persönlichkeit optimieren, wie:

- die Optik durch Schönheitschirurgie

- die Fitness durch Kraft- oder Ausdauertraining

- die Einstellung durch Änderung des Mindset

Sie können sich aber immer nur von dort aus weiter entwickeln, wo Sie sich heute befinden (vgl. die Wanderung in 3.2.1.), d.h. von der Persönlichkeit aus, die Sie heute sind. Es gibt keine „Reset"-Taste, deshalb heißt es Persönlichkeits-Entwicklung.

Die beliebige Veränderung der Persönlichkeit wäre Autonomie (griech. autonomia = selbst - nomos = Gesetz). Ich halte es nicht für möglich, Teilaspekte der Persönlichkeit beliebig zu verändern, denn wie sollte daraus eine harmonische Persönlichkeit werden?

Es wäre auch nicht Ihre Persönlichkeit, die da entwickelt würde, denn die Optimierungs-Ideen stammen meist von anderen und folgen bestimmten Trends. Es ist eben keine Autonomie sondern wieder Heteronomie, verkleidet als Autonomie! Das Ergebnis wäre ein Flickenteppich von Facetten einer disharmonischen Persönlichkeit - mit vorprogrammierten Spannungen und Brüchen, keine Integrität.

Wie sollten Sie sich auch autonom eine völlig neue Persönlichkeit zulegen, selbst wenn Sie es schaffen würden, die Facetten dabei harmonisch abgestimmt zu gestalten? Eine komplett neue Persönlichkeit würde Sie völlig überfordern, denn Sie hätten ja keinerlei festen Orientierungspunkt mehr. Alles wäre disponibel, alles wäre im Fluss.

Persönlichkeitsentwicklung - wie ich sie verstehe - ist kein Wunschkonzert. Es bleibt deshalb - nach meiner Auffassung - nur eine Art der sinnvollen, ganzheitlichen Persönlichkeitsentwicklung: Sie müssen Ihre *wahre* Persönlichkeit und Ihr Potential erkennen und dann entwickeln. Deshalb lautet der Titel des Buches: „Entwickle deine *wahre* Persönlichkeit."

Wie aber finden Sie das, was wirklich in Ihnen angelegt ist? Sie können es nur erkennen! Sie erkennen es daran, was Ihnen Ihr Herz, Ihre Intuition oder Ihre Seele sagt oder Sie erkennen lässt. Es geht dabei aber nicht um Gefühle - worauf Sie gerade Lust haben - sondern um Erkenntnis.

Sie können erkennen, was in Ihnen anlegt ist (was Gott in Ihnen angelegt hat). Das wird Theonomie genannt (griech.: theo = Gott - nomos = Gesetz). Wenn Sie das gefunden haben, was in Ihnen angelegt ist – Ihre *wahre* Persönlichkeit -, und Sie sich davon eine Vorstellung gebildet haben, haben Sie ein Ziel - ich nenne es das Ziel-Selbstbild. In nächsten Abschnitt lesen Sie, wie Sie Ihr Ziel-Selbstbild finden.

Suchen Sie zu erkennen, welche besondere Begabung oder welches besondere Interesse Sie haben, was Sie besonders gerne tun. Damit ist nicht gemeint: am Strand liegen, Eis essen oder Party feiern. Es geht um eine Aufgabe, eine Leistung, etwas, das Sie schaffen oder bewegen wollen. Wozu Sie sich gegebenenfalls auch anstrengen müssen, was Sie aber einfach tun wollen. Finden Sie Ihre Aufgabe, die Sie unbedingt erledigen wollen (mehr im Abschnitt 3.2.3.).

Bei mir ist es so, dass mich Kreativität und das Erkennen von Zusammenhängen besonderes interessieren und motivieren. Ich wollte z.B. Architekt werden, weil ich gerne gestalte. Ich habe mich allerdings davon abbringen lassen, weil damals die Berufsaussichten für Architekten schlecht waren. Mein Interesse an Zusammenhängen passt zum Thema Persönlichkeitsentwicklung und dass ich dem Zusammenwirken der drei Facetten Körper, Geist und Seele besondere Beachtung schenke. Was mir hingegen nicht liegt, sind Details, die mich schnell ermüden oder langweilen. Andere Menschen sehen weniger die Zusammenhänge, lieben dafür aber die detaillierte Analyse von Problemen und können sich tagelang darin vertiefen. Wo liegt Ihre Begabung, Ihr Potential? Was lieben Sie zu tun?

Ziel der Persönlichkeitsentwicklung ist, Ihre *wahre* Persönlichkeit und Ihr Potential - das, was in Ihnen angelegt ist - zu erkennen und zur Entfaltung zu bringen und dabei auf die harmonische Entwicklung der drei Facetten Ihrer Persönlichkeit zu achten und integer zu leben!

Wenn Sie heute Ihre *wahre* Persönlichkeit und Ihr eigentliches Lebensziel entdecken und den Ihnen gemäßen Weg (Ihr Verhalten) finden und leben, dann bewegen Sie sich fortan auf Ihrem Lebensweg hin zu Ihrem Lebensziel und laufen nicht mehr länger mit der Masse zu den von anderen vorgegebenen Zielen.

Ihr Ziel-Selbstbild können nur Sie selbst finden, niemand anderes kann das für Sie tun. Wenn Sie glauben, dass das, was Sie erkennen, tatsächlich (von Gott) in Ihnen angelegt ist, dann sind Sie auch überzeugt, dass Sie das Ziel, für das Ihr Herz schneller schlägt, auch erreichen können. Sie werden Ihr Ziel erreichen - vielleicht mit einer großen Anstrengung - aber Sie werden nicht daran scheitern. Mit dem Ziel-Selbstbild sind Sie intrinsisch motiviert und entwickeln deshalb die nötige Beharrlichkeit und Konsequenz. Mehr dazu in Abschnitt 3.3.2.

Wenn Sie Ihre *wahre* Persönlichkeit und Ihr Ziel gefunden haben und leben, sind Sie auch souverän. Sie erkennen dann nämlich selbst, dass Sie auf dem richtigen Weg sind und wenn Sie ein Zwischenziel erreicht haben. Dann sind Sie - soweit wie möglich - glücklich, weil Sie sich zu sich selbst entwickeln. Man könnte (etwas hochtrabend) sagen: Sie haben Ihre Bestimmung gefunden und leben sie! Sie werden dann auch konsequent und beharrlich handeln, denn Sie sind intrinsisch motiviert!


## 3.2. Ihr Ziel-Selbstbild


Wie wir gesehen haben, erfolgt unsere Sozialisation mehr oder weniger stark mit extrinsischer Motivation. Unsere Ziele - was wir haben wollen und was wir tun wollen -, kommen dabei von anderen, weil sie es uns als erstrebenswert und normal vermitteln und vorleben. Unsere Motivation kommt ebenfalls von anderen, vom Lob oder einer anderen Belohnung der Eltern oder einer Bezugspersonen oder - im negativen Fall - durch angedrohte Sanktionen. Auch der akzeptable Weg - schummeln ist erlaubt oder nicht - kommt von anderen.

Das Setzen und Verfolgen eigener Ziele um ihrer selbst willen oder weil wir es so wollen - die intrinsische Motivation - wird weniger vermittelt und teilweise als egoistisch bewertet. Weil wir so sozialisiert wurden, ist es für die meisten von uns naheliegender, für Geld zu arbeiten, als zu versuchen, Geld mit dem zu verdienen, woran unser Herz hängt.

Extrinsische Motivation als Erwachsener heißt dann Karriere machen, mehr Geld verdienen und sich die Anerkennung der anderen durch Konsum verschaffen: mit dem neuen Auto, dem neuen Haus oder der schicken Wohnung, der tollen Urlaubsreise etc.

Wir passen uns dafür den Erfordernissen der Tätigkeit an, anstatt zu versuchen, die Umstände so zu beeinflussen, dass sie zu unserem Potential passen. Damit riskieren wir, die Integrität und die Harmonie unserer Persönlichkeit zu verlieren.

Ich glaube, dass alle Menschen wachsen wollen. Viele verwechseln nur äußerliches, wirtschaftliches Wachstum mit persönlichem Wachstum. Diese Menschen ziehen dann in ein größeres Haus, fahren ein größeres Auto etc. - nur ihre Persönlichkeit wächst nicht mit.

Warum leben nicht mehr Menschen mehr von ihrem Potential?

1. Sie erkennen ihr Potential nicht und suchen auch nicht gezielt danach.

2. Sie glauben nicht, dass sie es können und dürfen (sie akzeptieren die Limitierungen aus der Sozialisation).

3. Sie glauben nicht, von dem leben zu können, woran ihr Herz hängt - oder dass der geringere Verdienst durch das Glück, das Richtige zu tun, kompensiert wird.

Wenn Sie nicht irgendwann anfangen, sich zu fragen, wer Sie sind und was Sie wirklich wollen, was Sie - im tiefsten Inneren - mit Ihrem Leben anfangen wollen, dann werden Sie immer weiter den Zielvorgaben und den Wertvorstellungen anderer folgen. Dann leben Sie weiter das Leben der Anderen und nicht wirklich Ihr Leben. Ihr Leben wird Ihnen dann auch nicht so gut gelingen und Sie werden nicht so glücklich, wie Sie es eigentlich sein könnten.

Ärgern Sie sich nicht über Ihre Situation, über das, was heute ist und Ihnen widerfährt. Das wäre nicht klug, denn das Heute können Sie nicht ändern. Sie sind, was Sie sind. Sie können aber Ihre Zukunft, das Morgen, ändern, wenn Sie Ihre Einstellung und Ihr Verhalten ändern!

Ich kenne viele Menschen, die genau wissen, was sie alles nicht wollen. Die sich ständig aufregen über ihre Situation und das, was ihnen widerfährt. Die sich aufregen darüber, dass sie keine Chancen haben. Die gleichen Menschen sind aber nicht in der Lage zu sagen, was ihr Ziel ist, was sie in ihrem Leben erreichen wollen. Wenn sie aber nicht wissen, wo sie hin wollen, wie wollen sie dann eine Chance erkennen? Wozu soll eine Chance passen, wenn sie ihr Ziel nicht kennen?

Goethe hat geschrieben: "Des Menschen größtes Verdienst bleibt wohl, wenn er die Umstände so viel als möglich bestimmt und sich so wenig als möglich von ihnen bestimmen lässt." Um das aber leben zu können, um die Umstände zu beeinflussen, müssen Sie zunächst einmal Ihr Ziel kennen. Sie müssen sich also zunächst ein Bild machen von der Persönlichkeit, die Sie in Zukunft sein wollen.

Sie haben Ihr Selbstbild notiert (Kapitel 2.) und haben dabei vielleicht Widersprüche zwischen den Facetten Ihrer Persönlichkeit entdeckt. Jetzt geht es darum, das Ziel Ihrer Persönlichkeitsentwicklung zu formulieren - Ihr Ziel-Selbstbild.

Wenn Sie Ihr Ziel-Selbstbild kennen, dann haben Sie ein eigenes Ziel und damit eine intrinsische Motivation. Ihr Ziel-Selbstbild gibt Ihrem Leben die Richtung - Ihre Richtung und Ihren Sinn. Der Sinn gibt Ihnen die Kraft und Beharrlichkeit, den Weg zu gehen. Das ist der entscheidende Vorteil des Ziel-Selbstbildes.

Sie wissen selbst, wo Sie hin wollen - Sie folgen nicht mehr (wechselnden) extrinsischen Motiven - und das ist klug. Sie wissen dann auch, in welche Richtung Sie die Umstände beeinflussen wollen, und erst dann können Sie es tun. Ohne Ihr eigenes Ziel würden Sie weiter von anderen und den Umständen herum gestoßen werden. Mit Ihrem Ziel-Selbstbild beenden Sie das!

Ich bin der Überzeugung, dass die zentrale Aufgabe des Lebens die Persönlichkeitsentwicklung ist, nämlich:

1. zu erkennen, was Ihre *wahre* Persönlichkeit ist, und welches Potential Sie haben (Erst wenn Sie das wissen, können Sie zielgerichtet handeln und das anstreben, was zu Ihnen und Ihrem Potential passt.),

2. sich um die harmonische Entwicklung der drei Facetten Ihrer Persönlichkeit zu bemühen und

3. die Ergebnisse Ihres Handelns mit Dankbarkeit anzunehmen und nicht gewünschte Ergebnisse oder Ereignisse mit Demut anzunehmen, denn die Einstellung ist wichtiger als die Tatsachen.

In der Summe ist eine so verstandene Persönlichkeit - Persönlichkeitsentwicklung - die Basis für Glückseligkeit. Wenn Sie das leben, erreichen Sie, was zu Ihnen passt und nicht das, was Sie - nach Meinung anderer - erreichen sollten. Sie nehmen außerdem das, was Ihnen widerfährt, mit Dankbarkeit und Demut an. Ich meine, das ist die Basis für das Gelingen Ihres Lebens, für größtmögliches Glück und Seelenfrieden. Von Mahatma Gandhi ist überliefert: „Der Zweck des Lebens ist ohne Zweifel, sich selbst zu erkennen."

Ihre Persönlichkeit beeinflusst, wie Sie Ihre Umwelt wahrnehmen, welche Chancen Sie in der Welt für sich sehen, wie Sie dementsprechend handeln, wie Sie anderen begegnen und wie Sie Ihre Resultate und das Geschehen bewerten. Ihre Persönlichkeit entscheidet, wie Sie sich andern gegenüber verhalten. Ihr Verhalten beeinflusst wiederum die Reaktion der anderen Ihnen gegenüber und Ihre Persönlichkeit definiert, wie Sie das wiederum bewerten. Deshalb bin ich der Meinung, dass aktive Persönlichkeitsentwicklung die zentrale Aufgabe des Lebens ist. Das Instrument dafür ist Ihr „Ziel-Selbstbild."

Wie kommen Sie nun zu Ihrem Ziel-Selbstbild, zu Ihrem Ziel im Leben und damit zu Ihrem Weg, mit dem Sie glücklich werden, mit dem Sie am Ende Ihres Lebens auf ein gelungenes, erfülltes Leben zurück schauen?

Die Antwort darauf können nur Sie selbst suchen und finden. Erkennen Sie Ihre *wahre* Persönlichkeit und Ihr Potential! Für jeden von uns gibt es Themen, Ziele, Aufgaben, die uns anziehen, die uns ganz besonders ansprechen, die uns am Herzen liegen und für die wir eine besondere Begabung haben. Es ist häufig nicht nur ein Ziel, ein Thema, sondern mehrere Begabungen, die wir entwickeln können. Finden Sie Ihr Potential und damit Ihre Chance.

Folgen Sie also nicht der Chance, von denen andere meinen, es sei die für Sie richtige! Folgen Sie der Chance, die in Ihnen liegt - Sie müssen sie nur suchen und finden!

### 3.2.1. Lebensweg-Metapher

Eine Metapher (ein Bild) soll die Persönlichkeitsentwicklung und den Lebensweg verdeutlichen:

## Wanderung im Voralpenland

Stellen Sie sich bitte vor, Sie befinden sich auf einer Wanderung im Voralpenland. Der Weg ist breit, relativ eben, mit guter Infrastruktur (Bänke, Hütten) und wird von vielen anderen Wanderern (der Bezugsgruppe) begangen.

Auf Ihrem Weg blicken Sie an einer Weggabelung in ein Seitental und sehen dort auf einem grünen Hügel einen Apfelbaum mit leuchtend roten Äpfeln. Einen so schönen Apfelbaum haben Sie noch nie gesehen. Sie können nun auf dem bisherigen Weg (mit den anderen) weiter gehen oder sich entschließen, in das Seitental einzubiegen.

Sie entscheiden sich für das Seitental. An dem Apfelbaum angekommen, essen Sie einen  der saftigen Äpfel und entdecken in einiger Entfernung einen höher gelegenen Bergrücken mit einer Kapelle. Die Kapelle, mit einer in der Sonne glitzernden Spitze, interessiert Sie und so folgen Sie dem Fußpfad zu der Kapelle.

Bei der Kapelle treffen Sie auf andere Wanderer, die von der anderen Seite zur Kapelle gekommen sind, und kommen mit ihnen ins Gespräch. Nach der Besichtigung der Kapelle sehen Sie in der Ferne einen hoch gelegenen, schneebedeckten, in der Sonne glitzernden Gipfel, der Sie magisch anzieht. Einige aus der Gruppe, die Sie gerade kennen gelernt haben, wollen dort hin wandern.

Sie können jetzt entscheiden mit der (neuen) Gruppe den Weg über Geröll und Firn zu dem Gipfel einzuschlagen, sich hoch zu kämpfen, ohne zu wissen, ob Ihre Kondition dazu reicht - eine echte Herausforderung. Sie können aber auch zurückgehen zu dem Apfelbaum oder zu dem breiten Weg in der Ebene. Wenn Sie umkehren, war der Abstecher zu dem Apfelbaum und zu der Kapelle ein Abenteuer.

Das ist eine Metapher des Lebensweges, im Idealfall eine Weiterentwicklung zu immer höher gelegenen Gipfeln (Zielen). Sie müssen sich dazu aber auf den Weg machen, da Sie - und das ist wichtig - häufig den nächsten Gipfel erst erkennen, wenn Sie die Weggabelung oder den davor gelegenen Gipfel erreicht haben. Sie entwickeln sich also weiter und wachsen, ohne am Anfang zu wissen, wohin Sie Ihre Wanderung - Ihr Lebensweg - am Ende führen wird.

Das Abbiegen auf den Weg zum Apfelbaum, zur Kapelle oder dem schneebedeckten Gipfel ist nun aber nicht in jedem Fall der Beleg für aktive Persönlichkeitsentwicklung. Aktive Persönlichkeitsentwicklung ist es nur, wenn es Ihre Entscheidung ist, aus Ihrer Überzeugung oder Ihrem Gefühl heraus, dass das genau der Weg ist, den Sie gehen sollten. Nicht aktive Persönlichkeitsentwicklung ist es, wenn die Gruppe den Weg wählt und Sie einfach folgen.

Den Startpunkt Ihrer Wanderung – ob Sie in der Ebene starten oder im Vorgebirge, ob Sie vom Westen, Osten, Süden oder Norden kommen -, hängt ab von Ihrer Sozialisation, von Ihren Eltern und Ihrem Umfeld.

Die Pubertät können Sie sich vorstellen als die Weggabelung, an der Sie auf andere Menschen (die Gruppe) treffen und dann entscheiden, ob und wie weit Sie mit der Gruppe gehen.

Solche Einschnitte erleben wir immer wieder in unserem Leben, wenn wir mit andersartigen Menschen, Ideen oder Ereignisse (wie der Corona-Pandemie) konfrontiert werden, und dann jeweils entscheiden müssen, ob und wenn ja, welche Bedeutung wir dem Einfluss geben und wie wir reagieren. Es ist immer Ihre Entscheidung - auch wenn Sie nichts tun!

-------------------------------------------------------------------------------

Zur Klarstellung: Die Kapelle und der schneebedeckte Gipfel in der Metapher sind äußere Ziele. Die Ziele der Persönlichkeitsentwicklung liegen jedoch insbesondere in Ihrem Inneren.

## Segeltörn

Stellen Sie sich vor, Sie sind mit einem Segelboot auf dem Mittelmeer unterwegs. Morgens, nach einem ausgiebigen Frühstück, steuern Sie mit anderen Booten aus dem Hafen. Der Wind kommt stabil von Backbord (links). Sie stehen am Ruder und steuern einen Halbwind-Kurs (für Nicht-segler: der Wind kommt quasi im 90° Winkel von der Seite: das ist der Kurs, der am leichtesten zu segeln ist). Es ist herrliches Sommerwetter, sonnig und warm, mit gleichbleibendem Wind und Ihre Mitsegler dösen an Deck.

Am Nachmittag sehen Sie voraus eine Insel und freuen sich schon auf den Hafen und das Abendessen. Plötzlich erkennen Sie, dass das gar nicht der Hafen ist, zu dem Sie wollten. Die Insel voraus und der Hafen sind das Ziel, zu dem die anderen Boote wollten, nicht aber Sie.

Sie haben kein Ziel gehabt oder haben es nicht bewusst verfolgt. Sie sind dem Wind und den anderen Booten (Bezugsgruppe) gefolgt. Sie haben morgens nicht erst Ihr Ziel bestimmt, den Wind beachtet und dann den dafür richtigen Kurs ermittelt.

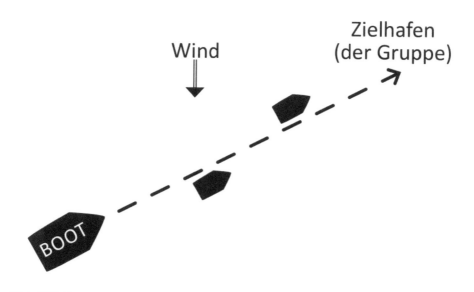

Der richtige Kurs zu Ihrem Ziel (Zielhafen) war - in unserem Beispiel - nicht der bequeme Halbwindkurs. Sie hätten gegen den Wind kreuzen müssen, denn Ihr Zielhafen lag genau in der Richtung, aus der der Wind kam.

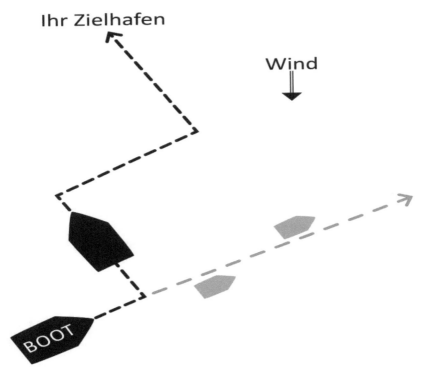

Sie hätten nicht nur den beschwerlichen Kurs steuern sondern außerdem fortlaufend überprüfen müssen, ob Wind oder Strömung Sie nicht womöglich vom richtigen Kurs haben abkommen lassen. Dies hätten sie gegebenenfalls durch eine veränderte Ruderstellung korrigieren müssen. Nur so hätten Sie Ihr eigentliches Ziel erreicht.

Das Ziel der anderen Boote (der Bezugsgruppe) war nicht Ihr Ziel. So wie beim Segeln brauchen Sie im Leben ein Ziel, damit Sie steuern können. Wer den Hafen (Ziel) nicht kennt, kann nicht steuern und hat auch keinen günstigen Wind. „Nur wer sein Ziel kennt, findet den Weg." (Laotse)

Wenn Sie Ihren Zielhafen nicht kennen - Ihre Ziel-Persönlichkeit ist ja kein allseits bekannter Ort -, dann müssen Sie begründete Vermutungen anstellen, wo Ihr Ziel liegt und müssen sich auf den Weg machen. Bedenken Sie: Amerika ist bei der Suche nach dem Seeweg nach Indien entdeckt worden!

Wie kommen Sie nun zu Ihrem Ziel, zu Ihrem Ziel-Selbstbild?


## 3.2.2. Nachdenken


Sie können mit Nachdenken anfangen. Ihre derzeitige Persönlichkeit ist das Konstrukt Ihrer Sozialisation, weshalb beim Nachdenken über Ihre *wahre* Persönlichkeit allerdings die Gefahr besteht, dass Sie:

- genau das in sich „finden", was die Sozialisation in Ihnen angelegt hat. Dass Sie also genau das meinen zu sein und tun zu sollen, was die Erziehung - das Vorbild Ihrer Eltern und die Einflüsse Ihrer Bezugsgruppe - Ihnen eingegeben haben - und, fast noch wichtiger,

- genau die Begrenzungen wieder in sich finden und als gegeben für sich akzeptieren, die Ihnen von Ihren Eltern und Ihrem Umfeld vermittelt worden sind, die Suggestionen, was Sie angeblich nicht können oder dürfen.

Machen Sie sich bewusst, dass Sie Ihre Realität, Ihr Leben, Ihre Möglichkeiten und Ihre vermeintlichen Grenzen sehen, weil Sie sie durch Ihre individuelle „Brille" sehen. Die „Brille", die Sie im Rahmen Ihrer Sozialisation von anderen bekommen haben. Sie sehen also die Realität nicht objektiv - keiner tut und kann das. Sie sehen durch Ihre „Brille" ein irgendwie „verzerrtes" Bild der Wirklichkeit. Was Sie sehen, ist jedoch genau Ihre Realität.

Die Brille sind die neuronalen und synaptischen Verschaltungen - dieses Konstrukt aus Denken, Fühlen und Handeln auf einen äußeren Impuls -, geformt in Ihrer Sozialisation. Sie haben nur diese eine „Brille". Die Brille ist da - jeder hat seine - und sie bestimmt Ihre Sicht auf die Welt, ohne dass Sie die „Brille" normalerweise bewusst wahrnehmen!

Die „Brille" bestimmt nicht nur Ihre Wahrnehmung, sondern auch Ihre Bewertung, die Bedeutung, die Sie dem Wahrgenommenen geben. Sehen Sie also in einer Situation ein (unüberwindliches) Hindernis und ärgern sich oder sehen Sie darin eine Herausforderung, die Sie (mit einer Anstrengung) meistern können?

„Bei gleicher Umgebung schaut doch ein jeder in seine eigene Welt.", schrieb Arthur Schopenhauer.

## Perspektiv-Wechsel

Um den Verzerrungen der „Brille" zu entgehen, ihren Einfluss zu entschärfen, versuchen Sie bewusst, Ihrer Beachtung, Ihre Perspektive und Ihre Erwartung zu ändern. Was ist damit gemeint?

1. Achten Sie bewusst darauf, was Sie vielleicht in der Vergangenheit immer wieder tun wollten, aber immer wieder verworfen haben: eine Idee, einen Wunsch, eine Vision! Vielleicht ist es genau das, was Sie tun sollten. Warum haben Sie die Idee immer wieder verworfen?

   Wenn Sie über Ihr bisheriges Leben nachdenken, achten Sie bewusst auf das Positive! Lassen Sie bewusst außer Acht, was Ihnen misslang! Achten Sie auf das, was Sie schon alles geschafft haben, auf wichtige Menschen und ihre inspirierende Wirkung oder positive Erlebnisse! Erkennen Sie einen gemeinsamen Grund? Waren Sie vielleicht immer gerade besonders entspannt? Waren Sie offener als üblich und haben sich auf etwas eingelassen, was Sie sonst nicht getan haben? Haben Sie anders gehandelt als üblich?

2. Nehmen Sie einen bewussten Perspektiv-Wechsel vor! Sehen Sie sich Ihre Situation von außen an - aus Sicht einer anderen Person! Könnte man Ihre Situation auch ganz anders sehen und bewerten? Ein eindrückliches Beispiel für den Perspektivwechsel bietet der Film „Der Club der toten Dichter". In einer Szene steigen die Schüler auf die Tische und nehmen so eine neue Perspektive ein.

   Ein anderes Beispiel: Ich bekam kürzlich ein Paket mit Gläsern – mit einem Aufkleber, auf dem ich „AGIL" las. Merkwürdig, dachte ich. Wieso steht „AGIL" auf einem Paket mit Glas?

Der Aufkleber ging um die Ecke und das Wort auf dem Paket lautete natürlich „FRAGIL". Ich konnte zunächst nur den zweiten Teil des Wortes sehen, die ersten beiden Buchstaben waren auf der anderen Seite des Pakets.

Erst als ich das Paket weiter weg hielt, sah ich beide Seiten zusammen und damit den Aufkleber ganz. Schauen Sie also genau hin, was Sie sehen, was Ihnen Ihre „Brille" zeigt! Ändern Sie Ihre Perspektive!

Noch ein Beispiel: An der Börse spricht man vom Ausverkauf, wenn die Kurse (stark) fallen. Die Verkäufer wollen dann eine Aktie (um jeden Preis) loswerden, weil sie die Zukunft des Unternehmens negativ bewerten. Bei dem reduzierten Kurs, zu dem sie verkaufen, stehen aber auf der anderen Seite immer Käufer, sonst käme der Verkauf ja nicht zustande. Die Käufer halten die Zukunft des Unternehmens (zumindest bei dem reduzierten Kurs) für attraktiv, sonst würden sie nicht kaufen. Es ist eine Frage der Bewertung, eben der Perspektive, ob jemand bei einem bestimmten Kurs kauft oder verkauft.

Ein anderer Perspektivwechsel steckt in der Frage: „Wie soll mein Leben aussehen, auf das ich mit 80 Jahren zurückblicke?" Sie blicken also aus der Zukunft auf Ihr Leben zurück, anstatt einfach von Jahr für Jahr in die Zukunft zu denken.

Diese veränderte Perspektive hat bei mir vor einigen Jahren zu völlig veränderten Prioritäten geführt. Das Ergebnis war bei mir, dass die Beziehung zu Menschen einen höheren Stellenwert bekam als zuvor. Ich sah mich als Senior umgeben von einer großen Familie. Nicht Auto oder Haus, sondern Menschen, denen ich etwas weitergeben wollte, standen im Mittelpunkt.

3. Bemühen Sie sich bewusst, alle Teile der Realität wahrzunehmen! Wir sehen häufig Teile der Realität nicht, weil wir sie nicht kennen oder nicht erwarten.

Bei mir war es zum Beispiel das Theater, das mich als Jugendlicher nicht interessierte, weil ich es nicht kannte. Warum sollte ich ins Theater gehen, es existierte für mich quasi nicht. Weil ich es nicht kannte, fehlte es mir auch nicht. Weil aber andere ins Theater gingen, fragte ich mich irgendwann: warum? Die Motivation für Theater kam durch mein sich veränderndes Umfeld.

Anderem schenken wir aus dem gleichen Grund zu große Beachtung. Denken Sie an Fußballfans, die am Wochenende nichts anderes kennen als das Spiel ihres Clubs. Alternativen kennen sie nicht - oder sie haben zumindest keine hohe Priorität.

Ganz wichtig sind Ihre bisherigen Erfahrungen mit Chancen und Risiken (Problemen). Wer für sich nur Probleme erwartet, sieht nur Probleme und übersieht die Chancen (er erkennt sie nicht!). Wer hingegen Chancen für sich erwartet, sieht Chancen!

Beispiele: Sie interessieren sich für ein neues Auto - und sehen auf der Straße auf einmal ständig genau diesen Autotyp. Oder Eltern mit Kinderwunsch, die auf der Straße vor allem Eltern mit Kindern oder Schwangere wahrnehmen.

Beachten Sie also, was Sie beachten! Sie können Ihre Aufmerksamkeit bewusst auf die positiven Dinge - Gegebenheiten und Begegnungen mit Menschen - richten oder eben auf die negativen, die Probleme, die Dinge, die daneben gehen.

Sorgen Sie also für neue Denkimpulse. Dazu können Sie „Nahrung für Geist und Seele", die von mir über Jahre gesammelten Aphorismen kostenlos abonnieren unter: https://haharth.de/aphorismen/.

4. Ändern Sie den Betrachtungszeitraum! Wir überschätzen häufig, was kurzfristig machbar ist, und unterschätzen regelmäßig, was uns langfristig möglich ist. Wir sagen: „Das kann ich nicht.", meinen aber eigentlich: „Das kann ich nicht in einem bestimmten (kurzen) Zeitraum erreichen." Oder auch: „Es ist mir zu anstrengend, mich nachhaltig, intensiv und beharrlich, darum zu bemühen." Erreichen können wir in einem hinreichend langen Zeitraum fast alles.

Bezogen auf Ihre Persönlichkeit werden Sie feststellen, dass Sie sich sehr wohl entwickeln können, wenn Sie nur die Motivation aufbringen und sich lange genug bemühen. „Wer kämpft, kann verlieren, wer nicht kämpft, hat schon verloren." (Berthold Brecht)

Beispiele dafür, was mit Motivation, Geduld und Beharrlichkeit langfristig möglich ist, lassen sich gut im Sport beobachten. Beispiele aus der Wirtschaft, die weniger gut sichtbar sind und deshalb kaum wahrgenommen werden:

Dr. Hans-J. Langer - Erfinder und Unternehmer. Er gründete 1989 EOS, ein Unternehmen für 3D-Druck. Die Produkte werden dabei Schicht für Schicht aus Metallpulver mit Einsatz von Lasern aufgebaut. Er hat 25 Jahre daran gearbeitet! Anfangs wurde er für seine Idee belächelt. Heute ist EOS weltweit Marktführer.

Heinz Hermann Thiele - Jurist und Unternehmer. Er fing 1969 bei Knorr-Bremse als juristischer Sachbearbeiter an, übernahm 1986 die Mehrheit der Anteile des sanierungsbedürftigen Unternehmens und führte es zur Weltspitze.

Ronald Slabke - Er fing um die Jahrtausendwende in der Immobilienfinanzierung bei Dr. Klein an, übernahm dann das Unternehmen und hat es in 20 Jahren zäher Arbeit zum profitablen, mit führenden Vermittler von Immobilien-Finanzierungen gemacht. Heute ist die „Hypoport" an der Börse notiert.

BioNTech - Das aktuelle Beispiel aus der Forschung. Das Unternehmen wurde 2008 u.a. von Ugur Sahin und Özlem Türeci gegründet. Vorausgegangen waren Hochschulforschungen zur Immuntherapie bei Krebs-Erkrankungen. 2020 haben sie diese Forschungsergebnisse auf das Corona-Virus angewandt und in kürzester Zeit den ersten Impfstoff gegen das Virus entwickelt. Vorausgegangen waren jedoch 20 Jahre zäher und geduldiger Forschung!

Ich erwähne diese Erfolge, weil ihnen in Deutschland in der Öffentlichkeit zu wenig Beachtung geschenkt wird. Das ist Teil unserer lebenslangen Sozialisation. Es geht mir dabei nicht um den ökonomischen Erfolg, sondern darum, was uns alles möglich ist, wenn wir uns mutig, langfristig und beharrlich bemühen.

## Worte

Mit Worten kommunizieren Sie nicht nur mit anderen. Mit Worten denken Sie auch und mit Ihrer Wortwahl beeinflussen Sie Ihre Gefühle, die Sie mit Ereignissen oder Situationen verbinden.

Beschreiben Sie Probleme mit weniger dramatischen Worten! Damit reduzieren Sie die negativen Emotionen und können so die Herausforderung besser mit Ihrem Verstand bearbeiten und meistern.

Beschreiben Sie die Situation gerade bei gefühlter Bedrohung mit nüchternen Worten, dann halten Sie den Einfluss der Amygdala klein! Im Zusammenhang mit Corona habe ich mehrfach erlebt, dass Menschen sich so in Rage geredet haben, dass sie für rationale Argumente nicht mehr zugänglich waren.

Wenn Sie die Situation nicht ändern können, nehmen Sie sie zur Kenntnis! Mehr nicht! Machen Sie sich klar, dass Sie Ohnmacht empfinden und dokumentieren, wenn Sie Wut oder Ärger äußern! Wenn Sie nämlich der Meinung wären, die Situation ändern zu können, würden Sie es ja tun.

Chancen und Siege hingegen sollten Sie mit eher begeisterten Worten formulieren. Das steigert Ihre Motivation und Ihr Selbstwertgefühl. Dann gehen Sie das nächste Problem noch zuversichtlicher an.

Worte leben, beeinflussen Ihre Bewertung der Situation und sind auch wieder Ausdruck Ihrer Bewertung. Worte haben also einen großen Einfluss auf Ihr Leben und Ihre Glückseligkeit. Achten Sie deshalb auf Ihre Wortwahl. Sie denken mit ihnen und Sie fühlen mit ihnen.

## Kluge Fragen

Beim Nachdenken können Ihnen kluge Fragen helfen. Fragen Sie also nicht: „Warum passiert das immer mir?" Das ist keine kluge Frage. Erstens ist es eine rhetorische Frage, auf die Sie gar keine Antwort erwarten.

Zweitens steckt hinter der Frage die „Opferhaltung", d.h. Sie sehen sich als Opfer, dem etwas widerfährt.

Die kluge Frage ist: „Was war mein Beitrag, der das Ereignis ausgelöst oder möglich gemacht hat?" Oder noch besser: „Was kann ich tun, um die Situation (in meinem Sinne) zu beeinflussen?" Mit dieser Frage sehen Sie sich als Ursache, nicht als (hilfloses) Opfer!

Sie können sich vor allem immer fragen: „Was kann ich - trotz allem - tun?" anstatt händeringend dazustehen und das Ergebnis zu beklagen.

Fragen Sie also nach Ihrem Anteil am Geschehen und fragen Sie sich, was Sie in Zukunft besser machen können - und wie Sie es fertigbringen, in Zukunft tatsächlich anders zu handeln. „Klug fragen können, ist die halbe Weisheit." (Francis Bacon)

Eine Freundin hatte Nervenschmerzen und konnte deshalb nachts nicht durchschlafen. Ich empfahl ihr meinen Arzt, der ursachenorientiert therapiert, und berichtete ihr begeistert von meinen positiven Erfahrungen. Sie war im Urlaub ganz in der Nähe des Arztes, vereinbarte aber keinen Termin. Warum nicht?

Die beste Frage in schier ausweglosen Situationen ist: „Warum nicht doch?" Wenn Sie diese Frage stellen, kommen Sie zu neuen Antworten, zu möglichen Lösungen Ihres Problems, die es Ihnen ermöglichen, neu und anders zu handeln. Ist das womöglich der Grund, warum diese Frage so wenig gestellt wird: Weil man dann tatsächlich entscheiden und anders handeln müsste?

Viele Menschen lehnen offenbar neue Wege lieber ab, als sie auszuprobieren. Warum folgen sie neuen Anregungen nicht? Warum prüfen sie sie nicht? Haben sie Angst vor einem neuen Weg, vor der Herausforderung? Haben sie vielleicht Angst, sich eingestehen zu müssen, dass sie in der Vergangenheit falsch entschieden, falsch gehandelt haben? Das wäre natürlich bedauerlich. Wirklich ärgerlich ist es aber doch, wenn sie nicht erkennen, was falsch gelaufen ist. Dann können sie es nämlich in Zukunft nicht anders und besser machen (ohne Garantie, dass es besser wird).

Die gleichen Menschen, die sich über Ereignisse aufregen oder ihr Schicksal beklagen, schrecken vor einer Änderung ihres Verhaltens zurück. Warum? Wer nichts ändert, wird immer wieder die gleichen Probleme haben.

Die klügste Frage ist aber: „Was will ich in meinem Leben erreichen?" Menschen, die hierauf keine - eigene - Antwort haben, werden immer den Zielen und Vorgaben anderer folgen. Fragen Sie sich also: „Worum soll es wirklich gehen in meinem Leben?" Wenn Sie es erkennen, dann fragen Sie weiter: „Warum nicht?",

- wenn Sie meinen, es sei gerade nicht der richtige Zeitpunkt für Veränderungen,
- wenn Sie glauben, dass etwas nicht geht, weil es sonst schon jemand gemacht hätte,
- wenn Sie Zweifel haben, es zu schaffen.

Stellen Sie sich diese Frage immer wieder, wenn Sie spontan meinen, etwas nicht zu können, zu sollen oder das es nichts für Sie ist! Die meisten dieser „Neins" stammen nämlich aus Ihrer Sozialisation. Es sind die Suggestionen, Meinungen und Limitierungen anderer. Lassen Sie nicht zu, dass Ihr Ziel-Selbstbild und damit Ihr Leben weiter durch diese Limitierungen beschränkt werden! Fragen Sie sich also immer wieder: „Warum nicht doch?" Dazu gehört Mut. Warum sollten Sie den nicht aufbringen können? Mehr dazu im Abschnitt 3.3.3.

## Tugenden

Ein guter Ansatz zur bewussten Verbesserung Ihrer Persönlichkeit sind Ihre Charaktereigenschaften und Tugenden. Sie können Ihre Notizen zu Ihrer Persönlichkeit (Abschnitt 2.3.) heranziehen und sich überlegen, welche Tugenden Sie neu entwickeln oder stärken wollen. Sie können auch an der Polarität ansetzen und darüber nachdenken, mit welchen Aspekten Sie unzufrieden sind, wo Sie sich verbessern wollen.

Das kann sich beziehen auf:

- Klugheit - Sie antizipieren die Folgen Ihres Tuns oder Unterlassens und achten auf die Wechselwirkungen mit anderen Aspekten Ihres Lebens

- Integrität - Sie handeln, wie es zur Ihren Werten passt
- Selbstbeherrschung - Sie kontrollieren Ihre Impulse und vermeiden Eskalationen
- Glauben - Sie machen sich Ihre Stärke und Seele bewusst und handeln entsprechend
- Umfeld - Sie lieben und achten Ihren Partner(in) mehr, Sie beenden Konflikte; Sie beenden den Kontakt zu Menschen, die Ihnen nicht gut tun
- Finanzen - Sie unterlassen unsinnigen Konsum, kümmern sich um Ihr Vermögen

Wenn Sie erkennen, wo Facetten Ihrer Persönlichkeit nicht oder nicht gut zusammen passen, haben Sie einen weiteren Ansatzpunkt für Ihre Persönlichkeitsentwicklung. Aus einem Aspekt folgt ein anderer und aus diesem wieder ein nächster.

Wenn Sie integer leben, wenn Ihr Handeln mit Ihren Werten übereinstimmt, wenn Ihr Wort gilt, dann steigt Ihr Selbstwertgefühl. Sie erkennen und empfinden Ihre Stärke, werden damit unabhängiger und können deshalb leichter Ihrem Ziel-Selbstbild folgen.

Das Spannungsverhältnis zwischen Bindung und Autonomie spielt bei der Integrität ebenfalls eine Rolle. Leben Sie Ihre wahre Persönlichkeit und Ihr Potential? Oder lassen Sie sich von Ihrem Umfeld (Bindung) zu einem anderen Verhalten verleiten und leben eben nicht integer?

Notieren Sie alles, was Ihnen zu den Themen einfällt, gerade auch das, was Ihnen nicht angenehm ist! Wenn Sie sich etwas bewusst machen, finden Sie später einmal die Kraft (Motivation), Ihr Verhalten zu ändern. Viele Menschen machen es sich nicht bewusst, denn dann brauchen sie keine Konsequenzen zu ziehen und anders zu handeln.

Ihre Werte und Tugenden weiter zu entwickeln, ist allemal ein lohnender Aspekt der Entwicklung Ihrer Persönlichkeit. Wenn Sie es schaffen, Ihre Tugenden weiter zu entwickeln, wird Ihr Leben leichter, da Ihr Weg gerader wird, Sie weniger Gefahr laufen, Verlockungen zu erliegen. Sie stärken Ihre Haltung: Sie tun etwas nicht, einfach weil Sie es nicht wollen!

Wenn Sie sich der Mängel oder Disharmonien Ihrer Persönlichkeit bewusst werden, haben Sie einen wichtigen Teil Ihrer Entwicklung bereits geschafft. Sie müssen dann nur noch handeln und es beharrlich umsetzen. Klar ist, dass Sie dabei immer wieder Rückschläge erleiden werden, aber der Anfang ist gemacht, und da Sie nicht aufgeben, wird es Ihnen gelingen.

Nachdenken hat den Nachteil, dass Sie es mit Ihrem Verstand tun. Sie suchen etwas, einen Mangel oder eine Perspektive. Kluge Fragen oder eine Veränderung der Perspektive regen auf jeden Fall den Erkenntnisprozess an, auch wenn die eigentliche Erkenntnis womöglich dann erst zu einem späteren Zeitpunkt kommt.

Ein Hinweis an dieser Stelle: Wenn Sie sich eher pessimistisch einschätzen und deshalb auch meinen, Persönlichkeitsentwicklung käme für Sie nicht in Frage, dann ist das falsch. Sie haben es dann nur etwas schwerer, als andere Menschen, die optimistischer sind. Sie müssen sich vielleicht mehr motivieren und bemühen, das zu erreichen, was Sie erreichen wollen. Erreichen können Sie es aber auch - und dazu hilft Ihnen die Erkenntnis.

## 3.2.3. Erkenntnis

Ihr Verhalten ändern Sie vor allem, wenn Sie etwas erkennen, etwas finden - dass Sie womöglich gar nicht gesucht haben - und dabei auch emotional berührt sind. Erkenntnisse sind deshalb besser, weil Ihr Gefühl und Ihr Unterbewusstsein beteiligt sind. Man sagt ja auch, wir entscheiden emotional und suchen erst danach die rationale Begründung: deshalb „Nach"-Denken

Kennen Sie auch Menschen, die genau wissen, was sie alles nicht wollen, die Ihnen aber nicht sagen können, was ihre Ziele sind? Wie sollen diese Menschen entscheiden, wie handeln, welchen Kurs sollen sie steuern, wenn sie ihr Ziel (den Hafen) nicht kennen?

Versuchen Sie deshalb Ihr Ziel-Selbstbild zu erkennen! Nutzen Sie dafür Ihre Intuition! Intuition bedeutet „die unmittelbare Anschauung", das Erkennen oder die Eingebung - eben nicht das Nachdenken. Beim Nachdenken ist nämlich nur Ihr Verstand beteiligt. Sie wollen aber eine ganzheitliche Antwort für Ihre Persönlichkeit und Ihr Leben finden.

Die Antwort des Verstandes - das quasi wissenschaftlich Beweisbare - kann Ihnen die Antwort nicht geben. Wissenschaftlichkeit bedeutet Überprüfbarkeit, Beweisbarkeit durch Wiederholung eines Versuchs. Wie soll das bezogen auf Ihr individuelles Leben möglich sein? Was für Ihr Leben richtig ist und was Sie können, kann Ihnen nur die Erkenntnis liefern und Ihre eigene Erfahrung (vgl. Abschnitt 4.1.).

Denken Sie an die Begegnung mit neuen Menschen, wo Sie in Bruchteilen einer Sekunden intuitiv spüren, ob die „Chemie stimmt", ob Ihnen jemand sympathisch ist, ob Sie ihm vertrauen - oder auch nicht. Das ist die Intuition, die Ihnen auch bei Ihrem Ziel-Selbstbild hilft.

Vielleicht haben Sie es auch schon erlebt, dass Sie - womöglich Jahre später - erkannt haben, wofür etwas gut war: ein Problem, ein Umweg, eine Belastung. Etwas, das Sie in dem Moment gerne vermieden hätten, erweist sich Jahre später als Vorteil. Wir verstehen im Rückblick (mit unserem Verstand), müssen unser Leben aber vorwärts leben.

Ein entscheidender Nachteil des Nachdenkens ist, dass Sie nicht so weit denken werden, wie Sie sich entwickeln können. Denken Sie an die Metapher der Wanderung im Gebirge. Sie müssen erst die eine Etappe erreicht haben, um den nächsten Gipfel überhaupt sehen zu können. Das Ziel-Selbstbild entwickelt sich ständig parallel zu Ihrer Entwicklung. Sie befinden sich auf Ihrer Lebensreise, dafür ist Nachdenken nicht gut geeignet.

Wenn Sie Ihrer Erkenntnis folgen, dann finden Sie auch etwas, nach dem Sie gar nicht gesucht haben, weil Sie es nicht kennen, oder weil Sie es nicht für (logisch) möglich halten. Am Orakel von Delphi steht deshalb: „Erkenne Dich selbst." Die Erkenntnis liefert Ihnen mehr als die Logik!

Zur Erkenntnis brauchen Sie Muße. Muße ist Gelegenheit und bedeutete in der Antike auch Studium und Erkenntnis. Muße ist also etwas anderes als Freizeit, da Freizeit meist mit Aktivitäten ausgefüllt ist. Ruhe aber ist von entscheidender Bedeutung für die Erkenntnis.

Sie müssen innerlich zur Ruhe kommen. Deshalb müssen Ablenkungen von außen vermieden werden, denn Sie kommen nicht so ohne weiteres in einen kontemplativen Zustand. Elektronische Geräte sind deshalb auf jeden Fall auszuschalten!

Betrachten Sie mit Muße (in aller Ruhe) Ihre Situation - ohne Ungeduld und ohne eine bestimmte Erwartung! Denken Sie nicht nach, sondern hoffen Sie auf Erkenntnis! Ich empfehle dazu immer, sich mit einem leeren Blatt Papier unter einen Apfelbaum zu setzen (das ist wieder eine Metapher) und zu meditieren (lat. meditatio = betrachten, nachsinnen).

Die Erkenntnis (Intuition) kommt, wenn man Vertrauen in das Vorgehen hat, lange genug Geduld aufbringt - und dies immer wieder macht. Die Ideen und Eingebungen sollten Sie sofort notieren und nicht be- oder verurteilen. Die Urteile kommen ja wieder aus Ihrem Verstand und sind näher an den Prägungen und Limitierungen durch die Sozialisation.

Erkenntnisse haben den großen Vorteil, dass sie weniger durch Ihre „Brille" verzerrt sind, durch die Sie üblicherweise die Welt sehen. Im Allgemeinen sehen und hören wir die Intuition kaum, dazu ist unser Leben zu laut und zu schnell geworden. Auch vertrauen wir unserer Intuition nicht. Wir vertrauen einseitig unserem Verstand und dem (wissenschaftlich) Beweisbaren.

Die Erkenntnisse sind häufig nicht beweisbar oder scheinen manchmal sogar unlogisch oder widersprüchlich zu sein. Die Intuition ist aber „klüger" als unser Verstand und unsere Logik, denn sie umfasst mehr als unsere Logik. In unserem Unterbewusstsein sind unendlich viele Informationen gespeichert, die wir nicht bewusst aufgenommen haben sondern unbewusst. Diese riesige Zahl von Informationen gleicht unser Unterbewusstsein ab, setzt sie in Beziehung und liefert uns die Erkenntnis. Unser Verstand ist dazu aufgrund der Fülle von Informationen und der Wechselbeziehungen nicht in der Lage.

Wenn wir unserer Intuition folgen, erleben wir womöglich Probleme und erkennen erst in der Zukunft in der Rückschau, wofür die Probleme oder die Umwege gut und notwendig waren. Deshalb hat Sören Kierkegaard gesagt: "Life can only be understood backwards, but it must be lived forwards." *

Steve Jobs machte in jungen Jahren eine Designer-Ausbildung. Das sah zunächst wie vertane Zeit aus. Später, bei der Entwicklung des iPhones, konnte er diese Erfahrungen nutzen, was vielleicht ein wichtiger Beitrag zum Erfolg des iPhones war.

Vielleicht fehlt Ihnen die Vorstellungskraft und Sie vertrauen zu sehr auf Fakten oder auf das, was die anderen machen. Vorstellungskraft ist aber wichtiger als Wissen, da das Wissen begrenzt ist. Diese Feststellung stammt vom berühmten Albert Einstein: "Imagination is more important than knowledge, for knowledge is limited."

Vielleicht meinen Sie, dass etwas so sein muss, wie es ist, und können sich nicht vorstellen, dass es ganz anders sein könnte. Wer hätte Ende 2019 gedacht, dass wir die Corona-Pandemie mit den Einschränkungen bekommen? Wer hätte gedacht, dass wir in Deutschland eine Flutkatastrophe erleben, die ein ganzes Tal verwüstet? Es ist aber doch so gekommen.

Alles was Sie sich vorstellen - visualisieren -, können Sie auch erreichen. Manchmal hilft ein Vorbild, jemand der genau das schon gemacht hat oder etwas Ähnliches in einem anderen Zusammenhang bzw. Umfeld getan hat. Ich habe das, was ich hier beschreibe, selbst gemacht. Was ich kann, können Sie auch!

Es gibt die Meinung, dass uns die Intuition in die Irre führt, wir nicht wissen, was gut für uns ist. Wir sollten einfach tun, was wir gut können. Wir sollten nicht jahrelang einer Idee folgen, die uns womöglich Probleme bereitet und keinen - oder erst späten - Erfolg bringt. War der Weg deshalb falsch, weil er keinen oder einen späten (finanziellen) Erfolg bringt? Ich meine nein. Es kommt - nach meiner Meinung - auf die intrinsische

-------------------------------------------------------------------------------

\* „Leben kann nur rückblickend verstanden werden, muss aber vorwärts gelebt werden."

Motivation und Befriedigung durch das Ziel an, auch auf die Entwicklung der Persönlichkeit, die sich aus der Herausforderung ergibt. All das, können Sie nur selbst erkennen. Ich glaube auch, dass wir alles erreichen können, was uns unsere Intuition erkennen lässt. Der Weg mag steinig sein, es wird aber dennoch der richtige Weg sein. Die Frage ist einfach: tun Sie das, was Geld oder (schnellen) äußeren Erfolg bringt? Oder tun Sie, was Sie tun, um der Sache selbst willen oder weil Sie es wollen?

Erkenntnisse kommen mir häufig in der Nacht. Das ist nicht weiter verwunderlich, weil wir in der Nacht (meist) ganz entspannt sind, unser Unterbewusstsein aber weiter arbeitet. Genau aus dem Unterbewusstsein kommen die Erkenntnisse. Ich habe deshalb immer ein Blatt Papier und einen Stift neben meinem Bett liegen, damit ich solche Eingebungen direkt notieren und dann weiter schlafen kann. Wenn ich sie nicht direkt notieren würde, hätte ich sie bis zum nächsten Morgen wieder vergessen. Es gibt Nächte, da werde ich mehrfach von und mit einer Idee wach, notiere sie und schlafe dann weiter. Das ist Übungssache und eine Folge meines Vertrauens in die Intuition.

Wenn Sie auf Ihre Intuition vertrauen, um Erkenntnis bitten und sie erwarten, wird sie auch kommen. Ihre Intuition ist womöglich nur etwas „ungeübt" und Sie sind nicht gewohnt, ihr zu folgen. Sie müssen ja auf etwas vertrauen, an etwas glauben, das nicht (wissenschaftlich) beweisbar ist. Das ist vielen Menschen suspekt. Versuchen Sie es dennoch, denn Sie sind dann ganz nahe an Ihrem Persönlichkeitskern, denn es ist Ihre Intuition, Ihre Eingebung. Sie müssen sich nur dafür öffnen und beharrlich sein. Es geht. Ich war am Anfang skeptisch und habe dann diese überraschende Erfahrung gemacht.

Ihre Intuition wird Ihnen im Laufe der Zeit immer mehr Erkenntnisse liefern und Facetten Ihrer neuen Persönlichkeit offenbaren. Die Erkenntnisse kommen nicht logisch strukturiert. Da Sie sie aber notieren, können Sie bewusst mit ihnen weiter arbeiten. Sie können sich fragen, was dazu aus Ihrem bisherigen Leben passt, was fehlt oder was Sie ändern können und müssen. Auf Fragen, die Ihnen dabei kommen, erhalten Sie womöglich demnächst eine Antwort - eine weitere Erkenntnis. Das kann aber auch einige Zeit dauern.

Intuition - oder Weisheit - brauchen Sie auch für die Frage: „Was kann ich ändern?" respektive: „Was muss ich akzeptieren?" Was Sie ändern können - Ihr eigenes Handeln und Verhalten - sollten Sie mit Mut anpacken und tun. Die daraus folgenden Ergebnisse und das, was Sie nicht (gleich) ändern können, sollten Sie mit Dankbarkeit und Demut annehmen.

Nach einiger Zeit ergibt sich ein - mehr oder weniger - vollständiges und in sich stimmiges Bild Ihrer Persönlichkeit: Ihr „Ziel-Selbstbild", wie ich es nenne. Das mag am Anfang noch unscharf sein, wird aber immer deutlicher, je länger Sie daran arbeiten.

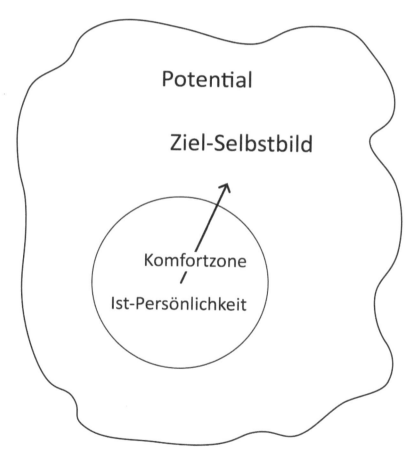

Ihr Leben geht weiter, auch wenn Sie Ihr Ziel-Selbstbild nicht suchen, erkennen und leben. Sie leben dann weiterhin die Persönlichkeit und das Leben, das Ihnen Ihre Sozialisation vermittelt hat und das fortlaufend durch Einflüsse von außen weiter geformt wird. Die meisten Menschen passen sich fortlaufend an und sind sich nicht bewusst, dass sie eine Alternative haben.

Erkennen Sie, dass Ihre heutige Persönlichkeit mit Ihrer Komfortzone nur eine Momentaufnahme ist? Sie können Ihre *wahre* Persönlichkeit und mehr von Ihrem Potential leben, wenn Sie sich Ihr Ziel-Selbstbild bewusst machen und es leben. Solange Sie es nicht tun, verpassen Sie die eigentlich in Ihnen angelegte Persönlichkeit und den Ihnen möglichen Lebensweg.

Was Ihnen dabei helfen mag, ist ein Bild aus der Bibel: Jesus heilt den Taubstummen mit den Worten „effata" = öffne dich (öffne deine Ohren, löse deine Zunge). Ich übersetze „effata" auch mit „Lass dich ein auf…". Lassen Sie sich ein auf das, was Sie erkennen, auf die Persönlichkeit, die Sie in sich erkennen und leben Sie nicht weiter das Leben der anderen (der Sozialisation)! Leben Sie Ihr Leben, das Sie erkennen! Lassen Sie sich darauf ein - überwinden Sie Ihre Angst, eben „effata".

---

**Leben Sie Ihr Leben, das Sie erkennen – überwinden Sie Ihre Angst -, leben Sie „effata" - lassen Sie sich ein auf Ihr Leben!**

---

Öffnen Sie sich:

a. äußeren Impulsen (Personen, Ziele), die die richtigen Anstöße geben

b. neuen/alten Visionen von innen, von Ihrer *wahren* Persönlichkeit.

Mit Erkenntnis und „effata" kommen Sie zu Ihrer *wahren* Persönlichkeit und erkennen, wer Sie im Kern tatsächlich sind, respektive sein können. Gehen Sie mit der Einstellung heran: „Alles kann sein, nichts muss sein!" Zwingen Sie also nichts, suchen Sie auch nicht, partout einen bestimmten Punkt zu erreichen! Lassen Sie sich auf Ihr Leben ein: eben „effata"!

Das sind ungewohnte Gedanken, ich weiß. Mir wurde der Gedanke aber immer vertrauter und überzeugender, je länger ich ihn drehte und wendete. Sie können ja nicht andere fragen, ob Sie auf dem richtigen Weg sind! Sie müssen das ganz alleine für sich selbst erkennen, entscheiden und leben. Und nur Sie wissen hernach, ob der Weg der richtige war - nach Ihren Maßstäben!

Wenn Sie Ihr Ziel-Selbstbild sehen, dann stellt sich die Frage: Tun Sie es auch? Sie brauchen ja Mut, Ihre Persönlichkeitsentwicklung zu leben. Mir hat „effata" (lass dich ein auf...) Mut gemacht, meinen Weg zu gehen. Woher der Mut kommt, lesen Sie in Abschnitt 3.3.3.

### 3.2.4. Ratschläge Dritter

Die Entscheidung für Ihr Ziel-Selbstbild und den zu beschreitenden Weg kann Ihnen niemand abnehmen. Ratschläge Dritter - auch die bestgemeinten - sind für Sie nicht nutzbar!

Die Ratschläge kommen ja von einer Person mit anderen Zielen, einer anderen Perspektive auf das Leben (einer anderen „Brille") und mit anderen Wertmaßstäben, als Sie sie haben.

Welche Bedeutung sollte der Rat eines Menschen für die Art Ihrer Motivation haben, der selbst extrinsisch motiviert handelt. Er wird Ihnen kaum zu intrinsisch motiviertem Handeln raten, da ihm das fremd ist.

Menschen aus Ihrem Umfeld sehen die Welt mit ihrer Perspektive. Diese Menschen werden Ihnen genau die Ziele, Wertmaßstäbe und Limitierungen nennen, die sie haben und die in der Welt gelten, wie sie sie sehen, und wie Sie selbst sie bisher gesehen haben. Menschen aus Ihrem Umfeld werden Ihnen - sofern sie nicht selbst auf dem Weg einer bewussten Persönlichkeitsentwicklung sind - deshalb immer empfehlen, sich mit dem Status Quo anzufreunden und „vernünftig" zu sein.

Auf der anderen Seite laufen Sie mit Angeboten wie NLP, Wochenendveranstaltungen von Antony Robbins oder Christian Bischoff Gefahr, dass Sie unter dem Einfluss dieser Coaches und der Gruppen geraten und ein Ziel-Selbstbild entwickeln, das nicht das Ihre ist. Die Gruppe, die Methode, der Coach können nicht das für Sie richtige Ziel-Selbstbild kennen. Der propagierte „Mindset" kann nicht für alle richtig sein. Die Aspekte der Persönlichkeit, die angesprochen werden, passen zum Coach und der Gruppe. Können sie aber für Ihre individuelle, *wahre* Persönlichkeit richtig sein?

Der Coach und die Gruppendynamik reißen Sie mit. Sie fühlen sich befreit von Ihren alten Begrenzungen und Vorgaben. Sie erhalten aber zugleich neue Denkmuster, einen neuen Mindset. Haben die aber etwas mit Ihrer *wahren* Persönlichkeit zu tun?

Wie sollen Sie unter Tausenden von Teilnehmern Ihre *wahre* Persönlichkeit finden? Wie können Sie frei sein, sich selbst finden, wenn Sie wiederum fremden Vorgaben folgen?

Was Sie bei diesen Veranstaltungen erleben, ist wieder Heteronomie. Mir sind diese Veranstaltungen zu laut und zu manipulativ. Die Motivation bricht nach den Veranstaltungen zudem schnell wieder in sich zusammen, denn sie kam ja von außen, vom Coach, von der Gruppe. Ich habe diese Art von Veranstaltungen deshalb für mich ausgeschlossen.

Es gibt - nach meiner Überzeugung - nur den einen Weg für Sie: Sie müssen ihn selbst erkennen und selbst gehen! Finden Sie Ihr Ziel-Selbstbild, dann haben Sie eine intrinsische Motivation und diese bleibt Ihnen dauerhaft erhalten und macht Sie beharrlich!

## 3.3. Hilfen und Hemmnisse

### 3.3.1. Vorteile des Ziel-Selbstbilds

Wenn Sie Ihr Ziel-Selbstbild gefunden haben und so richtig begeistert davon sind, dann erhält Ihr Leben eine klare Richtung und Sie bekommen die Kontrolle über Ihr Leben. Sie lassen sich nicht mehr von neuen Modeströmungen herum schubsen, sondern folgen Ihrem Kompass zu Ihrem Ziel. So kommen Sie zur Ruhe und erkennen auch die wohltuende Wirkung des Wortes „genug". Sie brauchen nämlich nicht mehr ständig etwas Neues zu kaufen, was man angeblich gerade haben muss, um dazu zu gehören, oder um sich für etwas zu entschädigen. Sie brauchen das nicht mehr, denn Ihre Ziele und Ihre Maßstäbe liegen in Ihnen.

Übernehmen Sie die Regie und die Verantwortung für Ihr Leben. Finden Sie Ihr Ziel-Selbstbild. Damit kommen Sie von der „Fremdbestimmung" der Sozialisation zur „fehlerbehafteten Selbstbestimmung". Aus Ihren Fehlern aber können Sie lernen und sie korrigieren.

Das ist viel besser als weiter den Zielen und Wertmaßstäben zu folgen, die Ihnen von anderen vorgegeben wurden und werden. Woher sollen die anderen wissen, was für Sie richtig ist? Die Ziele und Wertmaßstäbe können die anderen auch jederzeit ändern. Denken Sie an die Fülle von abrupten Änderungen der Rahmenbedingungen im Zusammenhang mit der Corona-Pandemie. Lernen können Sie daraus nichts, außer sich (wieder einmal) anzupassen.

Persönlichkeitsentwicklung bedeutet also, dass Sie das, was in Ihnen angelegt ist und was Sie erkannt haben, sich entwickeln lassen. Sie müssen dazu nur die Bremsen, die Limitierungen lösen und den Mut aufbringen, das zuzulassen! Dann entwickeln Sie sich fast von alleine.

Der große Vorteil des Ziel-Selbstbildes ist, dass Sie damit Ihren eigenen Zielen, Ihrer Sichtweise, Ihren Gefühlen und Ihren Werten folgen - und damit letztlich integer leben. Mit Ihrem Ziel-Selbstbild haben Sie eine starke intrinsische Motivation, denn Sie wollen ja so sein oder werden, wie Sie sich in Ihrem Ziel-Selbstbild sehen. Sie wollen das nicht werden, weil Sie dafür Geld oder Lob von jemand anderem erwarten.

Ihre Motivation und Ihr Selbstwertgefühl wachsen, je weiter Sie auf Ihrem Weg zu Ihrem Ziel-Selbstbild kommen, je mehr Ihnen gelingt und Sie erkennen, dass Ihr Weg der richtige ist und Sie ihn gehen können. Sie erleben Erfolgserlebnisse, dehnen Ihre Komfortzone aus. Sie wissen, wann Sie einen weiteren Schritt auf dem Weg zu Ihrem Ziel gemacht haben, denn es ist Ihr Ziel und es sind Ihre Schritte. Niemand kann Ihnen diesen persönlichen Erfolg nehmen und Sie brauchen dafür auch keine Bestätigung von außen.

Sie sind auf dem Weg zu sich selbst und es ist nicht wichtig, wie schnell und wie weit Sie dabei kommen, denn Sie sind auf dem richtigen Weg zu Ihrem Ziel-Selbstbild. Denken Sie an die Segel-Metapher! Sie erkennen auf einmal, welchen Kurs Sie zu Ihrem Ziel-Selbstbild steuern müssen. Auf dem Weg sehen Sie Wegmarken, die Ihren Kurs bestätigen. Sie erkennen jetzt auch, was alles nicht (mehr) zu Ihrem Ziel passt und was Sie deshalb einfach loslassen können.

Wenn Sie Ihr Ziel-Selbstbild gefunden haben und auf dem Weg sind, dann ist Aufgeben für Sie natürlich keine Alternative mehr. Winston Churchill hat in seiner berühmten Rede am 04.06.1940 gesagt: „We shall never surrender."* Das gilt dann auch für Sie. Sie machen weiter, bis Sie Ihr Ziel erreicht haben, so wie Winston Churchill. Er musste - zunächst ohne Verbündete - allein seiner Überzeugung folgen und sie aufrecht halten. Dann kam der D-Day und die Allianz befreite Europa von Hitler - aber erst 1945! Er musste 5 Jahre mit größten Problemen durchhalten! Das ist Beharrlichkeit, das ist intrinsische Motivation.

Wenn Sie Ihr Ziel-Selbstbild gefunden und formuliert haben, hat sich Ihre Persönlichkeit bereits geändert, denn Sie haben damit ein Ziel, eine Vision, die Sie nicht mehr loslässt. Diese Vision will von Ihnen gelebt werden.

Sie handeln dann aus Vorfreude - der zweiten Emotion, die Menschen zum Handeln bringt. Diese Motivation gibt Ihnen die nötige Beharrlichkeit, die so wichtig ist für das Gelingen, denn nur wer durchhält, gewinnt. Napoleon Hill hat geschrieben: "Wer aufgibt, gewinnt nie. Wer nie aufgibt, gewinnt."

Da Sie ein Individuum sind, also unteilbar, entwickeln Sie sich genauso, wie Sie sich in Ihrem Ziel-Selbstbild selbst sehen:

> - Sehen Sie sich mutig, dann handeln Sie mutig.
>
> - Sehen Sie sich integer, dann handeln Sie integer.
>
> - Sehen Sie sich mit Selbstwertgefühl, dann handeln Sie souverän.

Deshalb ist es so wichtig, dass Sie Ihr Ziel-Selbstbild finden und sich auf den Weg machen. Dann entwickeln Sie sich von Stufe zu Stufe immer weiter, denn das nächste Ziel, den nächsten Gipfel (in der Metapher in 3.2.1.) erkennen Sie erst, wenn Sie den Punkt davor erreicht haben.

-------------------------------------------------------------------------------

* "Wir werden niemals aufgeben."
  Seine Motivation war die Horror-Vision, das Hitler ganz Europa unterjocht, wenn man sich ihm nicht entschlossen entgegen stellt. Er erkannte, dass Verhandeln keine Lösung war.

Das Erreichen einer Etappe Ihres Weges ist zugleich die Bestätigung für Ihren Weg und gibt Ihnen das Selbstvertrauen und die Kraft, sich das nächste Ziel - das nächste Ziel-Selbstbild - zu setzen, es anzugehen und zu erreichen.

Hermann Hesse hat das in seinem Gedicht „Stufen" schön beschrieben: „Der Weltgeist will nicht fesseln uns und engen, er will uns Stuf´ um Stufe heben, weiten; kaum sind wir heimisch einem Lebenskreise und traulich eingewohnt, so droht Erschlaffen." Der „Lebenskreis" bei Hermann Hesse ist Ihre Komfortzone, Ihre Ist-Persönlichkeit. Das Ziel-Selbstbild gibt Ihnen den neuen Spannungsbogen, der Sie auf die nächste Stufe hebt.

Im Lauf Ihres Lebens sollten Sie sich also immer wieder die Muße gönnen, um über sich und Ihre Ziele nachzudenken, nachzusinnen und zu meditieren. Ihre Persönlichkeit entwickelt sich - durch eine Abfolge von Ziel-Selbstbildern - immer weiter. Sie bewegen sich damit immer weiter auf Ihrem Lebensweg. Das nächste Ziel und den Weg dahin, erkennen Sie aber erst auf Ihrem Weg zu Ihrem (derzeitigen) Ziel oder wenn Sie dort angekommen sind! Der Weg ist das Ziel!

Eleanor Roosevelt hat es so formuliert: „Die Zukunft gehört denen, die an die Schönheit Ihrer Träume glauben." Träume können Sie mit Ziel-Selbstbild übersetzen. Kennen Sie Ihr Ziel-Selbstbild? Wenn nicht: Formulieren Sie es - heute!

Wenn Sie Ihr „Warum" kennen, ist das „Wie" kein Problem mehr. Wenn Sie Ihr Ziel-Selbstbild gefunden haben, dann ist das wie ein Projekt, ein (Kunst-)Werk, das Sie erschaffen. Wenn es wirklich „Ihr" Werk ist, das Sie erschaffen, dann geschieht etwas Wunderbares: ab einem gewissen Punkt arbeiten Sie nicht mehr an dem Projekt, sondern das Projekt will sich durch Sie realisieren lassen. Sie erhalten Energie von Ihrem Projekt, von Ihrem Ziel-Selbstbild, von Ihrer wahren Persönlichkeit. Ihr Ziel-Selbstbild will von Ihnen gelebt werden!

### 3.3.2. Ihr Potential

Ihr Potential ist etwas, das in Ihnen angelegt ist, das für Sie bereit steht. Ihr Potential ist das, was Sie besonders gut können oder besonders gerne machen, etwas, das Sie lieben zu tun.

Für das, was Sie besonders gut können oder besonders gerne tun, brauchen Sie keine Belohnung. Die Sache selbst ist Ihre Belohnung. Sie sind intrinsisch motiviert. Für das, was Sie tun wollen, sind Sie auch bereit, zu lernen was Ihnen womöglich heute noch fehlt. Sie trainieren. Da Sie begeistert sind, von dem was Sie tun, werden Sie immer besser. Das Resultat wird dann auch immer besser.

Michelangelo wollte ein Leben lang Skulpturen aus Marmor machen. Er hat dafür gelebt, hat unendliche Strapazen und Rückschläge auf sich genommen. Er wollte nur das eine: mit Marmor arbeiten. Er musste dann allerdings auch z.B. die Decke der Sixtinischen Kapelle in Rom ausmalen. Das Ergebnis sind unvergängliche Kunstwerke, von denen wir noch heute begeistert sind. Sein Leben war nicht leicht. Er war aber sein Leben lang - bis ins hohe Alter (er wurde fast 89 Jahre alt) - begeistert von seiner Arbeit.

Das, was Sie gut können und gern tun, kann liegen in

- einer Tätigkeit – z.B. Holz bearbeiten, ein Unternehmen führen, organisieren,

- der Kreativität – z.B. etwas gestalten oder erforschen (Künstler oder Forscher),

- der Hilfe für andere – z.B. Lehre oder Versorgung (Lehrer, Arzt, Therapeut)

Finden Sie heraus, was Sie gut können und was Sie lieben. Ihre Intuition wird Ihnen zeigen, was es ist. Stellen Sie sich die Frage immer wieder, bis Sie eine überzeugende Antwort gefunden haben. Wenn Sie für eine Aufgabe enthusiastisch sind (das Wort stammt aus dem Griechischen: en = in - théos = Gott, also in Gott sein), dann ist das vermutlich genau das, was Ihr Potential ist. Stimmt die gefundene Antwort mit dem überein, was Sie derzeit tatsächlich tun? Wenn nicht, dann ändern Sie Ihre Tätigkeit!

Ich kenne eine Frau, die als Bankkauffrau bei der Bundesbank einen sicheren und angesehenen Beruf mit erstklassiger Altersversorgung hatte. Eines Tages wurde ihr bewusst, dass sie noch dreißig Jahre mit mehr oder weniger der gleichen Tätigkeit vor sich hatte. Der Gedanke war ihr unerträglich. Sie kündigte, studierte Architektur und machte sich später als Inneneinrichterin selbstständig. Der Weg war nicht einfach, aber bereut hat sie ihn nicht, auch wenn sie auf einen Teil ihrer gesicherten Altersversorgung verzichtet hat. Sie ist heute eine selbstbewusstere Frau, als wenn sie den Schritt nicht vollzogen hätte.

Wenn Sie Ihr Potential entdeckt haben und sich eine dazu passende Gelegenheit bietet, dann greifen Sie zu! „Um Erfolg im Leben zu haben, muss ein Mann bereit sein zuzugreifen, wenn sich ihm eine Chance bietet." (Benjamin Disraeli).„Pack die Gelegenheit beim Schopf, und schau, wohin sie dich führt.", war ein Lieblingsmotto von Armand Hammer. Glauben Sie daran, dass Sie die Erkenntnis nutzen können und nicht scheitern werden, wenn Sie nur beharrlich genug daran arbeiten! Wer sein „Warum" kennt, kann fast jedes „Wie" ertragen!

Sofern Sie nichts erkennen, was Sie ändern wollen, lassen Sie sich Zeit! Ihre Persönlichkeit ist geprägt durch die neuronalen Verschaltungen Ihrer Sozialisation. Ihr Verstand liefert Ihnen deshalb zunächst natürlich genau das, was Sie auch bereits tun. Sie werden es aber intuitiv erkennen.

Stellen Sie sich vor, was geschehen würde, wenn wir alle das leben würden, was unserem jeweiligen besonderen Potential entspricht, was wir besonders gut können und auch lieben. Was geschähe, wenn jeder von uns den Mut aufbrächte, das zu tun, was er aus eigenem Antrieb tun will und wofür er eine besondere Begabung hat? Würde es uns dann nicht allen individuell besser gehen und zugleich der ganzen Gesellschaft? Würde damit nicht die ganze Welt eine bessere werden? Ich bin davon überzeugt, dass dem so ist. Sie können Teil dieser Veränderung werden!

Geld ist deshalb in jedem Fall ein ungeeignetes, da extrinsisches Motiv. „Viel Geld zu verdienen" ist gleichwohl für die meisten Menschen das Motiv für ihr Tun. Ich glaube, wir alle wollen aber etwas tun, was bleibt, letztlich einen Beitrag zur Gesellschaft leisten, zu ihrer Weiterentwicklung. Ist das der Grund, warum manche Menschen mit viel Geld eine Stiftung gründen oder Geld spenden, also einen Teil ihres Geldes wieder der Allgemeinheit zukommen lassen?

Jede Krise kann eine Chance sein. Die Krise motiviert Sie, etwas zu ändern. Suchen Sie Ihre Chance nicht im Außen, suchen Sie sie - zumindest auch - in sich. Ihr Potential und Ihre *wahre* Persönlichkeit sind die ganze Zeit da! Sie wollen von Ihnen gelebt werden.

Wenn Sie Ihr Potential gefunden haben, ein Projekt (Geschäft), das gut für Ihre Mitmenschen ist, handeln Sie auch nicht mehr für sich oder Ihr Werk, sondern für Ihre Mitmenschen. Sie erhalten dann auch Unterstützung von anderen. Auch das ist dann eine Folge Ihrer Persönlichkeitsentwicklung und Ihrer Potentialentfaltung.

Beachten Sie in dem Zusammenhang Ihre sozialen und finanziellen Rahmenbedingungen! Lassen Sie sich davon aber nicht limitieren! Lassen Sie aber auch nicht zu, dass Sie - wie der Mann im zweiten Kapitel - der Realität nicht Rechnung tragen und in einer Traumwelt leben. Sie müssen schon einen Weg sehen oder finden, der Sie von Ihrer Ist-Situation zum Ziel-Selbstbild führt. Der Weg kann weit sein und vielleicht können Sie ihn auch nicht komplett überblicken. Folgen Sie Ihrer Intuition - aber auf keinen Fall einer Illusion!

### 3.3.3. Mut und Glaube

Sie werden jetzt womöglich einwenden, dass Sie sich nicht ändern können, dass Sie sich das nicht trauen. Das kann sein. Ihr Gehirn aber ist, wie in Abschnitt 2.1.1. beschrieben, ein Leben lang fähig, neue Verschaltungen zu bilden, und selbst auf der Ebene der Gene sind elementare Veränderungen im Laufe Ihres Lebens weiter möglich (vgl. Abschnitt 2.1.2.5). Physiologisch sind Sie also in der Lage, Ihre Persönlichkeit zu ändern. Wenn Sie der Meinung sind, sich nicht ändern zu können, liegt es an etwas anderem.

Sich für Ihr eigenes Ziel-Selbstbild zu entscheiden, entsprechend zu handeln, sich auf das Wagnis eines neuen Weges einzulassen, sich weiter zu entwickeln, löst Unsicherheit und Angst aus. Sie bewegen sich damit außerhalb Ihrer Komfortzone, außerhalb der Verschaltungen Ihres Gehirns, Ihres Autopiloten.

Die Weiterentwicklung, das neue Ziel, bedeutet ja, dass Sie nicht sicher sein können, das Ziel zu erreichen. Das neue Ziel liegt nicht im Bereich des Bekannten, sondern im Unbekannten, also im Risiko. Sie könnten scheitern.

Ist es aber nicht so, dass es generell keine Sicherheit geben kann, wenn es um die Zukunft geht? Unsere Erfahrungen stammen aus der Vergangenheit und aus dem, wie andere etwas üblicherweise tun. Wir erwarten, dass das auch für uns gilt und in der Zukunft gültig bleibt. Die Corona-Krise und die technologischen Umbrüche zeigen aber eindrücklich, dass das eine Illusion ist. Die Zukunft ist ungewiss, wir kennen sie einfach nicht!

Da es um die Zukunft geht, ist die Ungewissheit gleich groß, ob Sie wie bisher handeln oder nach Ihrem Ziel-Selbstbild. Ihre Angst müsste dann also auch gleich groß sein. Wenn Sie also schon Angst haben, ist es dann nicht besser zu handeln und damit Ihr Ziel-Selbstbild zu erreichen, als Angst zu haben und weiter wie bisher zu handeln? Handeln wie bisher oder so, wie die anderen handeln, bringt objektiv keine Verminderung der Ungewissheit.

Die Angst, die Sie womöglich verspüren, kommt daher, dass Sie mit Ihrer Entscheidung für Ihr Ziel-Selbstbild ganz bewusst eine Entscheidung treffen, abweichend von Ihrem bisherigen Verhalten - und vermutlich abweichend vom Verhalten Ihres Umfelds - zu handeln. Die Angst kommt genau daher, dass Sie beschließen, anders zu handeln, Neuland zu betreten, und zwar Sie ganz alleine und ganz bewusst! Sie stellen sich quasi gegen die Gruppe und stehen damit auch alleine. Das macht Angst - und diese Angst ist völlig okay!

Persönlichkeitsentwicklung geht aber nur indem Sie Ihre Komfortzone, das was Sie schon immer so machen - oder oft gemacht haben -, verlassen. Das Hauptproblem der Persönlichkeitsentwicklung liegt genau darin, dass Sie Ihr bisheriges, in der Sozialisation vermitteltes - für Sie deshalb so völlig „natürliches" - Denken und Handeln bewusst verändern.

Wenn Sie sich anders verhalten, als es in Ihrem Gehirn „neuronal und synaptisch verschaltet" ist, entstehen emotionale Störsignale und Angst. Sie sind dabei, sich für etwas zu entscheiden, etwas zu tun, ja nur schon etwas zu denken, das nicht Ihrer (bisherigen) Persönlichkeit - und vermutlich auch nicht den Zielen und dem Verhalten Ihres Umfelds - entspricht. Sie müssen sich dazu auf Ihre Erkenntnisse verlassen, die nicht (wissenschaftlich) bewiesen sind. Sie verlassen Ihr „stabiles" Verhaltensschema der Sozialisation - und das Ihres Umfelds - und müssen an Ihre Erkenntnisse glauben und danach handeln. Natürlich entsteht dabei Angst.

Diese emotionalen Irritationen und Ängste sind der Grund, warum so viele Menschen zweifeln, zögern und dann weiter so handeln, wie bisher, und so wenige Menschen ihre Persönlichkeit wirklich konsequent und langfristig entwickeln. Ich kenne einige Menschen, die unter Ihrer Situation leiden, aber nicht den Mut aufbringen, etwas zu ändern. Je älter sie werden und immer nur nachdenken und zögern, desto weniger trauen sie sich selbst und ihren Möglichkeiten zu.

Persönlichkeitsentwicklung geht nur, wenn Sie die Angst überwinden. Dazu gehört Mut. Woher kommt der Mut?

Mut entsteht aus einer stabilen Bindung (Urvertrauen), als Ergebnis bereits bestandener Herausforderungen (Selbstvertrauen) und allgemein aus Glauben oder Hoffnung.

Wenn Sie Vertrauen haben:

- in sich und Ihre Fähigkeiten (Ihr Potential),
- in Ihre Fähigkeit, das für Sie Richtige zu erkennen,
- in Ihr logisches Denkvermögen (alternative Handlungsweisen mit den jeweilige Folgen),
- in die Unterstützung durch Mitmenschen,
- in Gott - oder eine andere höhere Instanz -, der oder die Sie leitet und Ihnen hilft,

wenn Sie daran glauben oder zumindest darauf hoffen, dann finden Sie den Mut zur Veränderung. Mut ist ja nicht die Abwesenheit von Angst, sondern das Handeln trotz Angst.

Wenn Sie also Glauben, Vertrauen oder Hoffnung haben:

- dann glauben Sie, dass Ihr Ziel-Selbstbild das für Sie Richtige ist,
- dann trauen Sie sich zu, es zu leben,

- dann vertrauen Sie darauf, dass Sie die Fähigkeiten haben oder entwickeln werden, mit den Herausforderungen auf dem Weg zu Ihrem Ziel-Selbstbild fertig zu werden,

- dann hoffen Sie darauf, dass sich Ihnen auf Ihrem Weg Chancen eröffnen werden, die heute noch nicht existieren oder die Sie heute noch nicht sehen können,

- dann vertrauen Sie darauf, dass Sie Hilfe erhalten werden.

Wenn Sie das glauben, dann nutzen Sie mehr von Ihrem Potential und folgen Ihrem Ziel-Selbstbild mit Begeisterung - und Begeisterung ist entscheidend für das Gelingen Ihres Lebens. Wenn Sie das glauben können, leben Sie ein völlig anderes Leben!

„Ob man glaubt, man könne, oder glaubt, man könne nicht - man hat Recht.", hat Henry Ford gesagt. Was Sie glauben, wovon Sie überzeugt sind, bestimmt entscheidend Ihr Leben!

Wenn Sie nur das machen, was Sie schon immer gemacht haben, wenn Sie nur das tun, von dem Sie wissen, dass Sie es können, brauchen Sie keinen Mut. Dazu brauchen Sie keinen Glauben - dann entwickeln Sie sich allerdings auch nicht weiter.

Angst ist völlig in Ordnung. Jemand, der ein Risiko nicht sieht und deshalb keine Angst hat, braucht keinen Mut. Mutig kann nur der sein, der das Risiko oder die Ungewissheit sieht, Angst hat, und dann trotz der Angst handelt. Er handelt, weil er von seiner Idee überzeugt ist und glaubt, den Weg gehen zu können.

Wenn Sie nicht glauben oder hoffen, dann zweifeln Sie und fangen gar nicht erst an. Wenn Sie nicht glauben, halten Sie nicht durch und geben auf. Wer zweifelt, sucht nach Argumenten für seine Zweifel und findet sie auch. Es gibt immer Argumente für ein mögliches Scheitern.

Nur mit Glauben und Hoffnung begeben Sie sich auf Ihren Lebensweg und halten - trotz aller Widrigkeiten - durch und entwickeln Ihre eigene Persönlichkeit, Ihr Ziel-Selbstbild. Mit jedem gelösten Problem, mit jeder bestandenen Herausforderung wachsen Ihr Mut, Ihr Selbstvertrauen, Ihr Glaube und damit Ihre Persönlichkeit.

Sicher haben jetzt einige Leser ein Problem mit dem Wort Glauben. Überzeugung ist für sie vermutlich eher akzeptabel.

Sie sind durch Ihre Sozialisation überzeugt, dass Sie etwas können oder nicht können - Selbstvertrauen oder Limitierung -, dass es akzeptabel ist, etwas Bestimmtes anzustreben und anderes nicht. Wichtige Aspekte Ihres Lebens - Ihre Grundausrichtung - beruhen auf Überzeugungen, auf Glauben.

Sie haben mit diesem Glauben kein Problem, weil Ihnen die Basis davon im Rahmen Ihrer Sozialisation vermittelt wurde. Er ist Teil von Ihnen. Diese Überzeugungen sind Ihnen heute so selbstverständlich, dass Sie nicht darüber nachdenken, warum Sie davon überzeugt sind, warum Sie das glauben.

In Ihrem Beruf und Ihrem Geschäft machen Sie Planungen. Diese Planungen basieren auf Annahmen über die Zukunft. Es sind Erwartungen, zum Teil auch Hoffnungen. „Begehren, verbunden mit der Erwartung, das Gewünschte zu erlangen, nennt man Hoffnung." (Thomas Hobbes) Wenn Sie etwas so stark erwarten, dass Sie Ihre Planung darauf aufbauen, was ist das anderes als Glauben oder Hoffnung? Wenn Sie Glauben im Geschäft nutzen, warum nutzen Sie ihn dann nicht im Privaten, wenn es um Ihr Leben geht?

Sie glauben, dass eine politische Partei eher Ihre Interessen vertritt, als eine andere. Sie glauben, dass Ihre Fähigkeiten und Kenntnisse für eine Aufgabe ausreichen und bewerben sich. Sie heiraten einen Menschen, weil Sie glauben, dass Sie mit ihm glücklich werden. Sie treffen also wichtige Entscheidungen, weil Sie etwas erwarten, an etwas glauben. „Alles ist möglich dem, der glaubt.", steht schon in der Bibel bei Markus 9,23. Warum glauben wir aber so wenig, wenn es um unser Leben geht? Warum trauen wir uns so wenig zu?

Vielleicht liegt es an der Aufklärung. Seit der Aufklärung folgen wir primär unserem Verstand - der Logik und dem wissenschaftlich Beweisbaren - und vernachlässigen unseren Glauben, unsere Intuition - eben das nicht logisch Beweisbare. Interessant ist, dass wir den Prognosen von Fachleuten glauben, obwohl wir wissen könnten, dass deren Prognosen allenfalls per Zufall eintreffen. Wir haben es so gelernt und argumentieren im Zweifelsfall, dass die Prognose ja von einem Fachmann stammt.

In Wirtschaft und Gesellschaft arbeiten wir häufig mit Durchschnitten und Statistiken, dem Gesetz der großen Zahl, was uns eine gewisse Planungssicherheit verspricht. Statistiken kann es nur für eine große Zahl (annähernd) identischer Ereignisse oder Objekte geben. Für Ihr Leben, Ihr Potential, Ihre Persönlichkeit und das, was Sie erreichen können, gibt es aber keine Statistik, weil Sie einzigartig sind!

An die Zukunft, Ihre Möglichkeiten, Ihr Lebensziel und an den Erfolg Ihrer Maßnahmen können Sie immer nur glauben oder darauf hoffen. Was Sie können, wissen Sie vorher nicht wirklich. Sie müssen es versuchen, indem Sie an sich glauben und handeln. Wenn Sie glauben und entsprechend handeln, dann erfahren Sie, ob Sie es können. Dann wissen Sie es! „Wissen ist die eine Hälfte, glauben die andere.", schrieb Novalis.

Nur mit Glauben und Hoffnung begeben Sie sich auf *Ihren* Lebensweg und halten durch - trotz aller Widrigkeiten. Dann entwickeln Sie Ihr Ziel-Selbstbild. Mit jeder bestandenen Herausforderung wächst Ihr Mut, entwickelt sich Ihre Persönlichkeit. Mit Glauben leben Sie ein völlig anderes Leben, Ihr Leben!

Glauben Sie deshalb an Ihre Möglichkeiten, an die Schönheit Ihres Ziel-Selbstbilds und Ihre Fähigkeit, es zu leben! Mit Glauben können Sie Ihre Angst und Ihre Zweifel überwinden, die beiden Gefühle, die so viele Menschen von dem ihnen möglichen Leben abhalten. Wie kommen Sie zum Glauben?

Zum Glauben kommen Sie, indem Sie Ihr „Ziel-Selbstbild" und Ihre neuen Überzeugungen so oft - mit Begeisterung - bekräftigen (vgl. 4.2.1), bis Sie vollkommen davon überzeugt sind. Durch die häufige Wiederholung mit Begeisterung werden neue neuronale und synaptische Verschaltungen gebildet, damit werden sie Teil Ihrer Persönlichkeit und damit hat sich Ihre Persönlichkeit bereits verändert! Es bedarf also der Wiederholung, um von einer Meinung zum Glauben - oder wen der Begriff stört - zu einer Überzeugung zu kommen.

Sie müssen ein gewisses Maß an Sicherheit empfinden, um zu handeln. Sie müssen an sich glauben, nur dann machen Sie sich auf den Weg und halten durch. Und nur wenn Sie sich auf den Weg machen und durchhalten, können Sie Ihr Ziel erreichen. Laotse sagte: „Eine Reise von tausend Meilen beginnt mit dem ersten Schritt." Machen Sie den ersten Schritt!

Glauben benötigen Sie bereits, um den ersten Schritt zu machen, sich auf die Reise zu begeben. Wie wir in der Metapher gesehen haben, sehen Sie die Schönheit des nächsten Gipfels erst, wenn Sie an der Weggabelung oder dem Punkt davor angekommen sind. Sie müssen sich also erst einmal auf den Weg machen, Ihrer Intuition folgen und vertrauen. Und Sie müssen handeln, der Glaube allein reicht nicht. „Für das Können gibt es nur einen Beweis: das TUN." (Marie von Ebner-Eschenbach)

Für alle die, die mit dem Glauben an Gott oder ein höheres Wesen ein Problem haben, ein Satz von Immanuel Kant: „Der da sagt, dass Gott sei, sagt mehr als er weiß, und der das Gegenteil sagt, desgleichen." Ob Sie also an Gott glauben oder nicht an Gott glauben: Sie glauben etwas, Sie wissen es nicht!

Für mich ist die Antwort auf die Frage aus einer wissenschaftlichen Perspektive klar: Die Physik versucht die Entstehung der Welt mit und aus dem Urknall zu erklären. Die Theorie sagt heute, dass das Universum sich vor 13,8 Mrd. Jahren aus einem unendlich verdichteten Materieklumpen entwickelt hat und sich - nach dem Urknall - seit dieser Zeit beständig ausdehnt. Woher aber kam am Anfang die Materie und woher kommt der Raum, in den sich das Universum ausdehnt? Es ist interessant zu sehen, dass die Physik nicht im Stande ist, zu erkennen, dass sie den Beginn der Welt nicht mit Mitteln der Physik erklären kann. Ich glaube deshalb, dass es einen Schöpfer gibt.

Je mehr Sie von sich erwarten, je häufiger Sie tun, was Sie noch nicht gemacht haben, je weiter Sie sich also außerhalb Ihrer Komfortzone bewegen wollen, desto mehr Mut brauchen Sie, desto mehr Glauben benötigen Sie.

Im Sport kann man das sehr gut beobachten: Spitzensportler trainieren beharrlich ihren Körper über Jahre. Wenn sie das Potential haben, werden sie damit sehr, sehr gut. In Wettkämpfen gewinnen sie aber nur, wenn sie wissen, dass sie gewinnen können, z. B. anhand der Ergebnisse der Konkurrenz. Ein neues Niveau, eine Leistungssteigerung erreichen sie aber nur, wenn sie glauben, dass sie es können. Wirkliche Spitzenleistungen erreichen sie nur, wenn Körper, Geist und Seele im Einklang sind.

Das gilt auch für Sie: Die optimale Version Ihrer Persönlichkeit entwickeln Sie, wenn Sie Ihren Körper pflegen, Ihr Ziel-Selbstbild erkennen und glauben, dass Sie es leben können! Sie übersteigen dann Ihre Komfortzone, bestehend aus Körper, Geist und Psyche, Ihre alten „neuronalen und synaptischen Verschaltungen". Glauben bedeutet „für wahr halten", „annehmen", „sich verlassen auf". Lt. Duden bedeutet Glaube letztlich: „Vertrauen in Gott". Mit Glauben gehen Sie über sich selbst hinaus und stellen eine Verbindung zu Gott her und kommen dann zu „Vertrauen in Gott".

„Es ist aber der Glaube eine Zuversicht auf das, was man hofft, eine Überzeugung von Dingen, die man nicht sieht.", Hebräerbrief 11, 1. Wenn Sie nicht wissen, ob Sie etwas schaffen, wie Ihr Ziel-Selbstbild - da Sie es noch nicht zuvor gemacht haben -, dann werden Sie es nur angehen und erreichen, wenn Sie glauben, dass Sie es können!

„Wenn Sie erkannt haben, dass nichts unmöglich ist, dann sind Sie frei und in der Lage, die Lösung zu sehen, dann können Sie glauben, dass der Weg zum Erfolg zwar zahlreiche Kurven hat aber niemals in einer Sackgasse endet." (Robert Schuler) „Es geschieht stets das, woran man wirklich glaubt und der Glaube an eine Sache lässt sie geschehen.", (Frank Lloyd Wright) - weil man dann entsprechend handelt.

Immer der gleiche Gedanke. Wenn Sie weiter wollen, müssen Sie die Kraft des Glaubens nutzen, weil Sie es ohne ihn nicht schaffen. „Dem Menschen einen Glauben geben, heißt seine Kraft verzehnfachen." (Gustave Le Bon)

Ist es dann also nicht klüger (eine der Tugenden), mit Mut und Glauben zu handeln - wo andere zweifeln und deshalb nichts tun oder halbherzig handeln und dann scheitern? Ist es nicht klüger, zu glauben und dann etwas zu unternehmen, etwas zu wagen, was andere sich nicht trauen und zutrauen?

Wenn Sie Ihr Leben ändern wollen, wenn Sie Ihre Persönlichkeit entwickeln wollen, dann sollten Sie sich dem Glauben öffnen. Wenn Sie damit ein Problem haben, vielleicht versuchen Sie es mal mit „effata". Öffnen Sie sich dem neuen Gedanken, lassen Sie sich ein auf ihn und lehnen Sie ihn nicht sofort ab! Bemühen Sie sich darum! Wenn Sie nicht glauben, erkennen Sie nicht, was Ihnen möglich ist, oder Sie sehen es und glauben es nicht!

Wer glaubt, traut sich mehr zu, fängt mehr an, hält länger durch, ruht in sich selbst - und ruht in Gott, wenn Sie so wollen. Wer glaubt, handelt mutiger, weil er glaubt, dass er es kann, und dass richtig ist, was er als richtig erkannt hat. Er ist glücklich, denn er tut, woran er glaubt. Wenn Sie Ihrer Überzeugung, Ihrem Glauben folgen, leben Sie ein anderes Leben. Das Innere entscheidet, das Äußere folgt dem Inneren!

Ich stelle mir vor und glaube daran, dass es eine höhere Macht gibt, die es gut mit mir meint und mich unterstützt. Diesen Glauben musste ich mir erst über lange Zeit erarbeiten. Er war mir anfangs fremd.

Ich habe eine Zeit lang gebetet, eher mechanisch, bis ich auf einmal bemerkte, dass es mit gut tat. Heute spreche ich mit Gott und fühle mich wohl dabei und ich erhalte auch Antworten in Form von Erkenntnissen. Dieser Glaube gibt mir den Mut, mich auf den Weg zu machen und an das Gelingen meines Unterfangens und meines Lebens zu glauben. Wollen Sie das nicht auch einmal versuchen?

Der Glaube stärkt, der Zweifel schwächt!

Irritationen und Ängste auf Ihrem Weg zum Ziel-Selbstbild sind im Übrigen ein positives Zeichen. Sie signalisieren Ihnen, dass Sie auf dem Weg sind, dass Sie Ihre Komfortzone verlassen, dass Sie dabei sind, sich weiter zu entwickeln. Sie dürfen sich nur nicht von Ihren Irritationen und Ängsten zurückhalten lassen.

> **Es ist viel klüger, mit Mut und Glauben zu handeln - als sich der Angst und dem Zweifel zu überlassen und deshalb nichts zu tun oder zu scheitern! Es ist klüger, zu glauben und zu handeln, etwas zu wagen, wo andere zweifeln und sich nicht trauen!**

Glauben oder Hoffnung und Beharrlichkeit brauchen Sie auch, wenn es mal wieder länger dauert, als gedacht. Rückschläge auf Ihrem Lebensweg - auf dem Weg zu Ihrem Ziel-Selbstbild - sind normal. Sie wollen sich ja verändern, die fest gebahnten neuronalen Verschaltungen aufbrechen und neu verbinden. Das geht nicht ohne Rückschläge. Rückschläge gehören zum Leben.

Sie können sich verändern, können ein anderer Mensch werden, wenn Sie selbst daran glauben, fortwährend bekräftigen, dass Sie es können und wenn Sie beharrlich daran arbeiten! Glauben Sie daran und Sie werden es erreichen!

# Demut

Und dann geschieht etwas, auf das wir nicht vorbereitet sind, so wie die Corona-Krise. Wir reagieren enttäuscht, sind verunsichert und ungehalten, weil wir die Situation nicht unter Kontrolle haben, ja weil sie völlig unserem Einfluss entzogen ist.

Wir haben geglaubt

- alles logisch erklären und vorhersagen zu können,

- alles im Griff zu haben (Technik, Krankheit, Alter, ...).

Aktuell ärgern sich viele Menschen über die Corona-Pandemie und die damit verbundenen Einschränkungen. Niemand kann das Virus verschwinden lassen. Auch mit einem Impfstoff bleibt es voraussichtlich dauerhaft auf der Welt. Ärger über das Virus ist unklug. Ärger über die Maßnahmen der Regierung sind verständlich, aber ebenfalls unklug.

Naturkatastrophen geschehen bei uns selten. Wir haben fast vergessen, dass es sie gibt. Die Hochwasser-Katastrophen in Deutschland, Belgien und der Schweiz bringen sie uns wieder in Erinnerung. Wir hatten geglaubt, wir hätten alles unter Kontrolle. Was fehlt uns? Uns fehlen Klugheit und Demut!

Eine entwickelte Persönlichkeit hat neben Selbstvertrauen, Mut und Glauben auch Demut. Demut ist die realistische Selbsteinschätzung (im Vergleich mit Gott), dass bestimmte Dinge geschehen, die wir (auch die Regierung oder Wissenschaft) nicht steuern können, die wir nicht vorhersehen und kontrollieren können. Die Griechen nannten es Ataraxie, was so viel wie Unerschütterlichkeit oder Seelenruhe bedeutet. Und Marc Aurel sagte sinngemäß: „Wie lächerlich und weltfremd ist der, der sich über irgendetwas wundert, was im Leben vorkommt."

Klugheit hilft uns zu erkennen, was wir beeinflussen können und was nicht. Was wir nicht ändern können, können wir nur mit Demut annehmen, ertragen. Sich darüber aufzuregen, ist sinnlos. Die Chinesen sagen: „Was ist, ist. Was nicht ist, ist nicht". Es ist klug, die Realität zu erkennen und mit Besonnenheit anzunehmen. Schlussfolgerungen zu ziehen und gegebenenfalls für morgen anders zu handeln, bleibt davon unberührt.

Wenn das Schicksal Sie trifft, können Sie das nicht verhindern. Sie können aber die Bedeutung beeinflussen, die das Geschehen für Sie hat, indem Sie Ihre Bewertung des Geschehens ändern. Damit nehmen Sie dem Geschehen die Macht. Ihre Einstellung ist also - so gesehen - wichtiger als die Tatsachen!

Glücklich werden Sie, wenn Sie dankbar sind für das, was Sie sind und was Sie haben, mutig das ändern, was Sie ändern wollen und können, und mit Demut das annehmen, was Sie (heute) nicht ändern können. Hoffen Sie dabei auf die Erkenntnis, die Klugheit, das eine vom anderen zutreffend unterscheiden zu können.

### 3.3.4. Partner und Bezugsgruppe

Unsere Sozialisation findet immer durch und im Verhältnis zu anderen statt. Wir sind soziale Wesen, die den Kontakt zu anderen Menschen brauchen. In den Mitmenschen, unseren Bezugsgruppen, liegen aber auch Probleme für unsere Entwicklung, denn:

1. Wir lernen über Spiegel-Neuronen - imitieren das Verhalten unserer Bezugspersonen -, werden oder bleiben wie unser Umfeld ist. Das kann unser Potential oder die Entwicklung unserer Persönlichkeit hemmen oder verhindern.

2. Die Gruppe beeinflusst oder bestimmt auch unseren Lebensweg. Der Lebenspartner kommt in der Regel aus dem eigenen Umfeld und die Berufswahl wird häufig von den Eltern oder dem Umfeld geprägt. Wir fahren im Urlaub dahin, wohin die anderen aus der Bezugsgruppe in Urlaub fahren.

3. Im Zeitalter des Internets, von YouTube und Facebook formen sich überregionale oder internationale Bezugsgruppen. Das was wir angeblich tun oder haben müssen, um dazu zu gehören, wird völlig neu definiert. Nur von wem?

Das Ganze ist unproblematisch, solange Ihr Ziel-Selbstbild mit den Vorstellungen des Partners, der Bezugsgruppe und der Gesellschaft übereinstimmt. Das ist jedoch selten der Fall. Problematisch wird es, wenn Sie einem Ziel-Selbstbild folgen, dass nicht Ihre wahre Persönlichkeit widerspiegelt, sondern dem Zielbild der Eltern, des Partners, der Bezugsgruppe oder dem von den Medien propagierten Bild entspricht!

Wer denkt schon etwas völlig anderes, als sein Umfeld? Wer entwickelt ein anderes Ziel-Selbstbild als das des Umfelds? Vermutlich würde er auf dem Weg zu seinem Ziel-Selbstbild irgendwann von den Zielen, Werten und dem Verhalten der Bezugsgruppe und der Gesellschaft wieder eingefangen.

Heute verändern sich die Zielvorstellungen immer mehr unter dem Einfluss der Medien. Die Medien verändern die Ziele der Gruppen und Schichten, führen zu einer stärkeren Differenzierung der Gesellschaften. Der Konsens schwindet. Wenn Sie sich nicht bewusst mit Ihrer Persönlichkeit beschäftigen, wird Ihre Persönlichkeit einfach entsprechend mit verändert. Welche Ziele werden dabei verfolgt und wer legt die Ziele fest?

Wer nach Ende der eigentlichen Sozialisation sich nicht bewusst auf die Suche nach seinem Ziel-Selbstbild macht, kommt in der Regel nicht mehr auf die Idee, sein Leben, seine Persönlichkeit grundsätzlich zu überdenken. Er lebt dann mit Menschen, denen er halt begegnet ist - dem Partner und der Bezugsgruppe - und folgt Zielen, denen die anderen folgen, inclusive der Veränderungen durch die Medien.

Wer so lebt, lebt aber nicht sein Leben, sein Leben gelingt nicht und er wird nicht glücklich. Wer sich nicht fragt, was seine *wahre* Persönlichkeit ist und wohin er in seinem Leben will, der lebt das Leben, das andere ihm vorgeben. Er versteht nicht, warum sein Leben nicht funktioniert, warum er sich getrieben fühlt und warum er nicht glücklich ist.

Wenn Ihre Erkenntnis Ihnen ein Ziel-Selbstbild offenbart, das nicht mit Ihrem bisherigen Leben, Ihrem Partner und Ihrer Bezugsgruppe - oder den neuen Entwicklungen in der Gesellschaft - übereinstimmt, und Sie sich für die Entwicklung Ihrer wahren Persönlichkeit entscheiden, dann haben Sie zwei Probleme:

1. ein inneres Problem: Sie müssen Ihre neuronalen und synaptischen Verschaltungen verändern, d.h. Sie müssen die automatischen Reaktionsmuster, die Ihr Verhalten incl. Ihrer Gefühle bestimmen, neu „verdrahten" - und

2. ein äußeres Problem, denn Sie erleben Unverständnis oder Ablehnung Ihres Partners und Ihrer Bezugsgruppe und müssen auch damit fertig werden. Ihre Bezugsgruppe hält natürlich an ihren - sich im Zeitablauf verändernden - Wertvorstellungen, Zielen und Verhaltensweisen fest. Sie verhalten sich dann anders als Ihr Partner und Ihre Bezugsgruppe. Sie stehen allein mit Ihrer Meinung und Ihrem Verhalten.

Selbst wenn Sie nur so bleiben wollen, wie Sie sind, müssen Sie sich heute schon gegen den Veränderungsdruck in der Gruppe oder Gesellschaft stemmen. Ich muss z.B. immer wieder erklären, warum ich weder über WhatsApp erreichbar bin, noch bei Facebook.

Nur wenn Sie von Ihrem Ziel-Selbstbild wirklich überzeugt und begeistert sind, werden Sie Ihre *wahre* Persönlichkeit konsequent entwickeln. Nur dann werden Sie Ihre inneren Probleme bewältigen. Nur dann werden Sie einen Teil Ihrer Bindungen lösen. Sie werden nämlich Ihre Persönlichkeit nicht entwickeln können, wenn Sie vollständig in Ihrem alten Umfeld bleiben.

Versuchen Sie nicht, Ihr Umfeld zu verändern. Auch wenn viele auf der Suche nach neuer Orientierung, neuen Zielen und neuen Werten sind. Die anderen werden sich nur verändern, wenn sie selbst dazu motiviert sind. Den Meisten fehlen der Mut und die Konsequenz. Wenn Sie Ihre Persönlichkeit entwickelt haben, d.h. wenn Ergebnisse sichtbar werden, mag Ihr Vorbild anderen die Motivation für ihre Veränderung liefern. Zunächst einmal müssen Sie sich von anderen lösen, sonst laufen Sie Gefahr, dass die anderen Ihre Motivation zerstören.

Die großen wirtschaftlichen und gesellschaftlichen Umwälzungen der letzten fünfzig Jahre haben zu einem Verfall der allgemein gültigen Regeln, der kulturellen Prägungen und Rollenmuster (Mann und Frau, Familie, sexuelle Orientierung, Berufsleben) geführt. Damit ist einerseits der Halt, den diese Rollen und Verhaltensmuster boten, geschwunden, andererseits ist damit ein Freiraum entstanden, in dem Sie leichter Ihre Ziele und Ihr Verhalten selbst bestimmen können.

Die aktuelle Krise bietet Ihnen darüber hinaus eine zusätzliche Chance, da die gewohnten Ziele, Werte und Verhaltensweisen der Gesellschaft und der Gruppen in Frage gestellt worden sind. Nutzen Sie diese Freiräume als Gelegenheit für Ihre Entwicklung!

Persönlichkeitsentwicklung wäre viel leichter, wenn sich mehr Menschen mit dem Thema beschäftigen würden - nicht nur theoretisch sondern praktisch - und sich darüber auch austauschen würden. Die neuen technologischen Möglichkeiten bieten die Chance, leichter Kontakt zu anderen Personen und Gruppen zu finden und zu halten, die ähnliche Ziele verfolgen.

Den Weg der Persönlichkeitsentwicklung müssen Sie also nicht allein und isoliert gehen, wenn Sie sich von der alten Gruppe lösen. Achten Sie aber bei einer neuen Gruppe darauf, dass diese nicht wiederum Ihr Ziel-Selbstbild formt (Heteronomie)!

Wenn Sie Ihre Erkenntnisse der Persönlichkeitsentwicklung an andere, an die nächste Generation weitergeben, verändert sich Ihr Umfeld und langfristig die ganze Gesellschaft. Dann würden Ihr Mut und Ihre Mühe nicht nur Sie weiter bringen, sondern ebenso Ihr Umfeld.

Sie haben die besten Voraussetzungen für Ihre Persönlichkeitsentwicklung, wenn Sie Ihr Ziel-Selbstbild gefunden haben oder zumindest eine erste Ahnung davon haben, wie es aussieht, und wenn Sie es wirklich leben wollen.

Sie müssen allerdings Ihr Verhalten tatsächlich verändern, denn "Unsere heutige Situation kann nicht durch das gleiche Verhalten geändert werden, das uns zur heutigen Situation geführt hat.", sagte Albert Einstein. Wie Sie Ihr Verhalten ändern können, finden Sie im nächsten Kapitel.

## 3.4. Aufgaben

1. Wenn Sie es noch nicht getan haben, suchen Sie sich einen ruhigen Platz, wo Sie ganz ungestört sind und lassen Sie Ihre Gedanken fliegen, folgen Sie Ihrer Intuition!

2. Finden Sie heraus, was Sie gerne machen! Welche besonderen Begabungen haben Sie?

   - Das kann eine Tätigkeit sein (z.B. etwas erforschen oder gestalten),

   - das kann ein Werkstoff sein, mit dem Sie gerne arbeiten (z.B. Holz),

   - eine Tätigkeit mit oder für andere.

3. Wo sind Brüche in Ihrer Persönlichkeit - gibt es Disharmonien, die Sie auflösen wollen?

4. Erkennen Sie Ihre *wahre* Persönlichkeit!

   Notieren Sie alles, was Ihnen durch den Kopf geht und in den Sinn kommt! Sortieren Sie nicht gleich aus, schreiben Sie es erst einmal auf! Unser Verstand verurteilt (Einfluss der Sozialisation) Ideen schnell.

5. Formulieren Sie Ihr Ziel-Selbstbild - eine erste Fassung! Arbeiten Sie sie später weiter aus.

6. Denken Sie nicht nur, sondern nutzen Sie Ihre Erkenntnis oder Ihre Intuition - selbst wenn Ihnen das anfänglich fremd vorkommt (vor allem den Männern)!

7. Legen Sie sich ein Blatt Papier und einen Stift neben Ihr Bett - und erwarten Sie Erkenntnisse! Sie werden kommen, wenn Sie daran glauben und offen dafür sind.

8. Auch wenn Sie den Eindruck haben, nicht besonders weit gekommen zu sein: Geben Sie auf keinen Fall auf!

9. Wenn Sie daran glauben, beten Sie! Wenn nicht, versuchen Sie es! Es hilft, nicht sofort, aber über die Zeit!

## 3.5. Notizen

......................................................................................................

......................................................................................................

......................................................................................................

......................................................................................................

......................................................................................................

......................................................................................................

......................................................................................................

......................................................................................................

......................................................................................................

......................................................................................................

......................................................................................................

......................................................................................................

# Notizen

# 4. Persönlichkeitsentwicklung - die Umsetzung

Notieren Sie Ihre Erkenntnisse - denn Sie erinnern sich später nicht mehr daran! Dafür finden Sie am Ende des Kapitels wieder eine Seite für Ihre Notizen.

Was auch immer Ihnen einfällt, notieren Sie es! Auch wenn Ihr Verstand es gleich wieder verwerfen will. Notieren Sie es dennoch!

Sie kennen jetzt Ihre Persönlichkeit besser als zuvor und haben - hoffentlich - Ihr Ziel-Selbstbild gefunden; Sie haben zumindest Ihre Erkenntnisse dazu notiert und damit eine Idee, worum es in Ihrem Leben von jetzt ab gehen soll.

Falls Ihnen Ihr Ziel-Selbstbild noch nicht ganz klar sein sollte, fangen Sie dennoch mit der Umsetzung an. Wenn Sie Ihr Verhalten an einer Stelle - auch nur minimal - ändern, führt das zu Änderungen Ihrer Persönlichkeit an anderer Stelle, denn alle Facetten der Persönlichkeit beeinflussen sich wechselseitig - sie sind interdependent.

Bei mir war es - der regelmäßige - Sport, der den Beginn meiner Persönlichkeitsentwicklung bedeutete. Das war mir anfangs nicht einmal bewusst; ich habe es erst rückblickend erkannt. Wenn Sie etwas Negatives unterlassen oder etwas Positives tun, befinden Sie sich auf einer positiven, aufwärts gerichteten Spirale und Ihr Selbstwertgefühl steigt.

Wenn Sie Ihr Ziel-Selbstbild gefunden und Ihr Potential entdeckt haben, was Sie so richtig begeistert, dann haben Sie etwas ganz Wertvolles, nämlich eine intrinsische Motivation. Sie haben ein Ziel, das Sie um seiner selbst willen erreichen wollen, nicht wegen einer Belohnung (Geld oder Anerkennung) von anderen. Ihre „Brille" hat sich verändert, weil Sie nun wissen, was Ihr Ziel ist! Sie sehen die Welt aus einer anderen Perspektive, was Sie und Ihr Leben verändert!

Sie wollen Ihr Ziel erreichen, egal was andere dazu sagen, ob sie zustimmen oder es ablehnen. Ihr gelebtes Ziel-Selbstbild wird Ihre Belohnung sein! Das Ziel-Selbstbild gibt Ihnen und Ihrem Leben die Richtung; Sie sind fokussiert. Sie wissen, wohin Sie wollen, statt nur zu wissen, was Sie alles nicht wollen, wie es den meisten Menschen geht. Wo Sie zuvor diffuse Widerstände verspürten, haben Sie jetzt klare Herausforderungen zu meistern, auf dem Weg zu Ihrem Ziel.

Ein Ziel ist eine verwertbare Energie! Der Glaube daran gibt Ihnen Kraft, Mut, Zuversicht und Beharrlichkeit! Mit dem Ziel erkennen Sie auch, was zu Ihrem Ziel passt, was Sie unterstützt. Achten Sie darauf! Sie werden Ihr Ziel-Selbstbild erreichen, auch wenn es lange dauern mag. Wie lange es dauert und wie weit Sie dabei kommen, ist nicht entscheidend. Entscheidend ist, dass Sie sich nun auf dem Weg zu dem für Sie richtigen Ziel befinden!

Wenn Sie Ihr Ziel-Selbstbild gefunden haben: meinen herzlichen Glückwunsch! Denn es gilt: „Du bekommst, was Du erwartest." Ihr Ziel-Selbstbild ist Ihre nächste Etappe auf Ihrem Lebensweg.

Wenn Sie in der Zukunft Ihr Ziel-Selbstbild erreicht haben werden, hat sich Ihre Persönlichkeit weiter entwickelt, sie ist gewachsen. Sie finden dann neue Aspekte Ihrer Persönlichkeit und Ihres Potentials in sich, die Sie leben wollen. Sie sehen neue Möglichkeiten für sich, da Sie die Gegebenheiten anders bewerten werden und sich mehr zutrauen. Sie werden andere (andersartige) Menschen kennen gelernt haben und Ihr Umfeld wird sich geändert haben. Ihr Horizont hat sich geweitet.

Das neue (größere) Ziel-Selbstbild und weitere Aspekte Ihres Potentials bieten Ihnen wiederum eine intrinsische Motivation für eine weitere Etappe Ihres Lebenswegs. Das ist aber nicht ein neues Hamsterrad, denn Ihre Ziele werden Ihnen nicht von außen vorgegeben. Sie finden die Entwicklungsziele in sich selbst. Sie wollen von Ihnen gelebt werden und Sie wollen so werden! Das ist ein Sog, kein Druck.

So gehen Sie von Etappe zu Etappe Ihren Lebensweg. Das Schöne daran ist, dass er nicht endet. Sie finden in sich immer wieder ein neues Ziel-Selbstbild, erkennen und leben mehr von Ihrer *wahren* Persönlichkeit und Ihrem Potential. Das hält den Spannungsbogen in Ihnen aufrecht, der Sie gesund erhält und Ihnen Freude am Leben schenkt - bis ins hohe Alter.

Wenn Sie Ihr Ziel später erreichen - auch ein vorübergehender Stillstand oder gar ein Rückschlag -, dann ist das kein Scheitern. Sie können nicht verlieren. Sie entwickeln sich einfach weiter!

Der Zwang von außen, etwas erreichen zu müssen, was andere Ihnen vorgeben, ist verschwunden. Sie erkennen stattdessen ein neues Ziel-Selbstbild und einen weiteren Teil Ihres Potentials, die Sie nutzen wollen. Sind Sie allerdings mit dem Erreichten zufrieden, ist auch das in Ordnung. Zu erkennen, was „genug" ist, ist eine Möglichkeit Ihrer persönlichen Entwicklung und Teil der Glückseligkeit. Es ist Ihre Entscheidung, es ist Ihre Bewertung - es ist Ihr Leben!

## 4.1. Die drei Facetten der Persönlichkeit

Wie gelingt Ihnen nun aber der Einstieg in Ihre Persönlichkeitsentwicklung? Ihr Ziel-Selbstbild ist ja quasi Ihr *wahre* Persönlichkeit ohne die Störfaktoren. Die Störfaktoren sind:

- Sicht- und Verhaltensweisen, die Sie lernen müssen - und

- alte Sicht-, Verhaltensweisen und Gefühle, die Sie verlernen müssen!

Die Herausforderung ist also, zum Teil neue Bewertungen und Verhaltensweisen zu lernen, andere dafür zu vergessen, zu „verlernen".

Beginnen Sie mit der Änderung eines Aspekts Ihrer Persönlichkeit! Egal was und wie groß die Änderung ist, sie hat Auswirkungen auf andere Teile Ihrer Persönlichkeit. Versuchen Sie nicht, viele Punkte zugleich zu ändern! Damit würden Sie sich überfordern. Sie würden sich womöglich selbst demotivieren und dann aufgeben. Entscheidend ist, dass Sie tatsächlich eine Änderung angehen und die dann realisieren, ohne Wenn und Aber!

## 4.1.1. Körper

1999 besuchte ich einen Motivationstag, bei dem Dr. Michael Spitzbart über Fitness sprach, ein Vortrag, den ich erst gar nicht hören wollte. Er empfahl Joggen als bestens geeignet zum pulskontrollierten Training. Ich war bis zu dem Tag der Meinung gewesen - lachen Sie bitte nicht -, ich hätte zu lange Beine und bekäme eher einen Knoten in die Beine, als dass ich joggen könnte. Trotz dieser Überzeugung (eine Limitierung aus der Sozialisation!) motivierte mich sein Vortrag, es einmal zu versuchen. Dabei halfen mir meine Neugierde und Offenheit für Neues, die ich mir ein Leben lang erhalten habe.

Ich kaufte mir Jogging-Schuhe und eine Puls-Uhr und lief in der folgenden Woche gleich eine halbe Stunde. Ich lebte damals im 1. Stock eines Hauses und kam fast nicht mehr in meine Wohnung vor Muskelkater. Ein paar Tage später lief ich allerdings wieder. Ich laufe inzwischen 22 Jahre regelmäßig zweimal in der Woche.

Als ich 1999 mit Joggen anfing, war ich unsportlich, allenfalls mäßig sportlich. Der Grund war, dass ich als Kind und Jugendlicher sowohl Probleme mit der Wirbelsäule als auch häufig heftige Erkältungen hatte und deshalb (sportlich) geschont wurde. Daher kam meine Überzeugung (der blinde Fleck in meiner „Brille"), körperlich nicht leistungsfähig zu sein. Mehr Sport in Kindheit und Jugendzeit hätte mir viel erspart.

Mein Programm ab 1999, das aus zweimal Joggen und einmal Schwimmen in der Woche bestand und das ich seit dieser Zeit konsequent absolviere, hat aus mir (für meine Verhältnisse) einen Mann mit Kraft und Fitness gemacht. Ich habe heute eine bessere Körperhaltung und damit auch ein besseres Selbstwertgefühl. Ich bin gesund, fühle mich wohl in meinem Körper. Meine Rückenschmerzen, die mich zuvor zwanzig Jahre begleitet hatten, sind verschwunden.

Aus der Erfahrung der körperlichen Kraft dank körperlichen Trainings entwickelte sich die Überzeugung, auch in anderen Bereichen mit Training mehr erreichen zu können. Die Limitierung der Sozialisation wurde in Frage gestellt. Ich erkannte, dass ich mehr kann, setzte mir also höhere Ziele, hatte eine höhere Erwartung an mich selbst. Die höhere Erwartung an mich - mein Selbstvertrauen - führte zu insgesamt besseren Ergebnissen.

Was mit dem Körper begann, hatte Auswirkungen auf den Geist und auf die Psyche - die drei Facetten der Persönlichkeit. Es war der Beginn meiner Persönlichkeitsentwicklung, was ich allerdings erst im Rückblick verstand, als mir die Wechselwirkungen bewusst wurden.


## Sport


Meine Empfehlung für den Start Ihrer Persönlichkeitsentwicklung ist deshalb der Start eines Sportprogramms, weil Sie damit real Ihr Handeln verändern. Machen Sie etwas, was für Sie funktioniert und mit dem Sie positive Erlebnisse und Veränderungen realisieren!

Seien Sie geduldig mit sich - aber fangen Sie an und bleiben Sie dran! Mit einer kleinen, realen Änderung, die Sie konsequent umsetzen, verschaffen Sie sich ein Erfolgserlebnis. Die Erfahrung, dass Sie etwas entscheiden und dann auch tun, steigert Ihr Selbstwertgefühl und Ihr Selbstvertrauen.

Sportliche Bewegung ist ideal für den Beginn Ihrer Persönlichkeitsentwicklung, denn der älteste Teil unseres Gehirns ist für die Steuerung der Körperfunktionen zuständig. Mit Sport knüpfen Sie also an einer Stelle Ihres Gehirns an, wo - am Anfang Ihrer Gehirn-Entwicklung - Handeln und Gefühle noch eng verknüpft und nicht durch die Sozialisation überformt oder abgespalten sind.

Mit Sport tun Sie also etwas für Ihren Körper, Ihre körperliche Gesundheit, Ihr Wohlbefinden und ändern zugleich Ihr Gehirn und Ihre Psyche. Die sportliche Aktivität führt nämlich zur Ausschüttung von Botenstoffen, die neue neuronale und synaptische Verschaltungen in Ihrem Gehirn bilden. Es ist nur ein kleiner Anfang, aber es ist ein Anfang.

Sport oder Bewegung kann sein:

> - die Treppe zu nutzen statt den Lift  (zählt aber erst ab 4 Etagen)

> - Schwimmen (vorzugsweise Kraulen), was gut für die Gelenke ist, da das Wasser trägt

> - Joggen, was sehr effektiv ist, denn der Oberschenkel-Muskel  ist der größte Muskel. Damit können Sie sehr gut pulskontrolliert, d.h. im aeroben* Bereich, Sport treiben.

Es geht bei Ihrem Sport nicht um Leistungssport sondern um regelmäßige Bewegung - aber wiederum so intensiv, dass Sie außer Puste geraten. Also nicht ein Spaziergang, schon gar nicht die „Sportschau" oder eine Spritztour mit dem Sportwagen.

Das Ziel ist, die Muskulatur des Körpers zu kräftigen, das Herz-Kreislauf-System zu trainieren, Cholesterinwerte und Blutdruck zu senken. Sport aktiviert Ihr Immunsystem, Sie sind weniger anfällig für Krankheiten,

---------------------------------------------------------------

* Aerob bedeutet, Sie trainieren im Sauerstoff-Überschuss, d.h.  Sie führen Ihrem Körper mehr Sauerstoff zu, als er parallel durch den Sport verbraucht.

Viren und Bakterien. Sie sind auch ausgeglichener. Nach Joggen oder Schwimmen bin ich mit mir und der Welt im Reinen. Das sind meine Erfahrungen, die mir von anderen bestätigt werden.

Wichtig für Ihren Erfolg ist, dass Sie eine klare Entscheidung treffen und den Sport in Ihren Terminkalender eintragen. Ich trage mir - seit vielen Jahren - den Sport immer für die folgende Woche in meinen Terminkalender ein. Machen Sie das auch so. Einen Termin stoßen Sie nicht so schnell um. Wenn Sie hingegen sagen „wenn ich Zeit habe, mache ich Sport", wird das nie etwas!

Beachten Sie, dass Ihre körperliche Leistungsfähigkeit bereits ab dem 25. Lebensjahr sinkt. Treiben Sie also Sport! Wenn Sie den 40-sten Geburtstag hinter sich haben, fangen Sie unbedingt - sofort - mit Sport an, falls Sie in den letzten Jahren nicht dazu gekommen sind! Wenn Sie jünger sind und Sport machen, machen Sie weiter. Mit jedem Jahr ohne gezieltes Training schwinden Muskelmasse und Knochendichte und die Leistungsfähigkeit Ihres Herz-Kreislauf-Systems wird schwächer. Es geht nicht um Bodybuilding oder Leistungssport sondern um eine kluge Grund-Fitness. Sie ist extrem wichtig für Ihr Wohlbefinden, Ihr Leben und Ihre Persönlichkeit.

Fangen Sie mit dem an, wozu Sie in der Lage sind! Es geht nicht um Spitzenwerte. Es geht darum, dass Sie anfangen – und dann nicht mehr aufhören. Vergleichen Sie sich (anfangs) nicht mit anderen, das könnte Sie demotivieren. Machen Sie es nur für sich! Für regelmäßige Bewegung zu sorgen ist ein Zeichen von Klugheit, denn Sie vermeiden damit negative gesundheitliche Folgen in der Zukunft.

Die meisten erfolgreichen Menschen treiben regelmäßig Sport. Das hat mit Konsequenz und Beharrlichkeit zu tun: der regelmäßige Sport, der Erfolg und die Persönlichkeitsentwicklung.

Wenn Sie die letzten 20 Jahre keinen Sport gemacht haben, dann starten Sie mit 5 - 10 Minuten. Nach 2 Wochen steigern Sie auf 10 - 15 Minuten, dann nach 1 Monat auf 15 - 20 Minuten. Wichtig ist, dass Sie anfangen und nicht aufgeben. Wenn andere Sie womöglich belächeln, machen Sie sich nichts daraus; in fünf Jahren werden Sie lächeln!

Mir tun heute alle Menschen leid - vor allem die, die schon älter sind -, die die letzten Jahre keinen Sport gemacht haben, womöglich noch rauchen oder Übergewicht haben. Ich glaube, dass ich heute nicht mehr mit dem Sport anfangen würde, das wäre mir vermutlich zu anstrengend, denn meine Kondition wäre ja im Keller. Denken Sie daran, Ihre Kondition lässt ab dem 25. Lebensjahr nach. Machen Sie Ausgleichssport, egal was und wie viel! Starten Sie sofort!

Nach einiger Zeit ist Ihnen Ihr Bewegungsprogramm in Fleisch und Blut übergegangen, dann brauchen Sie Ihren Sport. Der Mensch ist ein Gewohnheitstier. Beim Joggen und Schwimmen treffe ich immer die gleichen Menschen. Sie alle berichten mir, dass sie die Bewegung einfach brauchen und sie ihnen gut tut.

Ich möchte noch mit einem Mythos aufräumen. Die Glücksgefühle stellen sich bei mir nicht beim Laufen ein. Dafür laufe ich vermutlich immer zu wenig. Aber nachher unter der Dusche bin ich immer glücklich und zufrieden, denn ich habe meinen inneren Schweinehund wieder überwunden. Ich habe meinen Sport gemacht, fühle mich körperlich und geistig einfach wohl und bin mit mir zufrieden. Darum geht  es!

Wenn Sie joggen wollen, ist mein Tipp: Laufen Sie morgens direkt nach dem Aufstehen! Dann ist der Zeitaufwand minimal, denn Sie steigen aus dem Bett in die Laufschuhe und traben durch den Park. Duschen müssen Sie so oder so. Der Zeitaufwand beträgt rd. eine halbe Stunde. Diese Zeit können Sie auch bei einem vollgepackten Terminkalender einplanen - wenn Sie es wollen! Morgens ist zudem die Luft sauberer und auch im Hochsommer relativ kühl.

Corona zeigte, dass Joggen auch in der Krise ein guter Sport ist, denn ich konnte immer laufen. Ich benötige auch kaum Ausrüstung (kann es also überall tun) und brauche keinen Partner, bin also zeitlich unabhängig.

Der Sport verhilft zu einem besseren psychophysischen Befinden. Sie fühlen sich körperlich besser, nehmen mehr Sauerstoff auf, verlieren vielleicht auch ein paar Pfunde und entwickeln körperliche Kraft. Sie stehen - dank stärkerer Muskeln - aufrecht da, haben eine andere Selbstwahrnehmung, haben eine bessere körperliche Präsenz und Ausstrahlung.

Noch wichtiger ist, dass Sie ausgeglichener werden und Stolz empfinden, dass Sie Ihren Sport machen, dass Sie durchhalten. Ihr Selbstwertgefühl steigt und Sie werden umgänglicher. Das sind die ersten psychologischen

Auswirkungen und Erfolge. Fangen Sie also mit Sport an, wenn Sie es noch nicht tun, oder treiben Sie Sport weiterhin - dauerhaft!

Mein Ziel ist es, 100 Jahre alt zu werden. Manche Menschen, denen ich das erzähle, sagen: „Aber ich will kein Pflegefall werden." „Ich auch nicht.", ist meine Antwort. Deshalb tue ich etwas dafür. Ein schönes Beispiel ist die 90-jährige Melitta Czerwenka-Nagel aus Saarbrücken, die regelmäßig trainiert und 2021 über 1.500 m einen neuen Weltrekord in ihrer Altersklasse aufgestellt hat. Sie versorgt auch ihren Haushalt noch selbst, kauft ein, kocht und pflegt ihren Garten.

## Ernährung

Es gibt Mediziner, die der Meinung sind, dass wir ein Leben lang gesund bleiben können, wenn wir

- uns genug bewegen,

- uns gesund ernähren und

- die richtigen Gedanken pflegen.

Wir sterben dann irgendwann an Altersschwäche. Zuvor sind wir aber im Grunde gesund. Krankheiten sind - nach dieser Überzeugung - weitestgehend vermeidbar. Mich hat diese Idee überzeugt und ich praktiziere „gesundes Leben" seit über zwanzig Jahren.

Zu einer klugen, ganzheitlichen Persönlichkeitsentwicklung gehört eine gesunde Ernährung. Das kann hier nicht ausgeführt werden, dazu gibt es aber genügend Bücher. Gesunde Ernährung führt zu einem gesunden Körper und verbessert die Gehirnleistung, denn es gilt: „Das Gehirn ist, was Du isst." Studien haben ergeben, dass Junk-Food aggressiv macht.

Wir essen zu viel Zucker. Zucker macht süchtig, fördert Entzündungen und bringt den Säure-Basen-Haushalt im Körper aus dem Gleichgewicht. Ich hatte eine Zeitlang Muskelschmerzen im Oberarm, die ohne Medikamente verschwanden, nachdem ich weniger Säuren (Zucker, Fleisch, Nüsse, Wein) zu mir nahm.

Wir nehmen zu wenig Eiweiß zu uns und trinken zu wenig Wasser. Mehr Eiweiß und mehr Aminosäuren verbessern die Hirnleistung (wir treffen, bessere Entscheidungen) und unser Körper bekommt die Stoffe, die er braucht, z.B. für den Knochen- und Muskelaufbau, das Immun- und das Nervensystem. Für Ihr Immunsystem und Ihre Nerven braucht Ihr Körper Eiweiß - nicht hingegen Fett und Zucker.

Es ist also klug, wenn Sie sich um eine gesunde Ernährung kümmern. Kochen Sie selbst frisch. Ich liebe z.B. Fischgerichte, die sich sehr schnell zubereiten lassen, ergänzt mit einer Portion Gemüse und Kartoffeln.

In meiner langjährigen Partnerschaft mit Kind hatte ich entschieden, jeden Samstag frisch zu kochen und anschließend gemeinsam zu essen, um eine gemeinsame feste Zeit in der Woche für Gespräche zu haben. Ich habe das zehn Jahre lang praktiziert und hoffe, das Kind hat gelernt, dass frisch zu kochen und das gemeinsame Gespräch beim Essen einen Wert an sich haben.

Die Epigenetik hat herausgefunden, dass die Ernährung auch einen Einfluss auf die Wirkung der Gene hat. Krankheiten entstehen offenbar auch, wenn bestimmte Gene, die Krankheiten verhindert könnten, als Folge der Ernährung gedimmt oder abgeschaltet werden.

## Medizin

2015 fühlte ich mich nicht fit. Ich erinnerte mich an den Arzt Dr. Michael Spitzbart, der mich 1999 zum Joggen brachte, und besuchte ihn. Er behandelt nicht die Symptome, wie häufig die Schulmedizin, sondern denkt von den Ursachen her und behandelt diese.

Mit einer Blutanalyse lässt sich ermitteln, welche Stoffe Ihrem Körper nicht in ausreichendem Maße zur Verfügung stehen. Wenn Sie die nicht in ausreichendem Maße vorhandenen Stoffe - Aminosäuren, Vitamine, Hormone - Ihrem Körper zuführen, stärken Sie die Selbstheilungskräfte Ihres Körpers und er bleibt bzw. wird wieder gesund.

Zur Regulierung des Blutdrucks nehme ich heute Magnesium (das Salz der inneren Ruhe) und eine Aminosäure statt eines Beta-Blockers. Das funktioniert wunderbar und die Nebenwirkungen des Beta-Blockers kann ich so vermeiden.

Ich vertraue auf die Selbstheilungskräfte meines Körpers und unterstütze sie auch mit Affirmationen (s.u.), denn ich glaube, dass Körper und Geist sich wechselseitig beeinflussen (Psychosomatik). Ich habe schon erlebt, dass mein Körper in Krisenzeiten auf Gedanken (Erwartung von Gesundheit) mit Gesundheit reagiert hat.

Ergänzend nutze ich seit über 30 Jahren autogenes Training. Autogenes Training hilft Ihnen, ruhig zu bleiben oder ruhig(er) zu werden. Es ist eine Hilfe für Körper und Geist - ohne Nebenwirkungen. Ihr Körper reagiert mit regelmäßigem Herzschlag und normalem Blutdruck. Ihr Geist dankt Ihnen, indem der präfrontale Cortex Ihnen logische Lösungen für Probleme liefert und die Antwort nicht der Amygdala überlässt.

Beharrlichkeit ist auch hierbei erforderlich, denn die positive Wirkung des autogenen Trainings stellt sich erst nach einiger Zeit der regelmäßigen Übung ein. Heute kann ich die Entspannungswirkung sehr schnell abrufen, kann mich also gezielt beruhigen.

Ihren Körper können Sie mit Bewegung, gesunder Ernährung und einer ursachenorientierten Medizin gesund erhalten. Sie können viele Medikamente (die ja alle Nebenwirkungen haben, die die Schulmedizin gerne vernachlässigt) und auch Operationen vermeiden, wenn Sie diese Aspekte beachten und auch Ihr Denken und Ihre Gefühle mit einbeziehen. Hören Sie auf Ihren Körper! Ändern Sie bei Bedarf Ihr Verhalten und Ihre Einstellung, um gesund zu bleiben oder wieder gesund zu werden!

Gesundheit erfordert also Erkenntnis und kluge Selbstverantwortung, nicht das häufig zu beobachtende Verhalten, dass Menschen ohne Rücksicht auf ihren Körper leben, dann zur Reparatur zum Arzt gehen, Medikamente schlucken - und danach einfach so weiter leben wie zuvor. Mit dieser Einstellung sind wirkliche Gesundheit und Persönlichkeitsentwicklung nicht möglich. Gesundheit im eigentlichen Sinne erreichen Sie immer nur, wenn Körper, Geist und Seele (Psyche) gesund sind und sich in Harmonie befinden. Gesundheit und Persönlichkeitsentwicklung sind so gesehen eins.

Mit dem Konzept der Prophylaxe können Sie sich gesund erhalten und darum geht es. Sie können beispielsweise das Risiko an Diabetes Typ 1 zu erkranken mit der Einnahme von Vitamin D erheblich reduzieren. Wenn Sie Diabetes aber einmal haben, können Sie sie mit Vitamin D nicht mehr rückgängig machen. Dann können Sie nur noch therapieren.

Ich höre übrigens auf meinen Körper und gönne ihm z.B. Ruhe, wenn er danach verlangt. Ich nutze keine Schmerzmittel, wenn es irgendwo weh tut. Der Schmerz ist ja eine Botschaft des Körpers, dass etwas nicht in Ordnung ist, und darauf achte ich. Selbstverständlich konsultiere ich auch Fachärzte, wenn mein Körper sich meldet und es erforderlich ist.

Ob Sie diesen Weg gehen, müssen Sie entscheiden. Es ist Ihr Körper und ich meine, dass Sie gesundheitliche Entscheidungen selbst treffen müssen - nicht der Arzt. Sie tragen am Ende die Folgen medizinischer Entscheidungen - ob richtig oder falsch!

Wenn Sie in die Lage kommen, die Entscheidung einem Arzt überlassen zu müssen, haben Sie in aller Regel so lange gewartet, bis es an irgendeiner Stelle weh tut. Selbstverantwortung erfordert, dass Sie das Konzept aus Bewegung, gesunder Ernährung, richtigem Denken und ursachenorientierter Medizin rechtzeitig nutzen, bevor es weh tut!

Ich fange übrigens meinen Tag damit an, bewusst wahrzunehmen (Geist), dass ich gesund bin und mir nichts weh tut und bin dankbar dafür (Psyche). Ich bin überzeugt, dass mein Körper darauf auch mit Gesundheit reagiert.

Der Körper ist nur eine Facette der Persönlichkeit. Ich habe Körper und Gesundheit relativ ausführlich behandelt, da sie nach meiner Überzeugung ein guter Einstieg in eine Änderung des Verhaltens und damit der Persönlichkeit sind. Das Ziel ist und bleibt jedoch die harmonische Entwicklung von Körper, Geist und Psyche - von Gesundheit im umfassenden Sinn.

## 4.1.2. Geist

Unser Gehirn ist eines unserer wichtigsten Organe. Unser Denken bestimmt unsere Interpretation der Realität, unser Verhalten und unser Handeln. Wir denken, fühlen und handeln mit unserem Gehirn, gehen aber üblicherweise recht nachlässig mit ihm um. Wir lassen unser Gehirn denken, anstatt dass wir (aktiv) mit ihm denken.

Die Evolution hat es so eingerichtet, dass wir Gefahren und Bedrohungen schneller, intensiver und mit höherer Priorität wahrnehmen als positive Ereignisse. Unser Überleben hing - historisch gesehen - davon ab, bei einem Angriff (des berühmten Säbelzahntigers) schnell zu handeln. Die Menschen, die damals erst rational die Handlungsalternativen erwogen haben, haben nicht überlebt und konnten deshalb ihre Erfahrungen nicht an die folgenden Generationen weitergeben.

Bedrohliche Nachrichten aktivieren die Amygdala in unserem Gehirn, das Zentrum für Bedrohung und Ängste. Die Amygdala lässt uns instinktiv - im Millisekunden-Bereich - mit  Angriff oder Flucht reagieren und - wenn wir keinen Ausweg sehen - mit Schockstarre.

Unser Großhirn - der rationale Teil des Gehirns - spielt bei empfundener Bedrohung oder gefühlter Angst eine nachgeordnete Rolle. Die Amygdala ist einfach schneller und wir wägen nicht mehr rational ab. Unsere Reaktion wird von der Angst bestimmt. Wir fahren dann mit dem „Auto-Pilot" und die Amygdala sitzt am Steuer.

Warum „empfundene Bedrohung" oder „gefühlte Angst"? Weil wir alle - entsprechend unserer Sozialisation - objektiv gleiche Tatsachen oder Umstände jeweils unterschiedlich bewerten. Wir sehen die Realität mit unserer eigenen Perspektive - unserer „Brille" - und sehen deshalb jeweils individuell etwas anderes. Erinnern Sie sich an das Ehepaar in Abschnitt 2.2.1., das andere immer als Gegner ansieht (bewertet) und dann natürlich entsprechend behandelt. Die anderen haben bei ihnen keine Chance für eine vertrauensvolle Zusammenarbeit, sie werden attackiert, weil sie Gegnerschaft erwarten - und dann auch bekommen.

Die Bewertung hängt insbesondere davon ab, ob, wie und wie oft wir bereits bedrohliche Situationen (Herausforderungen) bestanden haben. Ein Ereignis, das von einem Menschen als bedrohlich empfunden wird und Schockstarre auslöst, wird von einem anderen Menschen - der eine ähnliche Situation bereits erfolgreich bestanden hat - als Herausforderung und Chance begrüßt, sie zu meistern und daran zu wachsen (vgl. Abschnitt 2.2.3.).

Wie Sie heute die Welt und Ihre Möglichkeiten sehen (Ihre „Brille"), was Sie heute denken und was Sie glauben, bestimmt Ihr Handeln. Nur wenn Sie heute eine Umgebung sehen, in der Sie glauben eine Chance zu haben, werden Sie aktiv und sind beharrlich. Ihre „Brille"- Ihre Wahrnehmung und Bewertung - können Sie verändern, dafür sind Sie verantwortlich!

Die meisten Nachrichten, die die Medien uns präsentieren, sind negative. Die Corona-Krise ist das beste Beispiel. Die Nachrichten bestehen zu 90 % aus Hiobsbotschaften. Damit es möglichst dramatisch erscheint, werden zum Teil auch Zahlen aus dem Zusammenhang gerissen oder nicht in Beziehung gesetzt.

In der aktuellen Corona-Krise wurden beispielsweise die Infektionszahlen nicht in Relation zur Bevölkerungszahl gesetzt - man verglich einfach die absoluten Zahlen von Deutschland mit Ländern wie Schweden, Belgien oder der Schweiz, Länder die aber nur rd. 10 % (12%) unserer Bevölkerung haben. Das Motto der Medien ist: "Only bad news are good news."

Die gefühlte Bedrohung aufgrund negativer Nachrichten oder unserer Erwartungen (unserer Bewertung) aktiviert die Amygdala und drängt den Einfluss unseres Großhirns zurück, das einfach langsamer ist. Damit nehmen wir die Realität tendenziell bedrohlicher wahr - verbunden mit Angst oder sonstigen negativen Gefühlen. Das produziert Stress, unser Körper schüttet Stresshormone aus, was den Prozess verstärkt (negative Rückkopplung). Das schwächt z.B. unser Immunsystem, was in der Corona-Pandemie kontraproduktiv war.

Wir sehen dann weniger Chancen für uns, sehen verstärkt die Risiken und reagieren im Zweifelsfall mit Inaktivität. Wenn wir nicht oder zögerlich handeln, erleiden wir einen Misserfolg oder erzielen nur einen kleinen

Erfolg. Das Ergebnis interpretieren wir als unsere eigene Unfähigkeit. Unser Selbstvertrauen sinkt und die gefühlte Bedrohung steigt. Wir erhalten eine „sich selbst erfüllende Prophezeiung" oder „erlernte Hilflosigkeit". Eine negative Spirale.

Reduzieren Sie also Ihren Medienkonsum, die negative Berichterstattung, die uns letztlich alle überfordert, denn niemand kann die Probleme der Welt lösen! Konzentrieren Sie sich auf Ihr Potential und Ihr Ziel-Selbstbild und beachten Sie das, was in Ihrer Macht steht, nämlich das, was Sie konkret beeinflussen können, Ihr Verhalten!

Visualisieren Sie immer wieder bewusst Ihr Ziel-Selbstbild mit Vorfreude, handeln Sie und beachten Sie Ihre Fortschritte! Sie erzielen dann mit hoher Wahrscheinlichkeit positive Ergebnisse - vielleicht erst nur kleine. Ihr Selbstvertrauen wird steigen.

Trainieren Sie deshalb, kleine Herausforderungen bewusst anzunehmen und zu meistern! Probleme werden Sie dann in Zukunft immer weniger als bedrohlich wahrnehmen und Sie werden deshalb überlegter - geleitet vom präfrontalen Cortex - agieren und reagieren. Sie werden ruhiger und der Einfluss der Amygdala schwindet. Trainingsbeispiele finden Sie im Abschnitt 4.2.

Wenn Sie sich heute anders verhalten: anders bewerten, andere Gefühle entwickeln und anders handeln, erhalten Sie morgen andere Ergebnisse und Ihr Leben wird besser. Eng mit diesem Thema verknüpft, ist Ihre Wortwahl.


## Wortwahl und Sprache


Ist Ihnen bewusst, dass Ihre Wortwahl - Ihre Sprache - Ihr Denken und Fühlen beeinflusst? Was Ihnen bei einer womöglich bedrohlich erscheinenden Situation hilft, ist eine bewusste Wortwahl. Mit einer bewussten Wortwahl können Sie die Verarbeitung einer Situation ins Großhirn verlagern.

Mit negativen Superlativen argumentieren Sie sich selbst in die Ausweglosigkeit. Mit Worten oder Formulierungen wie:

- „Das ist eine Katastrophe!"
- „Das ist ausweglos/hoffnungslos!"
- „Da kann man nichts machen."

überzeugen Sie sich selbst, dass Sie keine Chance haben, und handeln dann eben entsprechend - nicht. Radikale negative Worte (extreme Bewertungen) führen zu Gefühlen der Bedrohung oder Ohnmacht oder verstärken sie. Sie aktivieren die Amygdala und Sie erschweren sich selbst die rationale Bewältigung der Situation durch adäquates Handeln.

Besser sind Formulierungen wie:

- „Ein ähnliches Problem habe ich schon einmal gelöst."
- „Das wollen wir doch mal sehen, jetzt erst recht."
- „Das ist eine echte Herausforderung! Mal sehen, wie ich sie meistern kann!"

Diese Formulierungen enthalten bereits die Überzeugung, dass Sie das Problem lösen können und werden.

Wenig hilfreich sind auch unbestimmte Formulierungen wie: „ich möchte" oder „ich versuche mal". Besser ist doch zu sagen: „ich will" oder „ich mache das".

Mit einer bewussten Wortwahl ist Ihr Großhirn an der Problemlösung beteiligt. Sie sehen dann die Realität „objektiver" (weniger emotional) und erkennen neben den Risiken auch die Chancen. Mit einer bewussten Wortwahl können Sie bei Bedarf auch eine andere Perspektive einnehmen.

Mit der bewussten Wortwahl wird aus dem überwältigenden Problem (dem Hindernis) eine Herausforderung. Sie denken dann anders und Sie fühlen auch anders. Damit gehen Sie das Problem anders an, handeln folglich anders und erzielen ein anderes (besseres) Ergebnis.

Denken Sie an Menschen, die sich morgens sagen: „Wieder so ein besch…. Tag." Oder: „Ich bin froh, wenn der Tag rum ist." Glauben Sie nicht auch, dass bei diesen Menschen die Wahrscheinlichkeit für einen guten Tag geringer ist?

Sie haben sich vielleicht gewundert, warum im Buch häufig Begriffe hergeleitet werden. Ich habe lange Jahre Begriffe benutzt und mich nicht um die exakte Bedeutung gekümmert. Alex Fischer hat mich darauf gebracht, dass es sinnvoll ist, Begriffe für sich selbst und vor allem in Diskussionen mit anderen zu definieren. Es vermeidet Missverständnisse und macht Spaß.

## Kluge Fragen

Die berühmten Fragen, die Ihnen nicht weiter helfen, sind:
- „Warum nur ist mir das (wieder) passiert?"
- „Warum muss das gerade jetzt geschehen?"
- „Warum haben die anderen immer so viel Glück?"

Stellen Sie stattdessen bessere Fragen, wie z.B.:
- „Wie kann ich es (beim nächsten Mal) besser machen?"
- „Was kann ich aus diesem Rückschlag lernen?"
- „Wie kann ich die Herausforderung bestehen?"
- „Warum nicht doch?"

Gerade die letzte Frage: „Warum nicht doch?" – oder anders formuliert: „Warum sollte mir das nicht möglich sein?", zielt ab auf die limitierenden Vorstellungen (Suggestionen) aus der Sozialisation, die ja zum Teil zumindest nur in unserem damaligen Alter, unserer geringeren Kraft oder unserem geringen Verständnis begründet waren. Sie sind für einen Erwachsenen nicht mehr angemessen. Gerade bei den Limitierungen, die uns so selbstverständlich vorkommen, da wir sie verinnerlicht (internalisiert) haben, ist die Frage wichtig „Warum nicht doch?"

Weitere kluge Fragen:

- „Was muss ich jetzt (anders) machen, damit meine Zukunft besser wird?"

Viele Menschen sind in ihrer Vergangenheit verhaftet und meinen, mit den Methoden der Vergangenheit, die Zukunft meistern zu können. Beschäftigen Sie sich mit Ihrer Zukunft, den Fragen und Antworten der Zukunft.

- „Warum sollte ich gerade jetzt aufgeben?" Versuchen Sie es mit einem Perspektivwechsel! Betrachten Sie Probleme mit einer längeren Perspektive! Wir überschätzen regelmäßig, was wir kurzfristig erreichen können, und wir unterschätzen, was uns langfristig möglich ist, wenn wir nur beharrlich sind. Wechseln Sie Ihre „Brille" und nutzen Sie statt der „Lesebrille" (für die kurze Frist) die Brille für die „Ferne" (für die lange Frist - vielleicht ein Fernrohr)!

Es gibt eine schöne Metapher: „Der blinde Schwimmer", der einen See durchschwimmen will. Er hat schon Dreiviertel der Strecke geschafft, bekommt dann aber Angst, es nicht bis ans andere Ufer zu schaffen. Er weiß nicht, wie weit es noch ist, da er das Ufer nicht sehen kann, und kehrt um. Wir alle sind blinde Schwimmer, da wir ja die Zukunft (das andere Ufer) nicht sehen können. Wir wissen - aufgrund der Ungewissheit - nicht, wie weit es tatsächlich noch ist und ob wir es schaffen.

Wir müssen daran glauben, dass wir es bis zum anderen Ufer schaffen und deshalb beharrlich sein. Wir dürfen nicht aufgeben. Jedes Mal, wenn wir aufgeben, verlieren wir ein Stück Selbstvertrauen und werden schwächer.

Lassen Sie sich nicht durch Ihr altes Denken - das Sie ja von anderen haben - limitieren. Lassen Sie sich nicht beim Nachdenken oder Erkennen Ihres neues Ziel-Selbstbilds davon abbringen, dass Ihr Verstand sagt: „Hör auf zu träumen!" oder: „Wenn das so einfach wäre, hätten es schon andere gemacht." Denken Sie dann einfach: „Warum nicht doch?" Es ist zumindest den Versuch wert.


## 4.1.3. Psyche / Seele


Die hohe und steigende Zahl an Menschen, die von Alkohol, Tabletten oder sonstigen Drogen abhängig sind oder sich in psychotherapeutischer Behandlung befinden, zeigt, dass viele Menschen nicht mit sich im Reinen sind und auf ihr - inneres oder äußeres - Leben mit Überforderung (Burnout) reagieren. Woher kommt die Überforderung?

Der Grund liegt in den eingangs erwähnten schnellen und tiefgreifenden Veränderungen in Wissenschaft, Wirtschaft und Gesellschaft. Der Mensch passt sich nur sehr langsam an solche Veränderungen an, wobei die Anpassung eher in Jahrtausenden als in Jahrzehnten erfolgt.

Gründe für die Überforderung sind:

Erstens: Die Orientierung und Sicherheit bietende Zugehörigkeit zu Kleingruppen (Familienverbände und Dorfstrukturen) und die traditionellen Rollenmuster sind ab der Industrialisierung geschwunden. Die Entwicklung des Menschen vollzog sich über Jahrtausende in überschaubaren Kleingruppen. Nicht das Leben als Single und auch nicht das Leben in (weltweiten) losen, virtuellen Großstrukturen ist in uns angelegt.

Der zweite Grund ist die zunehmende Ungewissheit. In der Vergangenheit waren über Jahrhunderte gesellschaftliche und wirtschaftliche Strukturen mehr oder weniger unverändert geblieben. Unsere Zeit ist geprägt von einschneidenden und immer schneller sich vollziehenden Veränderungen in Wissenschaft, Technik, Wirtschaft und Gesellschaft. Zuletzt haben Digitalisierung und Globalisierung lange gültige Formen der Zusammenarbeit grundlegend verändert. Verhaltensregeln wurden bewusst disruptiv verändert und damit jegliche Planbarkeit und Sicherheit hinweggefegt. Das hat den Akteuren große Vorteile gebrachte, dem Rest der Gesellschaft jedoch tiefgreifende Unsicherheit.

Drittens ist der Glaube geschwunden, der Glaube an einen gütigen Gott oder auch der Glaube an ein - nicht in unserer Macht liegendes - Schicksal und die damit verbundene Demut. Wir meinen, alles steuern zu können und für alles (persönlich) verantwortlich zu sein. Die Gefahr bei Motivations- und Persönlichkeits-Coaches, die quasi Autonomie versprechen und suggerieren, wir könnten alles erreichen, was wir uns vornehmen, liegt genau darin. Wenn Sie dann Ihr Ziel nicht erreichen, ist es Ihr persönliches Versagen.

Denken Sie an die Klimafrage, die steigende Staatsverschuldung und die geopolitischen Unsicherheiten und Sie erkennen, dass die äußeren Strukturen nicht mehr verlässlich sind und uns keinen dauerhaften Halt bieten. Wo liegt die Lösung?

Die Lösung liegt in Ihnen, in Ihrer *wahren* Persönlichkeit und Ihrem Potential. Es macht keinen Sinn sich an äußeren Strukturen zu orientieren, da sie fragil sind und morgen schon ganz anders aussehen können. Außerdem müssen Sie für Ihr Leben ethisch-moralisch einwandfreie Ziele und Wege finden. Wer soll das für Sie entscheiden und umsetzen? Das können nur Sie!

Wenn Sie Ihr Verhalten von der Zustimmung anderer abhängig machen, werden Sie sich immer wieder - mehr oder weniger - selbst verraten, um Zustimmung (Lob, Karriere, finanzielle Anreize) zu erlangen. Sie opfern dann Ihre Integrität für eine Zustimmung in der aktuellen Situation. Ist es für Ihr Selbstwertgefühl nicht langfristig klüger, Ihrer eigenen Überzeugung - auch gegen äußere Widerstände - zu folgen?

Je mehr Sie von sich selbst erwarten, je weiter Sie Ihre Komfortzone ausdehnen, desto mehr brauchen Sie die Überzeugung, dass Sie auf dem richtigen Weg sind, denn Sie wissen es ja nicht. Wenn Sie dann glauben können, dass es eine höhere Instanz gibt, die Ihnen hilft, dann bestehen Sie diese Herausforderungen besser. Ich habe Jahre gebraucht, um das für mich zu akzeptieren.

Ich dachte immer, dass der Glaube ein Zeichen von Schwäche wäre. Heute weiß ich, dass er ein Zeichen von Stärke ist. Die Vorstellung, dass Gott es gut mit mir meint und mich bei meinen Herausforderungen unterstützt, stärkt mich und lässt mich weiter machen, auch und gerade dann, wenn es nicht einfach ist. Meine Grundüberzeugung ist, dass mir die Herausforderungen widerfahren, um daran zu wachsen, nicht um an ihnen zu scheitern!

Ist es nicht besser und viel klüger, Sie glauben und gehen die Herausforderungen an, vor denen andere - ohne Glauben - zurückweichen?

Die tiefgreifenden Umwälzungen in Wirtschaft und Gesellschaft werden sich fortsetzen, die Ungewissheit wird bleiben oder gar noch steigen. Den Halt der alten, Orientierung bietenden Strukturen wird es nicht wieder geben. In dieser Situation der Ungewissheit hilft Ihnen nur die Entwicklung Ihrer Persönlichkeit. Neuen Halt und Ihre Orientierung kann Ihnen nur Ihre Persönlichkeit bieten.

Nur der Glaube an Ihre eigenen Fähigkeiten und Chancen und - wenn Sie es glauben können - an eine höhere Macht, die Sie unterstützt, bietet

Ihnen den Mut, Ihre Komfortzone zu überschreiten, und liefert Ihnen die Orientierung auf Ihrem weiteren Lebensweg hin zu Ihrem Ziel-Selbstbild.

## 4.2. Training

Wir müssen uns - nach meiner festen Überzeugung - daran erinnern, dass wir Wesen aus Körper, Geist und Seele sind. Nur wenn alle drei Facetten gepflegt werden und sich in größtmöglicher Harmonie befinden, ist der Mensch gesund, resilient und glücklich.

In den meisten Konzepten der Persönlichkeitsentwicklung wird der „Dreiklang" nicht (zu wenig) beachtet. Der „Mindset" reicht nicht als Nahrung für die individuelle Seele. Ich glaube, wir brauchen mehr Menschen mit intrinsischer Motivation und dem inneren Kompass für den rechten Weg: Menschen, die auf dem Weg zu sich selbst sind.

Wenn Sie Ihr Ziel-Selbstbild und Ihren „Sinn des Lebens" gefunden haben, dann arbeiten Sie mit Begeisterung daran. Die intrinsische Motivation lässt Sie beharrlich weiter machen. Wenn Sie Ihr Ziel-Selbstbild kennen - Ihren Zielhafen -, dann finden Sie den richtigen Kurs, egal woher der Wind kommt (Segel-Metapher im Abschnitt 3.2.1.).

Ob Sie damit immer Zustimmung erhalten werden? Nein, mit Sicherheit nicht. Da Sie aber Ihrem Potential und Ihrem Ziel-Selbstbild - Ihrer intrinsischen Motivation - folgen und daran glauben, sind Sie viel weniger abhängig von äußerer Zustimmung. Sie folgen Ihrem Ziel, auf Ihrem Weg und mit Ihrem inneren Kompass. Sie erleben dann Ihre Integrität aus Denken, Fühlen und Handeln.

Ihre Persönlichkeit besteht aus „neuronalen und synaptischen Verschaltungen" - die sich im Laufe Ihrer Sozialisation gebildet haben - die Ihr Verhalten, Ihre Reaktion steuern. Man geht davon aus, dass 95 % unseres Verhaltens unterbewusst erfolgen - aufgrund unserer neuronalen und synaptischen Verschaltungen - und nur 5 % unseres Verhaltens bewusst geschehen.

Das Problem der Persönlichkeitsentwicklung ist, dass wir weiterhin permanent den Impulsen ausgesetzt sind, die die 95 % stützen, denn unsere Verschaltungen, gebildet in der Sozialisation, korrespondieren ja genau mit der Gesellschaft oder Gruppe, in der wir leben. Die Werbung z.B. will uns ständig zu Konsum motivieren, der uns die Anerkennung der anderen bringt. Genau das, von dem wir fortkommen wollen.

Um Ihr Ziel-Selbstbild zu erreichen, müssen Sie genau diese Verschaltungen - diese unterbewusst gesteuerten Aktionen und Reaktionen Ihrer Persönlichkeit - bewusst verändern. Das ist die eigentliche Herausforderung!

Sie müssen bewusst und beharrlich neues Denken, Fühlen, Handeln lernen und leben, und - noch wichtiger und schwieriger - altes Denken, Fühlen und Handeln - vergessen. Sie müssen altes Denken, Fühlen und Handeln „verlernen", wobei Ihnen diese „neuronalen und synaptischen Verschaltungen" nicht einmal bewusst sind. Sie sind für Sie selbstverständlich, passen nur nicht mehr zu Ihrem Ziel-Selbstbild!

Beides ist herausfordernd, anstrengend und irritierend, weil Ihnen Ihre Emotionen einen Streich spielen werden, denn mit dem neuen Denken und Handeln erleben Sie negative Gefühle, ja Angst. Das „neue" Denken und Handeln passt eben nicht zu Ihrer „alten" Persönlichkeit, zu den „gebahnten" Verschaltungen aus Denken, Fühlen und Handeln. Sie erleben Störgefühle zwischen gewohntem Verhalten und der neuen Persönlichkeit, dem neuen Verhalten. Wie gehen Sie mit der Angst um: der Angst, die falsche Entscheidung zu treffen, der Angst, zu scheitern (Amygdala)?

Die Herausforderung wird noch größer, weil Sie in Ihrem Umfeld - vermutlich - der Einzige sind, der in diese Richtung geht. Alle anderen kommen Ihnen entgegen. Ihr Umfeld wird voraussichtlich Ihr neues Verhalten auch nicht begrüßen, sondern ablehnen. Das ist insbesondere für die Menschen ein Problem, die intensiv in ein Umfeld integriert sind oder deren Selbstwertgefühl (besonders) von externer Zustimmung abhängig ist. Die Angst vor der Ablehnung trifft Sie bereits vor dem Handeln, da Sie die erwarteten Reaktionen der anderen antizipieren, auch solche, die gar nicht eintreten.

Sie kommen also von zwei Seiten unter Druck - von innen und von außen. Machen Sie sich das bitte bewusst, dann sind Sie vorbereitet! Es mag Sie trösten: Das trifft - mehr oder weniger - auf uns alle zu.

Persönlichkeitsentwicklung erfordert also die Neugierde oder Offenheit für neue Erkenntnisse und Perspektiven - auch die Bereitschaft, von anderen zu lernen - und den Mut, sich auf einen neuen Weg einzulassen und ihn beharrlich zu gehen.

Das Ziel Ihrer Persönlichkeitsentwicklung kann und will ich Ihnen nicht vorgeben. Ihr Ziel-Selbstbild müssen Sie selbst erkennen und Ihren Lebensweg müssen Sie selbst gehen. Es ist Ihr Lebensweg! Niemand kann ihn für Sie gehen, noch Ihnen den für Sie richtigen Weg zeigen. Das können nur Sie selbst, denn es ist Ihr Leben! Ich kann Ihnen nur die Methoden und Tipps für Ihre Entwicklung und Ihren Weg geben, die ich selbst nutze.

Die Herausforderung liegt darin, Kraft, Mut und Motivation aufzubringen, um dauerhaft immer wieder neu

- Ihr neues Denken und Verhalten anstelle des alten zu leben,

- Ihre negativen Gefühle - die mit Ihrem neuen Verhalten ein hergehen - auszuhalten,

- die Ablehnung (Kritik) aus Ihrem Umfeld auszuhalten,

- an Ihrem Vorhaben beharrlich zu arbeiten, da Sie positive Ergebnisse nur langsam erzielen werden.

Wie setzen Sie es aber um? Wie entwickeln Sie Ihre Persönlichkeit? Wie vollziehen Sie Ihre 2. Erziehung? Woher nehmen Sie den Mut und die Beharrlichkeit für die Änderungen?


## Visualisierung


Ich habe mehrfach betont, dass Sie Ihr Ziel-Selbstbild richtig begeistert, weil Sie ja so werden wollen, wie Sie sich darin sehen. Diese Begeisterung ist essentiell, denn die Gefühle bewirken die Ausschüttung von Botenstoffen, die neue Verschaltungen in Ihrem Gehirn bilden. Die in der Sozialisation mit bestimmten Situationen verknüpften Gefühle sollen ja „überschrieben" werden. Das geht nur mit großen Gefühlen! Kleine, lauwarme Gefühle werden Ihre Persönlichkeit nicht ändern!

Visualisieren Sie Ihr Ziel-Selbstbild - halten Sie sich Ihr Ziel immer wieder vor Augen und verbinden Sie es mit dem positiven Gefühl der Vorfreude! Das Ziel-Selbstbild hat ja den großen Vorteil, dass es die Persönlichkeit verkörpert, die Sie in sich gefunden haben, die Sie werden wollen, die Sie eigentlich ja in Ihrem Kern bereits sind! Am Orakel von Delphi steht deshalb auch: „Werde, der du bist."

Die Vorfreude ist das Gefühl, dass Sie motiviert und zugleich dafür sorgt, dass neuronale und synaptische Verschaltungen in Ihrem Gehirn neu gebildet werden. Visualisieren Sie deshalb Ihre Ziel-Persönlichkeit, auch wenn Sie vielleicht am Anfang nur einen Teil davon erkennen! Je öfter Sie Ihr Ziel-Selbstbild begeistert visualisieren, desto mehr werden Sie davon überzeugt sein.

Vor allem am Anfang erfordert das Beharrlichkeit, ja Selbstdisziplin und den Glauben, dass Sie auf dem richtigen Weg sind. Sobald Sie die ersten kleinen, positiven Veränderungen Ihrer Persönlichkeit tatsächlich erkennen, geht es leichter. Dann kommen Sie immer mehr zu einer stabilen Entwicklung Ihrer Persönlichkeit, weil Sie bereits erlebt haben, dass Sie sich weiter entwickeln können. Die ersten Schritte sind die Herausforderung.

Der größte Teil unserer Wahrnehmung besteht darin, dass wir auf das achten, was wir erwarten. „Du siehst, wonach du suchst!", d.h. das, was wir erwarten. Den Rest übersehen wir oder blenden ihn aus - mehr oder weniger bewusst. Visualisieren Sie also Ihr Ziel-Selbstbild! Nutzen Sie meinen Blog und meine Podcasts als Impulse, denn gerade der Anfang der Verhaltensänderung ist herausfordernd!

Erwarten Sie bewusst das Gelingen Ihrer Persönlichkeitsentwicklung, dann bemerken Sie die Veränderung, weil Sie darauf achten. Je länger Sie sich damit beschäftigen und je mehr sich Ihre Persönlichkeit entwickelt, desto mehr nehmen Sie sie automatisch wahr: bei sich selbst und bei anderen. Ihre Beachtung, Ihre „Brille", hat sich geändert.

Denken Sie weiter an die Wechselwirkungen der Aspekte Ihrer Persönlichkeit. Wenn Sie Ihren Körper fit halten, wenn Sie sich Ihr Ziel-Selbstbild beharrlich und begeistert vor Augen halten, wenn Sie an sich und Ihre Chancen glauben und entsprechend mutig handeln, dann wachsen Sie. Sie bewegen sich entlang einer aufwärts gerichteten Spirale.

# Was immer geht

Wir wissen häufig nicht so genau, was gut für uns ist und wo wir hin wollen. Wir wissen aber häufig sehr genau, was nicht gut für uns ist: Nachlässigkeit, Schwäche, fehlender Mut etc. Je weniger Sie Mut, Haltung, Glauben und Beharrlichkeit aufrecht halten, desto weniger werden Sie von Ihrem Potential nutzen. Ihr Selbstwertgefühl und Ihre Selbstachtung bleiben gering. Sie trauen sich weniger zu, andere spüren das und trauen Ihnen dann ebenfalls weniger zu. Das wiederum spüren Sie - so kommen Sie in die abwärts gerichtete Spirale.

Hören Sie auf, nur zu beobachten und zu klagen und die Umstände für Ihre Situation verantwortlich zu machen! Fangen Sie stattdessen mit irgendeiner kleinen, schlechten Angewohnheit, Schwäche oder Nachlässigkeit an und stellen Sie sie ab! Endgültig!

Fangen Sie mit einem Verhalten an, dass Sie selbst unter Kontrolle haben, dass nur von Ihnen abhängt. Wenn Sie Neues tun oder Altes unterlassen, dann haben Sie ein Erfolgserlebnis. Damit setzen Sie die positive Spirale in Bewegung. Sie erleben die Freiheit, sich selbst zu entscheiden, sich selbst zu verpflichten und nicht länger Sklave ihrer (schlechten) Angewohnheiten zu sein.

In dem Wort steckt die Chance: Gewöhnen Sie sich die schlechte „Angewohnheit" ab. Es ist nur „Gewöhnung." Ändern Sie Ihre Gewohnheiten und Sie erleben, dass Sie sich ändern können und dass Sie sich auf sich selbst verlassen können! Sie erleben, dass Sie können, was Sie glauben zu können.

Je stärker Sie sich fühlen und je integrer Sie leben, desto leichter fallen Ihnen mutige Entscheidungen und von Prinzipien geleitetes Handeln. Sie haben sich selbst bewiesen, dass Sie es können, ganz einfach, weil Sie Ihr Ziel-Selbstbild erreichen wollen.

Natürlich erleiden Sie Rückschläge, die bleiben nicht aus. Gehen Sie nachsichtig und sanft mit sich um! Üben Sie keinen Druck aus. Bestrafen Sie sich nicht für Ihre Probleme auf dem Weg der Persönlichkeitsentwicklung, denn Ihre heutigen Probleme verdanken Sie Ihrer alten Persönlichkeit - die Sie von anderen erhalten haben - und die Sie nun hinter sich lassen werden!

Wo können Sie mit der Entwicklung Ihrer Persönlichkeit ansetzen? Welche Aspekte können Sie verändern und trainieren? Wo Sie anfangen ist gleich, aber fangen Sie an!

Meine Empfehlung ist: Fangen Sie mit sportlicher Bewegung an! Die ersten Gehirnareale, die sich ausbilden, sind die für die Steuerung der Körperfunktionen. Hier sind Körper und Emotion eng verbunden. Wenn Sie sich mehr bewegen, verändern sich Ihr Körper und Ihre Körperwahrnehmung. Die Bewegung ändert die neuronalen und synaptischen Verschaltungen in Ihrem Gehirn. Bedenken Sie: 100 Billionen Synapsen geben veränderte Signale weiter!

Beginnen Sie parallel mit Affirmationen!

## 4.2.1. Affirmationen

Affirmationen sind Bestätigungen (lat.: affirmo = bestätigen). Bestätigen Sie sich jeden Morgen, dass Sie auf dem richtigen Weg sind und dass Sie können, was Sie sich vorgenommen haben! Das kommt Ihnen sonderbar vor? Mir ging es lange ebenso.

Bedenken Sie, dass Sie Ihre Handlungen und Sichtweisen verändern wollen, die 95 % vom Unterbewusstsein gesteuert werden, von Ihren neuronalen und synaptischen Verschaltungen. Die Veränderung können Sie nur mit bewussten Impulsen erreichen.

Bestätigen Sie sich also mit Affirmationen, dass Sie das Potential haben, Ihre Ziele zu realisieren, dass Sie Chancen haben, dass Sie Ihren Erkenntnissen vertrauen und dass neben den Risiken auch Chancen für Sie bestehen.

Wie lange leben Sie schon mit Ihrer „alten" Persönlichkeit: 20, 30 oder gar 50 Jahre? Ihre „alte" Persönlichkeit ist mit ihren neuronalen und synaptischen Verschaltungen „fest verdrahtet". Sie werden künftig nur anders handeln, wenn Sie von etwas anderem überzeugt sind. Also müssen Sie die alten Überzeugungen durch neue „überschreiben", eben durch Affirmationen.

Die Affirmationen sinken langsam in Ihr Unterbewusstsein und verändern Ihre neuronalen und synaptischen Verschaltungen. Sie nutzen also den bewussten Teil Ihrer Persönlichkeit (5 %), um durch Affirmationen den unterbewussten Teil (95%) zu ändern. Die Relation - 5% zu 95 % - zeigt, dass dies ein herausforderndes, langwieriges Unterfangen ist. Aber nur so können Sie Ihre Überzeugungen, Ihre Limitierungen verändern. Ich kann Ihnen bestätigen, dass es geht. Ich fange seit Jahren jeden Tag mit Affirmationen an.

Mit Affirmationen

- erweitern Sie Ihre Möglichkeiten, denn Sie überschreiben (lang sam) die limitierenden Suggestionen Ihrer Sozialisation und trauen sich dann mehr zu,

- wirken Sie der Flut negativer Informationen Ihres Umfelds und der Medien entgegen, was alles schlecht und nicht möglich ist, und

- immunisieren Sie sich gegen die Werbung, die Ihnen jeden Tag - unaufgefordert - erzählt, was Sie alles haben müssen.

Ich beginne jeden Tag damit, meine Gesundheit bewusst wahrzunehmen und dankbar dafür zu sein. Ich danke auch jeden Morgen für den neuen Tag (ich hätte ja in der vergangenen Nacht gestorben sein können) und nehme mir vor, mich an dem neuen Tag zu erfreuen und etwas aus ihm zu machen. Ich glaube, so dazu beizutragen, dass mein Tag gut wird, ganz einfach, weil ich es erwarte.

Wenn Sie dankbar für Ihre Gesundheit sind und sie bestätigen, optimistisch und froh in die Welt und den neuen Tag blicken, fühlen Sie sich wohler und Ihr Körper reagiert mit Ruhe und - in der Folge - mit Gesundheit (Psychosomatik). Das ist mein Ritual, um jeden Tag gut zu beginnen, noch wenn ich im Bett liege. Meine Überzeugung ist: „Du bekommst, was du erwartest."

Die wichtigste Autosuggestion oder Affirmation ist für mich:

## Ich kann mich ändern!

Viele Menschen beklagen ihre Situation, sagen aber zugleich: „Ich kann mich nicht mehr ändern. Ich bin halt, wie ich bin". Oder: „Ich kann mich nicht mehr ändern, dazu bin ich zu alt." Sie sabotieren sich damit selbst. Wenn sie glauben, dass sie es nicht können, dann versuchen sie es erst gar nicht. Dann können sie es natürlich auch nicht!

Meist ist es eine unbedachte Äußerung. Sie erinnern sich aber an den Einfluss der Sprache. Die fatale Folge dieser Äußerung ist, dass diesen Menschen eine Änderung nicht möglich ist, weil sie sie nicht vor möglich halten. Manchmal ist es auch eine Ausrede aus Bequemlichkeit.

Wenn Sie mit Affirmationen beginnen, ist das zunächst eine Autosuggestion, weil Sie noch nicht daran glauben, sich ändern zu können. Für den Start Ihrer Entwicklung ist diese Autosuggestion aber entscheidend, denn ohne sie fangen Sie nicht an, weil Sie nicht glauben, sich ändern zu können.

Wenn Sie aber glauben, dass Sie sich ändern können, dann haben Sie sich schon verändert! Dann nehmen Sie nämlich die Möglichkeit der Veränderung als realistisch wahr. Und wenn Sie die Veränderungsmöglichkeit sehen, dann erwarten Sie irgendwann auch die Veränderung, dann erwarten Sie sie von sich selbst! Und dann beginnen Sie, Ihre Werte, Ihre Gefühle, Ihre Einstellungen, Ihr Verhalten, Ihre Persönlichkeit tatsächlich zu verändern!

Ich nutze diese Affirmation „Ich kann mich verändern" seit vielen Jahren und bin inzwischen überzeugt, dass ich mich ändern kann. Ich weiß es, da sich meine Einstellungen und mein Verhalten bereits entscheidend verändert haben. Ich bekräftige es deshalb gerne mit voller Überzeugung wenn mal wieder jemand sagt: „Ich kann mich halt nicht ändern. Ich bin so, wie ich bin." Ich freue mich dann jedes Mal, dass ich diese Selbstsabotage überwunden habe.

Meine Lieblings-Affirmation ist aber:

## Ich bin viel größer, als sich bisher gezeigt hat!

Damit bestätige ich mir selbst, dass ich ein großes, noch nicht ausgeschöpftes Potential habe! In Ihnen - wie in uns allen - steckt viel mehr, als das, was Sie aktuell tatsächlich nutzen. Sie können also wachsen und Sie sind noch lange nicht am Ende Ihrer Möglichkeiten. Oder zweifeln Sie daran? Falls Sie daran zweifeln, ist die Affirmation umso wichtiger für Sie.

Diese Affirmation ist wunderbar und entscheidend für Ihre Persönlichkeitsentwicklung. Sie ist auch überzeugend, weil Sie sich nicht „einreden" Sie seien bereits groß. Dann würde Ihr Verstand womöglich sagen: „Das glaubst du doch selbst nicht." Sie bekräftigen nur, ein großes Potential zu haben. Wollen Sie das ernsthaft bestreiten?

Sie können mehr und haben Fähigkeiten, die Sie nun tatsächlich nutzen werden! Auch wenn Ihnen das am Anfang fremd vorkommt. Praktizieren Sie es täglich! Ich freue mich noch heute jeden Morgen, wenn ich diese Affirmation laut spreche. Sie wirkt von Tag zu Tag besser und sie macht den Tag besser!

Die Affirmation, die eng mit der vorigen verbunden ist, lautet:

## Ich bin größer als meine Probleme!
## Wo es noch nicht stimmt, werde ich weiter wachsen.

Damit bestätige ich mir selbst, dass ich mit meinen Problemen fertig werde. Wichtig hierbei ist die Einschränkung auf „meine Probleme". Sie wollen und sollen sich nicht für die Probleme der ganzen Welt verantwortlich fühlen\*. Damit würden Sie sich überfordern und somit genau das Gegenteil beweisen.

-------------------------------------------------------------------------------

\* Erinnern Sie sich an die Hiobsbotschaften der ganzen Welt aus den Medien? Die überfordern uns. Nicht unsere tatsächlichen Probleme!

Der zweite Satz der Affirmation bezieht sich darauf, dass Sie sich - sobald Sie an sich und Ihr Potential glauben und anfangen Ihr Ziel- Selbstbild zu leben - an immer neue und auch größere Herausforderungen heranwagen. Mit den neuen Herausforderungen müssen Sie wiederum mit wachsen. Das ist Ihnen aber auch möglich, da Sie - wie wir alle - über ein großes, nicht ausgeschöpftes Potential verfügen. Sie können an den Herausforderungen weiter wachsen, wenn Sie glauben, es zu können! Sprechen Sie diese Affirmation jeden Morgen laut - und mit Überzeugung!

## Ich handle, um zu gewinnen!

Die meisten Menschen handeln nicht, um nicht zu verlieren. Sie haben Angst, zu scheitern und sich zu blamieren. Mit dieser Affirmation bekräftigen Sie, dass Sie handeln werden, weil Sie etwas erreichen wollen. Sie handeln und gehen damit das Risiko ein, einen Rückschlag zu erleiden.

Mit dieser Affirmation bestätigen Sie sich selbst, gewinnen zu wollen und dafür bereit zu sind, etwas zu wagen. Sie riskieren das Hinfallen. Hinfallen ist aber kein Scheitern, denn Sie stehen wieder auf. Gescheitert wären Sie nur, wenn Sie nicht wieder aufstehen würden. Ein Rückschlag ist auch keine Blamage, denn nur „Irrend lernt man." (Goethe).

Ist es nicht viel besser zu handeln, um zu gewinnen - selbst auf die Gefahr hin, dabei einen oder zwei Rückschläge zu erleiden - als es nicht zu versuchen? Wenn Sie nicht handeln, können Sie nicht gewinnen. Womöglich verlieren Sie sogar, weil Sie in einer bestimmten Situation handeln müssen, um nicht zu verlieren oder einen Schaden zu erleiden. Gewöhnen Sie sich an, aktiv zu werden. Handeln Sie, anstatt sich zu beklagen!

Das Handeln beschränkt sich ausdrücklich nicht auf Ihr Handeln nach außen, wenn Sie versuchen, sich mit jemandem auszusöhnen, jemandem zu helfen oder bei einem Geschäft. Es meint vielmehr auch und gerade Ihr inneres Handeln, Ihre Persönlichkeitsentwicklung.

Das „Handeln" umfasst auch das Unterlassen: Heute rauche ich nicht, esse keinen Kuchen oder trinke keinen Alkohol. Oder: Ich werde nicht hektisch, ich falle niemandem ins Wort, ich ärgere mich nicht etc.

Entscheidend ist, dass Sie es tatsächlich tun oder unterlassen, es sich nicht nur vornehmen und darüber reden. Erfolg heißt TUN. Machen Sie Ihren Erfolg daran fest, dass Sie tun oder unterlassen, was Sie entschieden haben! Falls das Ergebnis dann nicht das ist, was Sie sich vorgestellt haben, wiederholen Sie es oder ändern Sie Ihr Vorgehen und machen es erneut. Mit dieser Affirmation ändern Sie Ihre Einstellung und Ihr Verhalten - und damit Ihre Persönlichkeit.

### Ich danke für Erkenntnisse, Mut und Demut.

Damit bekräftigen Sie, dass Sie Erkenntnisse haben (haben werden) - also die Erkenntnisse die in Abschnitt 3.2.3. beschrieben wurden. Die Erkenntnisse kommen aus Ihrem Unterbewusstsein, wenn Sie daran glauben, dass sie kommen, und es immer wieder bekräftigen.

Mit der Affirmation bestätigen Sie sich außerdem, dass Sie den Mut haben (werden), gemäß Ihrer Erkenntnisse und Ziele zu handeln, und die Demut, die Ergebnisse anzunehmen, die sich dann einstellen. Beides gibt Ihnen Sicherheit, innere Ruhe und Gelassenheit. Sie haben Ihren Teil getan und nehmen das Resultat mit Dankbarkeit und Demut an.

Ein Ergebnis mit Demut anzunehmen - allein schon das Wort Demut - wird dem einen oder anderen womöglich widerstreben. Sie können die (heutige) Situation aber nicht ändern. Heute gilt: „Was ist, ist." Nehmen Sie die Situation also an, so wie sie ist. Sie haben über die Situation heute keine Macht.

Die Affirmation bedeutet aber nicht, sich fatalistisch mit allem abzufinden, was heute ist. Sie können sehr wohl überlegen, wie Sie die Situation in Ihrem Sinne (für morgen) ändern können und entsprechend handeln. Unklug ist es nur, sich heute über das „Ist" zu ärgern.

Eine Situation mit Demut anzunehmen, hilft Ihnen ruhig zu bleiben und die Situation oder das Problem nicht als Zumutung aufzufassen und abzulehnen. Falls Sie das Problem als „unter Ihrer Würde" erachten würden, würden Sie womöglich nicht handeln. Falls Sie sich darüber ärgerten, würde Ihr logisches Denkvermögen beeinträchtigt.

Sie nehmen also die Situation mit Demut an und gehen das darin liegende Problem mit Mut an, indem Sie es als Herausforderung an Ihre Fähigkeiten auffassen. Wenn Sie das so sehen, sind Sie motiviert, die Lösung des Problems zu finden, und handeln entsprechend.

### Ich danke für Großmütigkeit, Langmut und Vergebung.

Diese Affirmation habe ich über eine lange Zeit morgens laut gesprochen und erst nach einiger Zeit bemerkt, welche positive Wirkung sie hat.

Vielleicht ist es Ihnen aufgefallen: Ich danke für etwas, das ich habe, das in mir angelegt ist oder an das ich glaube. Damit lenke ich automatisch meine Beachtung auf das, was ich habe - nicht auf das, was fehlt. Das ist wichtig, denn es gilt: „Beachtung bringt Verstärkung!"

Je mehr Sie Ihre Beachtung auf Ihre Probleme richten - auf das, was fehlt; auf das, was nicht so läuft, wie Sie es sich vorstellen - desto größer werden die Probleme in Ihrer Wahrnehmung. Lenken Sie deshalb Ihre Beachtung auf das, was Sie haben, was zu Ihren Zielen passt, und nicht auf das, was noch fehlt!

Fangen Sie deshalb Ihren Tag nicht mit negativen Nachrichten an, die Sie beunruhigen, die die Amygdala aktivieren und damit den rationalen Teil Ihres Gehirns beeinträchtigen! Beginnen Sie Ihren Tag mit positiven Gedanken, Gedanken, die Sie bestätigen - eben mit Affirmationen!

„Wer heute einen Gedanken sät, erntet morgen die Tat, übermorgen die Gewohnheit, danach den Charakter und letztendlich sein Schicksal. Drum muss er bedenken, was er heute sät, und muss wissen, dass ihm sein Schicksal einmal in die Hand gegeben ist: heute." Dieser Gedanke wird Gottfried Keller zugeschrieben

Nutzen Sie die Affirmationen und sprechen Sie sie morgens laut! Sie bestätigen sich damit, dass Sie an sich glauben, an Ihr großes, nicht ausgeschöpftes Potential, an Ihre Möglichkeiten. Ich glaube fest daran, dass dem so ist. Das verhilft mir zu einem guten Start in einen guten Tag - auch wenn mancher Tag dann nicht einfach wird.

Ich kann Ihnen versichern: Im Laufe der Zeit sehen und fühlen Sie sich besser. Sie entscheiden und handeln, wo Sie früher gezweifelt und gezögert hätten. Der Glaube an Sie selbst gibt Ihnen den Mut und die Kraft, die Herausforderungen anzunehmen und zu bestehen. Die Einstellung ist wichtiger als die Tatsachen. Gerade in Krisen-Zeiten helfen Affirmationen. Nutzen Sie sie täglich!

## 4.2.2. Aphorismen, Blogs, Podcasts

Wenn Sie Ihre Affirmationen vielleicht einmal morgens ausgelassen haben, lesen Sie zumindest einen Aphorismus. Ich liebe Aphorismen, diese kurzen und prägnanten - immerfort gültigen, zum Teil hunderte von Jahren alten Weisheiten aus aller Welt. Sie geben Ihnen neue Denkanstöße und verhelfen Ihnen im Laufe der Zeit zu einer positiveren Sicht der Dinge und Ihrer Situation. Sie bestärken Sie in Ihrer Überzeugung, mit Ihren Problemen fertig werden zu können. Manche Aphorismen sind auch unbequem und regen zum Nachdenken an.

Ich biete Ihnen - als kostenlosen Service - jeden Tag einen ausgewählten Aphorismus. Abonnieren Sie ihn unter: https://haharth.de/aphorismen.

Ich biete Blogs an, in denen ich Themen ausführlicher behandle. Das Angebot finden Sie ebenfalls auf meiner Seite. Ich plane Podcasts von 2-3 Minuten Länge für den Start in den Tag, die Sie auch unterwegs hören können. Informieren Sie sich unter: https://haharth.de.

### 4.2.3. Herausforderungen

Wie erreichen Sie Ihr Ziel-Selbstbild? Aristoteles hat gesagt; „Wir sind, was wir immer wieder tun." Genau darin liegt der Schlüssel: beharrliches Tun, Training. Nur konkretes, verändertes Handeln, nicht allein Nachdenken oder Lesen von Affirmationen oder Aphorismen, führt letztendlich zur Veränderung. Sie müssen die Überzeugung und den Mut für verändertes Handeln aufbringen und entsprechend handeln.

Persönlichkeitsentwicklung erreichen Sie nur mit fortwährendem Training über eine lange Zeit. Die Muskulatur wird schwächer, wenn sie nicht genutzt wird. Genauso ist es mit den mentalen und spirituellen Fähigkeiten. Wenn Sie sie nicht nutzen, sie nicht trainieren, werden sie schwächer und verkümmern am Ende.

Das Training vergleicht Wolfgang Wienand in einem Interview mit einem chemischen Prozess, in dem von außen immer weiter Energie (Wärme) zugeführt wird und bei dem es dann zu einer Explosion kommt. Die Explosion ist der Punkt, an dem Sie erkennen, dass Sie tatsächlich mehr können, dass Ihre Fähigkeiten ein neues Niveau erreicht haben, und Sie selbst „wissen" es. Wann Sie den Punkt erreichen werden, wissen Sie nicht. Zuvor müssen Sie beharrlich trainieren, wie Sportler. Für das Training brauchen Sie Zeit.

Wie viel Zeit verbringen Sie mit Fernsehen, Telefonaten, Treffen mit Freunden, Filmen, Shopping oder Partys? Viele nutzen diese Ablenkungen, weil sie Angst vor der Erkenntnis haben, Angst davor haben, sich zu verändern und weil sie zweifeln, es zu schaffen. Deshalb sagen sie lieber: „Ich habe keine Zeit." Seneca hat schon vor langer Zeit festgestellt: „Es ist nicht wenig Zeit, die wir haben, sondern es ist die viele, die wir nicht nutzen."

Wenn Sie sich weiter entwickeln wollen, müssen Sie sich die Zeit dafür nehmen. Die Zeit für Ihre Persönlichkeitsentwicklung muss Priorität bekommen. Ihre erste Herausforderung besteht darin, dass Sie sich konkret Zeit reservieren, um an Ihrer Persönlichkeit zu arbeiten.

Reduzieren Sie vor allem Ihren Medien-Konsum! Warum? Weil Sie so:

- Zeit gewinnen für die wichtigen Dinge,
- nicht von negative Nachrichten emotional beeinflusst werden,
- die Werbung für Produkte, Dienstleistungen und Freizeitaktivitäten nicht sehen, die Sie angeblich brauchen, um dazu zu gehören. Je weniger Sie davon sehen, desto weniger bringen sie Sie in Versuchung. Sie brauchen diesen Konsum nicht!

Wachsen können Sie nur, wenn Sie etwas tun, was Sie noch nicht getan haben, etwas, von dem Sie meinen, es nicht zu können. Denken Sie an mein Beispiel mit dem Joggen und meiner Überzeugung es nicht zu können. Ich habe es aber probiert. Es war der Beginn einer langen Reihe nachfolgender Veränderungen, die ich nicht erwartet hatte.

Tun Sie also etwas, vor dem Sie Angst haben, das Sie sich nicht zutrauen oder wofür Sie bisher zu bequem waren. Etwas also, das außerhalb Ihrer Komfortzone liegt. Tun Sie das, vor dem Sie Angst haben! Dann wird die Angst verschwinden und Sie entwickeln sich weiter.

Mein Motto lautet deshalb: „Blamiere dich täglich." Eigentlich muss es lauten: „Riskiere täglich, dich zu blamieren." Damit ist gemeint, etwas zu tun, von dem man nicht weiß, ob man es kann, oder anders zu handeln, als man selbst oder die Menschen der Bezugsgruppe üblicherweise handeln. Natürlich mache ich nichts, um mich absichtlich zu blamieren. Ich arbeite an meiner Persönlichkeitsentwicklung und nehme eine mögliche Blamage auf dem Weg in Kauf. Handeln Sie also trotz der Angst. Womöglich stellen Sie dann fest, dass es gelingt und Sie vielleicht sogar Zustimmung erhalten. Versuchen Sie es!

Das ist das Training Ihrer intrinsischen Motivation. Sie nehmen sich etwas vor, weil Sie es wollen und ziehen es durch. Sie machen es nicht, weil Sie dafür ein Lob von Dritten erwarten. Sie machen es nur, weil Sie es wollen. Und Sie machen es, selbst dann, wenn Sie sich dabei blamieren sollten. So entwickeln Sie Ihre Persönlichkeit.

Wählen Sie eine Herausforderung, die nur von Ihnen abhängt! Machen Sie sich nicht für ein Ergebnis verantwortlich, dass von äußeren Umständen oder dem Handeln anderer beeinflusst wird bzw. abhängig ist.

Ihr Erfolg besteht darin, dass Sie das tun, was Sie tun wollen, oder das unterlassen, was Sie unterlassen wollen. Es geht nur um Ihr Handeln.

Goethe hat formuliert: „Der Handelnde sorgt sich darum, richtig zu handeln; ob auch das Richtige dabei herauskommt, kann ihn nicht kümmern."

Ein Beispiel: Sie wollen abnehmen und nehmen sich vor, in der kommenden Woche keinen Kuchen zu essen. Wenn Sie durchhalten und in der kommenden Woche keinen Kuchen essen, sind Sie erfolgreich. Selbst wenn Sie danach feststellen sollten, dass Sie kein Gramm abgenommen haben, waren Sie doch erfolgreich, denn Sie haben das getan, was Sie sich vorgenommen haben. Diesen Erfolg kann Ihnen niemand nehmen und ganz allein Sie stellen ihn fest. Ihr Selbstwertgefühl steigt!*

Konkrete Beispiele, was Sie tun können:

## Menschen ansprechen

Das Ziel ist es, sich für Menschen zu interessieren und vor allem die Angst zu überwinden, fremde Menschen anzusprechen. Dahinter steckt die Angst vor Zurückweisung.

Ich mache häufig eine freundliche Bemerkung zum Verkaufspersonal oder den Personen an den Kassen. Die Menschen regieren dankbar, weil ich sie einfach als Menschen wahrnehme - und nicht quasi als Sache („Verkaufs-Roboter"). Sie reagieren so erfreut darauf, dass ich mir damit selbst die größte Freude mache. Positiver Nebeneffekt (nicht beabsichtigt): Ich werde bevorzugt bedient.

Auch eine Mutter mit kleinen Kindern oder ein gut angezogener Mann bekommen von mir gegebenenfalls ein positives Feedback. Die Menschen reagieren immer erfreut, vermutlich weil es sonst niemand macht. Wir alle suchen doch Bestätigung. Warum geben wir anderen nicht das, was wir selbst gerne hätten?

-------------------------------------------------------------------------------
\* Sie nehmen dann womöglich sogar ab, weil Sie nicht aus Frust
  2 Stücke Kuchen essen, sondern im Gegenteil motiviert sind,
  eine weitere Woche durchzuhalten. Sie hatten ja Erfolg!

Ich konnte übrigens früher weder loben noch kritisieren. Ich musste es erst lernen und bin heute glücklich, dass ich es gelernt habe, denn die Begegnung mit Menschen ist entspannter und freundlicher geworden, selbst bei Kritik.

Ihnen ist sicher aufgefallen, dass ich damit genau das mache, was ich empfehle: „Beachtung bringt Verstärkung." Beachten Sie, was Ihnen gefällt, und bringen Sie es zum Ausdruck! Die Freude, die ich vermittle, zaubert dann ein Lächeln auch auf mein Gesicht. Den Menschen geht es besser und mir geht es ebenfalls besser. Machen Sie das auch, dann wird Ihr Tag freundlicher und Sie erhalten eine erste Motivation für weitere Veränderungen!

Es ist übrigens nur am Anfang schwierig. Nach einiger Zeit erfordert es keine Überwindung mehr. Versuchen Sie es - gleich morgen früh! Machen Sie eine Bemerkung über etwas, das Ihnen positiv auffällt. Vielleicht zuhause der schön gedeckte Frühstückstisch, die frischen Brötchen, der neue Haarschnitt,...

Vielleicht erhalten Sie zunächst keine Reaktion. Die Menschen sind so überrascht über Ihr freundliches Wort, das so wenige Menschen aussprechen, dass sie nicht reagieren. Machen Sie es bei der nächsten Gelegenheit einfach wieder! Wenn Sie einmal eine positive Reaktion erhalten haben, ist der Bann gebrochen. Ihr Selbstwertgefühl steigt und Ihre Persönlichkeit ist ein Stück gewachsen - und es macht einfach Freude.

## Veranstaltungen besuchen - Fragen stellen

Besuchen Sie Veranstaltungen! Das Ziel ist es, die Hemmungen (Ängste) abzubauen, sich in einer größeren Gruppe, die man nicht kennt, zu bewegen. Gehen Sie alleine, nehmen Sie nicht zehn Freunde mit, um sich mit ihnen zu unterhalten. Das zählt nicht!

Am Anfang ging es mir einfach darum, anwesend zu sein. Später dann auch darum, offen zu sein für neue Gespräche und Gesprächspartner, ein Gespräch anzufangen.

Die nächste Stufe: Melden Sie sich bei einem Vortrag oder einer Diskussionsrunde zu Wort und stellen Sie eine Frage! Ich habe das über Jahre hinweg gemacht und mich bei Vorträgen zu Wort gemeldet. Das erfordert Überwindung. Ich war teilweise schrecklich nervös. Um mich selbst zu überlisten, habe ich mich manchmal einfach zu Wort gemeldet und dann krampfhaft nach einer guten Frage gesucht.

Stressig wird es, wenn Sie mit Ihrer Wortmeldung erst nach anderen an die Reihe kommen und vor Ihnen jemand genau die Frage gestellt hat, die Sie stellen wollten. Überlegen Sie sich also am besten zwei Fragen. Wenn Sie keine andere haben, sagen Sie einfach, dass Ihre Frage bereits gestellt worden ist, aber sagen Sie es! Das ist keine Blamage.

Wenn Sie mehr Routine haben, stehen Sie bei der Frage auf und nennen auch Ihren Namen! Das macht kaum jemand. Es erfordert Überwindung. Aber genau darum geht es.

Nachdem ich mich eine Zeit lang zu Wort gemeldet habe, macht es mir heute nichts mehr aus. Ich melde mich zu Wort, wenn ich meine Meinung sagen will, muss das aber nicht mehr. Die Aufgeregtheit ist verschwunden, das Trainingsziel ist erreicht.

## Leserbriefe

Bilden Sie sich eine Meinung zu aktuellen Themen und schreiben Sie Leserbriefe an Radio, TV oder Zeitungen oder Briefe an Abgeordnete, Unternehmer etc. Nennen Sie dabei bitte Ihren Namen und ggf. Adresse - also nicht anonym auf den sogenannten sozialen Medien, denn das wäre unter Ihrer Würde!

Der Leserbrief kann Kritik enthalten, kann aber auch Zustimmung oder Ermutigung in einer kontroversen Diskussion zum Ausdruck bringen. Sie können auch um eine Auskunft bitten.

Ein Leserbrief steigert Ihr Selbstwertgefühl, denn Sie formulieren Ihre Meinung und tun sie kund. Und oh Wunder: Häufig bekommen Sie sogar eine Antwort. Das freut Ihr Gehirn. Es schüttet Dopamin aus, mit dessen Hilfe neue Verschaltungen gebildet oder bestehende gestärkt werden. Ihre Persönlichkeit entwickelt sich weiter.

## Verhandeln

Anspruchsvoller und für Deutsche ungewohnt, ist zu verhandeln. Wir sind Festpreise gewöhnt und feilschen ist uns fremd. Ich habe auf einem Markt in Italien angefangen, als ich eine Jeans kaufen wollte, dann in einem Souk in Marokko - dort habe ich Lehrgeld bezahlt - und biete in Auktionen bei Ebay.

Es geht darum, einfach Ihre eigene Preisvorstellung festzulegen und zu nennen. Es geht nicht um einen Dumpingpreis.

Herausfordernd ist in der persönlichen Begegnung, eine Verhandlung ohne Einigung zu beenden und sich freundlich zu verabschieden. Nehmen Sie es nicht persönlich, der andere ist nicht Ihr Gegner! Die Situation bedeutet schlicht und einfach: Sie haben unterschiedliche Preisvorstellungen und können sich nicht auf einen Preis einigen, mehr nicht.

Das ist ein gutes Training für alle möglichen Verträge und Vereinbarungen - z.B. auch mit Ihrem Partner -, wo es ja immer wieder darum geht, unterschiedliche Vorstellungen und Bedingungen zu verhandeln und einen guten Ausgleich der Interessen zu finden. Im Zweifelsfall vertagt man sich oder geht - zunächst ohne Einigung - auseinander. Wiederum freundlich. Man trifft sich vielleicht später wieder und einigt sich dann.

## Das Gesetz des Handelns

Alle vorgenannten Beispiele kann man unter „werden Sie aktiv" zusammenfassen. Handeln Sie, sprechen Sie Menschen an, bitten Sie sie um eine Antwort oder Hilfe, geben Sie ein Preisgebot ab, tun Sie den ersten Schritt zu einer Versöhnung! Gehen Sie das Risiko ein, sich zu blamieren! Wer weiß, womöglich tritt die befürchtete Blamage gar nicht ein. Denken und zweifeln Sie nicht nur, handeln Sie! „Der Beweis für das Können ist das Tun." (Marie von Ebner-Eschenbach)

Die meisten Menschen haben keine Ziele, entscheiden nicht und handeln nicht, weil sie sich nicht sicher sind. Gewöhnen Sie sich an, zu handeln, auch dann, wenn Sie nicht sicher sind!

Sicherheit kann es bezogen auf die Zukunft, auf neue Technologien und auch bezogen auf Ihr eigenes Leben nicht geben. Sie handeln immer mit Ungewissheit, denn Sie wissen nicht, was morgen geschieht, ob Sie morgen noch leben und was Sie wirklich können. Versuchen Sie etwas Neues, von dem Sie meinen, es nicht zu können, so wie ich mit dem Joggen! Probieren Sie es und Sie stellen womöglich fest, dass Sie es doch können!

Wenn Sie Angst haben, dann ist es doch besser, Sie handeln und erreichen Ihr Ziel, als nicht zu handeln und nichts zu erreichen. Angst haben Sie womöglich in beiden Fällen. Durchdenken Sie die Situation und was Sie wollen und formulieren Sie Ihre Position! Gehen Sie kalkulierte Risiken ein oder - da, wo es nur Ungewissheit gibt (bezogen auf die Zukunft) - wägen Sie ab und handeln Sie dennoch. Wenn das Ergebnis nicht das von Ihnen erhoffte ist, muss das nicht an Ihnen (Ihrem Handeln) liegen.

Machen Sie ein Angebot oder einen Vorschlag! Selbst wenn Ihr Vorschlag nicht ganz akzeptiert wird, wird Ihr Ergebnis vermutlich besser sein als wenn Sie nicht aktiv geworden wären. Ihr Angebot oder Vorschlag wirkt wie ein Anker, an dem sich andere womöglich orientieren. Schlecht kann das Ergebnis kaum werden, denn Ihr Vorschlag wird sich in einem Kompromiss wieder finden. Sie kommen häufig in eine bessere Verhandlungsposition und Ihr Selbstbewusstsein steigt. Aus womöglich ungeschicktem Handeln können Sie lernen und können es korrigieren, Ihr „Nicht-Handeln" nicht!

Ein aktuelles und prominentes Beispiel ist die neue Tesla-Fabrik in Grünheide bei Berlin. Elon Musk lässt sie - auf sein Risiko - ohne endgültige Baugenehmigung bauen. Erwarten Sie, dass die Verwaltung die Baugenehmigung noch verweigert? Elon Musk nutzt das Gesetz des Handelns und schafft Tatsachen.

---

**Handeln Sie nicht nicht, um nicht zu verlieren - sondern handeln Sie, um zu gewinnen!**

---

Verfallen Sie jedoch wiederum nicht in blinden Aktionismus. Warten Sie, bis der richtige Zeitpunkt gekommen ist (Geduld), und dann handeln Sie! Warren Buffett ist bekannt für beides: Wenn alle wie wild (bei überzogenen Preisen) investieren, wartet er bis der Preis (Kurs) für ein Unternehmen auf den Preis gefallen ist, den er für interessant hält. Dann kaufte er allerdings auch, womöglich in den größten Turbulenzen, wenn wiederum die Masse aus Angst es nicht tut. Er folgt allein seiner eigenen Einschätzung, seiner Bewertung.

Glauben Sie an sich und Ihre Erkenntnisse und handeln Sie, wenn Sie Zeit und Umstände für gut halten. Den richtigen Zeitpunkt kennt niemand im Voraus - auch nicht die sogenannten Fachleute, z.B. die Börsen-Profis. Den richten Zeitpunkt kennen Sie allenfalls im Nachhinein, wenn es zum Handeln aber zu spät ist. Folgen Sie deshalb Ihrem eigenen Urteil. Glauben Sie an sich und handeln Sie! Je öfter Sie das tun, desto sicherer werden Sie in Ihrem Urteil.

## Nein sagen

Üben Sie auch „nein" zu sagen, wenn Sie etwas nicht wollen! Wir sagen viel zu oft ja, wenn wir meinen, dass jemand anderes (die Bezugsgruppe, die Gesellschaft) etwas von uns erwartet und wir Diskussionen vermeiden wollen.

Um Ihr Ziel-Selbstbild zu erreichen, müssen Sie lernen, Ihren eigenen Zielen und Maßstäben zu folgen und ihnen Priorität einzuräumen. Sie müssen sich Freiräume schaffen und freie Zeit für sich. Sagen Sie also einfach „nein" zur nächsten Verabredung etc., wenn Sie sich an dem Abend mit Ihrer Persönlichkeitsentwicklung beschäftigen wollen. Sie müssen das nicht begründen. Sie haben einen anderen Termin. Wenn Sie Ihre Verabredung mit sich selbst in Ihrem Terminkalender eingetragen haben, stimmt das ja sogar.

Sagen Sie auch nein zu sich selbst, wenn Sie entschieden haben, etwas zu tun oder nicht zu tun! Bleiben Sie bei Ihrem Nein, falls Sie auf einmal doch Lust haben, es zu tun! Seien Sie konsequent: mit anderen und mit sich selbst! Das Ziel dabei ist nicht Askese, sondern die Freiheit Ihrer Entscheidung.

Um „Nein-Sagen" zu üben, können Sie auch E-Bay nutzen. Setzen Sie sich beim Steigern ein Limit. Sie wollen ein Produkt, aber nicht um jeden Preis. Wenn die Gebote Ihr Limit erreichen, steigen Sie aus. Erhöhen Sie nicht Ihr Gebot. Seien Sie konsequent!


## Tugenden

Wir brauchen wieder einen inneren Kompass für unsere Orientierung und für unser Handeln in der Welt, der unsere Identität und unsere Integrität gewährleistet! Es geht um unsere Persönlichkeit, bei der äußere Ziele und Maßstäbe - die der Gruppe - weder helfen noch ausreichend sind.

Die Maßstäbe sollten im Rahmen der Sozialisation in Ihrer Persönlichkeit internalisiert (verinnerlicht) worden sein. Wenn ein gewisses Maß an ethisch-moralischen Grundüberzeugungen in Ihnen angelegt ist, können Sie darauf aufbauen. Wenn es Ihnen fehlt, dann müssen Sie es sich selbst erarbeiten.

Nach meiner Überzeugung sind Werte, Überzeugungen und Tugenden nicht veraltete Prinzipien sondern geradezu visionäre Maßstäbe einer glücklichen Zukunft mit harmonischer und integrer Persönlichkeit. Worum geht es?

Je mehr Sie „Prinzipien des Handelns" in Ihrer Persönlichkeit verinnerlicht haben, desto weniger müssen Sie in jeder auftretenden Situation neu entscheiden, wie Sie reagieren oder agieren wollen. Das entlastet Sie, gibt Ihnen Verhaltenssicherheit und damit Selbstvertrauen und letztlich Souveränität. Sie wissen sicher, wie Sie handeln werden, und die Begründung ist für Sie kein Problem: Sie tun bestimmte Dinge einfach nicht!

Die gelebten Werte erlauben Ihnen eine harmonische Entwicklung Ihrer Persönlichkeit und Ihres Lebens. Sie sind mit sich selbst im Reinen, erlangen ein hohes Selbstwertgefühl und letztlich auch die Achtung Ihrer Mitmenschen - denn Menschen mit Haltung sind selten geworden.

Prüfen Sie, ob Sie Tugenden oder Werten nicht einen höheren Stellenwert einräumen wollen. Wenn Sie z.B. wie im vorgenannten Beispiel konsequent handeln, dann sind Sie integer, d.h. Ihr Handeln stimmt mit Ihren Werten überein. Wenn Sie sich und anderen gegenüber zu Ihrem Wort stehen "Dictum meum pactum."*, steigt Ihr Selbstwertgefühl. Sie erkennen und empfinden Ihre Stärke, werden damit unabhängiger, und es fällt Ihnen leichter, Ihrem Ziel-Selbstbild konsequent zu folgen.

Klug ist es, wenn Sie Zusagen geben, die Sie (auf jeden Fall) einhalten können, weil sie nur von Ihrem Willen und Tun abhängen. Sie verschaffen sich damit Achtung und Selbstachtung und Ihre Persönlichkeitsentwicklung schreitet voran. Dann kommen natürlich schwierigere Entscheidungen und auch Rückschläge. Aber der Anfang ist gemacht.

Jede kleine Verbesserung an einer Stelle Ihrer Persönlichkeit führt zu folgenden Verbesserungen an anderer Stelle, denn die Facetten Ihrer Persönlichkeit beeinflussen sich gegenseitig. Fangen Sie also an einem Punkt an, den Sie alleine verändern können! Damit kommen Sie aus der Passivität zum Handeln.

## Beachten - vergessen - vergeben

Sie werden sich wundern, aber Vergessen und Loslassen sind wichtige Aspekte der Persönlichkeitsentwicklung. Vergessen bezieht sich einmal auf all das, was Ihnen in Ihrem Leben nicht gelungen ist, woran Sie gescheitert sind. Ich kenne einige Menschen, die noch nach Jahren die Geschichten ihres Scheiterns oder das Missgeschick anderer Personen (mit Genuss) erzählen. Warum machen Menschen das? Weil die Beachtung (aufgrund des Scheiterns, „des schweren Schicksals") besser für das Ego dieser Menschen ist, als überhaupt keine Beachtung.

Alles was Sie denken und immer wieder erzählen, wird verstärkt und gewinnt an Bedeutung - das Positive und das Negative. Mit jeder Wiederholung eines negativen Erlebnisses, einer Verletzung, verletzen Sie sich erneut.

------------------------------------------------------------------------

* „Mein Wort ist meine Verpflichtung." (Motto an der Londoner Börse)

Beachten Sie kleine Widrigkeiten so wenig wie möglich. Ihre Wortwahl hilft Ihnen dabei. Beachten Sie nicht das Negative, die Störungen, die Missgeschicke, sondern beachten Sie, was Sie dennoch haben. Das Problem ist nicht, was uns widerfährt, sondern wie stark wir es beachten und wie wir es bewerten. Von Konfuzius ist der Gedanke überliefert: „Wer kleine Widrigkeiten nicht erträgt, verdirbt sich damit große Pläne." Je mehr Sie Ihre Probleme (Widrigkeiten) beachten, desto größer werden sie in Ihrer Wahrnehmung. Beachten Sie Ihre Ziele, nicht die Probleme!

Vergessen Sie deshalb auch Ihre negativen Erlebnisse, Ihre Fehler! Wie das geht? Ganz einfach: Ändern Sie Ihre Perspektive. Mit der Beachtung (z.B. der Wiederholung) machen Sie die Widrigkeit größer, präsenter. Wenn Sie Widrigkeiten und Fehler nicht mehr beachten, nicht mehr von ihnen erzählen, werden sie kleiner. Lernen Sie aus ihnen und vergessen Sie sie dann.

Vergessen Sie vor allem Ihre Limitierungen aus der Sozialisation! Die Grenzen betrafen teilweise das kleine Kind, das Sie damals waren, dass etwas noch nicht konnte und deshalb nicht durfte. Überprüfen Sie Ihre Gedanken und Limitierungen und vor allem: Vergessen Sie sie bewusst! Schauen Sie nach vorn, schauen Sie auf Ihr Ziel-Selbstbild!

Kennen Sie auch Menschen, die sich jahrelang mit ihrem Nachbarn oder in der Familie vor Gericht streiten? Wenn Sie in dieser Situation sind oder dabei sind, sich mit Hilfe von Anwälten zu streiten, bedenken Sie, wie lange Sie bei einem Rechtsstreit (über mehrere Instanzen) immer wieder neu an den Streit erinnert werden. Das kostet Kraft und zieht Sie emotional immer wieder runter. Ist es das wert? Gibt es nicht einen Weg der Verständigung? Nutzen Sie Ihre Trainingserfolge vom Verhandeln (siehe oben)!

Ich hatte einen Rechtsstreit, bei dem es um viel Geld ging. In der zweiten Instanz hatte ich verloren und mein Anwalt wollte den Fall vor den BGH bringen. Ich habe entgegen seinem Rat den Rechtsstreit durch einen Vergleich beigelegt. Hätte ich ihn vor dem BGH gewonnen? Vielleicht. Vielleicht habe ich durch diesen Vergleich Geld verschenkt. Der Einfluss der Amygdala jedoch, die ja bei Bedrohung die Regie übernimmt, wurde durch den Vergleich reduziert. Ich konnte wieder verstärkt mit dem präfrontalen Cortex denken. Mir kamen neue Geschäftsideen, meine Lebensqualität und meine Gesundheit verbesserten sich. Ich bin deshalb davon überzeugt, dass der Vergleich insgesamt gesehen für mich von Vorteil war.

Vergessen Sie auch die Menschen, die immer nur von Problemen reden und klagen! Ich habe einige dieser negativen Personen „vergessen", d.h. den Kontakt auslaufen lassen oder auch abgebrochen. Diese Menschen ziehen Sie mit runter, ihre negative Aura färbt auf Sie ab. Glauben Sie bitte nicht, Sie könnten sie verändern! Diese Menschen bestehen auf ihrem Unglück.

Vergeben Sie Menschen, die Ihnen geschadet haben, die Sie geärgert haben! Vergeben Sie auch sich selbst die Fehler, die Sie gemacht haben! In allen Fällen werden Sie sich besser fühlen. Ihr Kopf und Ihr Herz werden wieder frei für einen positiven Blick nach vorn, auf Ihr Ziel.

Vergessen Sie also Ihre Rückschläge und Fehler! Beachten Sie stattdessen, was Ihnen gelingt, die interessanten Menschen, die Sie kennenlernen, was Sie Neues erfahren und lernen! Begeistern Sie sich für das Positive, das Sie sehen und das Ihnen widerfährt! Es gilt: Beachtung bringt Verstärkung - in positiver wie in negativer Hinsicht!

## Beten

Ich habe das Thema bereits mehrfach angeschnitten. Ich glaube einfach, dass Sie mit Glauben mehr Herausforderungen angehen und meistern werden, als ohne. Wenn es schwierig wird, wenn wir ernsthaft Probleme haben, schwer krank sind, erinnern wir uns häufig des Gebets. Warum nicht, wenn es uns gut geht?

Nochmal zur Erinnerung: Ob Sie an Gott glauben oder bestreiten, dass es Gott gibt, Sie wissen es nicht. In beiden Fällen glauben Sie etwas. Ich habe Jahre gebraucht, um dahin zu kommen, bete inzwischen aber regelmäßig und kann es nur empfehlen

Warum wirkt beten positiv? Wenn Sie beten und tatsächlich an die Hilfe Gottes oder eines göttlichen Wesens glauben, fühlen sich nicht allein und verlassen, sondern empfinden ein Gefühl der Geborgenheit. Da ist jemand, der es ohne Vorbehalte gut mit Ihnen meint. Der Einfluss der Amygdala, die bei gefühlter Bedrohung unser Verhalten steuert, wird reduziert.

Sie haben einen Halt, fühlen sich weniger bedroht, werden deshalb ruhiger und sicherer und sehen Ihre Situation klarer. Sie sehen auch die Chancen, nicht nur die Risiken. Sie trauen sich eher zu, die Chancen zu nutzen, und kommen zu besseren Entscheidungen, besserem Verhalten und damit besseren Ergebnissen.

Gegen Angst hilft nur der Mut, genau das zu tun, vor dem Sie Angst haben. Der Mut stellt sich ein, wenn Sie glauben, die richtige Erkenntnis zu haben, sich selbst zutrauen, sie umsetzen zu können (trotz der Probleme) und Sie an positive Ereignisse (Hilfen) glauben.

Wenn Sie in den letzten Jahren nicht gebetet haben und Sie dem womöglich skeptisch gegenüber stehen, dann erwarten Sie keine Wunder. Sie müssen schon eine gewisse Zeit beten und daran glauben, bevor Sie etwas spüren.

Ich habe vor Jahren gelesen, dass Dankgebete besser wirken als Bittgebete. Den Grund habe ich damals nicht verstanden. Sie erkennen ihn jetzt sofort. Natürlich sind Dankgebete wirkungsvoller, weil Sie damit dankbar sind für das, was Sie haben. Sie konzentrieren sich darauf, was Sie haben - nicht darauf, was Ihnen fehlt.

Wechseln Sie also Ihre Perspektive und beachten Sie, was Sie haben! Es gibt immer etwas, für das Sie dankbar sein können, etwas, das Sie haben. Denken Sie daran, Sie hätten auch in Bangladesch oder im Mittelalter auf die Welt kommen können, eine Überlegung, die Warren Buffet angestellt hat. Seien Sie also dankbar, dass Sie heute und hier leben!

Versuchen Sie es deshalb: Beten Sie und bringen Sie das, was gut ist in Ihrem Leben und Ihnen widerfährt in einem Dankgebet zum Ausdruck. Dann können Sie besser handeln, denn handeln müssen Sie in jedem Fall auch. Beten allein reicht nicht. „Es ist sinnlos, von den Göttern zu fordern, was man selber zu leisten vermag." (Epikur)

## Inspiration und kleine Schubse

Versorgen Sie sich bewusst laufend mit inspirierenden Gedanken. Überlassen Sie sich nicht den Medien und den negativen Nachrichten! Lesen Sie Bücher, schauen Sie Webinare an, besuchen Sie Vorträge, die Ihnen Denkanstöße geben! Tanken Sie Zuversicht, gute, weiterführende Gedanken!

Abonnieren Sie meine Podcast- und Video-Serien! Damit sichern Sie sich kurze, motivierende Impulse für den Tag. Nutzen Sie sie gegen die Flut an negativen Impulsen (Medien), die Sie täglich - und noch dazu zu 95 % unterbewusst - im Sinne Ihrer bisherigen Sozialisation erreichen. Abonnieren Sie vor allem - kostenlos - „Nahrung für Geist und Seele", meinen ausgewählten Aphorismus für jeden Tag unter https://haharth.de.

Mit Vorträgen und Büchern sollten Sie sich nach einiger Zeit wieder beschäftigen. Sie entwickeln sich weiter und lesen oder hören zusätzliche Botschaften heraus. Manchmal erkenne ich eine Idee, die ich einst abgelehnt habe, erst (viel) später als gut. Manchmal lehnt man auch etwas ab, was einen zu sehr bedrängt, weil die Differenz zur eigenen Persönlichkeit (noch) zu groß ist. Später dann, wenn man sich weiter entwickelt hat, kann man sich auf den Gedanken einlassen.

Sie werden, was Sie denken, glauben, fühlen und was Sie immer wieder tun! Deshalb geht es darum, ins Handeln zu kommen. Jede kleine Änderung Ihrer Einstellung und Ihres Verhaltens führt zu weiteren Änderungen in Ihrem Gehirn und damit in Ihrer Persönlichkeit.

„Erzählt mir nicht, dass es nicht zu machen ist - sagt mir, wie ich es machen kann!", sagte der legendäre Armand Hammer. Ich habe Ihnen gezeigt, wie es geht. Jetzt ist es an Ihnen, es umzusetzen! Tun Sie etwas davon - jeden Tag!

## 4.2.4. Entscheidung und Beharrlichkeit

Große Ziele erreicht man nicht in einem Schritt oder einem Sprung, sondern über eine lange Treppe mit vielen Stufen. Die Treppenstufen sind die kleinen oder auch großen Herausforderungen, die Sie meistern müssen, oder Widrigkeiten, die Sie ertragen müssen.

Wenn Sie Ihr Ziel-Selbstbild gefunden haben - Ihre *wahre* Persönlichkeit oder das, was Sie aktuell davon erkennen -, dann haben Sie eine intrinsische Motivation. Sie müssen sich dafür auch kaum anstrengen, denn Sie wollen ja so werden, wie Sie sich in Ihrem Ziel-Selbstbild sehen. Visualisieren Sie es immer wieder und verbinden es mit positiven Gefühlen. Da Sie es sehen, wissen Sie auch, dass Sie es können!

Erkennen Sie, wer Sie wirklich sind, und entscheiden Sie bewusst, so zu werden, wie Sie sich in Ihrem Ziel-Selbstbild sehen! Diese Entscheidung ist ein Versprechen, das Sie sich selbst geben. Sie geben sich selbst Ihr Wort, was eigentlich nicht nötig ist, denn Sie wollen ja so werden, wie Sie erkannt haben, in Ihrem Kern wirklich zu sein. Das entwickelt eine Sogwirkung.

Falls Sie sich nicht stark genug fühlen, könnten Sie Ihre Entscheidung - Ihr Ziel - einem Freund oder einer Freundin mitteilen. Das könnte helfen, denn Sie würden sich ja blamieren, wenn Sie eingestehen müssten, dass Sie Ihr Ziel nicht erreicht haben. Die Methode hat aber einen entscheidenden Nachteil: Die Person aus Ihrem Umfeld wird Ihnen vermutlich sofort Argumente liefern, warum Ihr Vorhaben nicht gelingen kann. Wenn Sie selbst noch unsicher sind, wird das womöglich das Ende Ihres Vorsatzes sein. Ich rate deshalb davon ab.

Fangen Sie mit einer (kleinen) Änderung an und ziehen Sie sie durch. Ein Aspekt reicht für den Anfang. Wenn Sie ein Element Ihrer Persönlichkeit ändern, ändern sich andere Aspekte Ihrer Persönlichkeit in der Folge. Vor allem steigt Ihr Selbstwertgefühl, Ihr Selbstvertrauen, denn Sie haben etwas entschieden und konsequent gehandelt. Sie wissen und spüren jetzt, dass Sie mehr können.

Formulieren Sie Ihre Entscheidung im Präsens, wie: „Ich bin viel größer, als sich bisher gezeigt hat." - oder „Ich mache jetzt das und das." Sagen Sie nicht: „Ich werde mal versuchen, so und so zu sein." - oder „Ich will mal versuchen, ….. zu tun." Von Mahatma Gandhi ist überliefert: „Wer etwas - so weit wie möglich - tun will, erliegt dem erstbesten Hindernis."

Wichtig ist: Fangen Sie an und tun Sie, was Sie entschieden haben! Es ist nicht wichtig, wie oft Sie Rückschläge erleiden. Es ist nur wichtig, dass Sie es nach jedem Rückschlag erneut versuchen. Hinfallen ist keine Schande, nur das Liegenbleiben! Da Sie Ihr Ziel kennen, sind Aufstehen und Weitermachen nicht schwer.

Die zeitliche Dimension ist einer der wichtigsten Aspekte bei großen Projekten, Unternehmungen und eben auch bei der Persönlichkeitsentwicklung. Wir überschätzen regelmäßig, was wir kurzfristig erreichen können, und wir unterschätzen, was uns langfristig möglich ist. Es ist deshalb wichtig, anzufangen und dann Beharrlichkeit an den Tag zu legen und nicht wieder aufzuhören. Churchill hat angeblich als Rede bei der Abschlussfeier einer Schule nur einen Satz gesagt: „Nie, nie, nie, nie aufgeben!" Das Gelingen Ihres Lebens, Ihre Glückseligkeit ist eben eine lange Treppe und kein Sprung!

Alles, was Sie nicht regelmäßig tun und nutzen, verkümmert, egal ob es sich um Muskeln, körperliche Ausdauer, Denken und Probleme lösen, Entscheiden, Ruhe und Gelassenheit, Mut und Vertrauen (Glauben) handelt. Wenn Sie sich in den letzten Jahren nicht konkret mit Ihrer Persönlichkeitsentwicklung beschäftigt haben, ist der Anfang am schwierigsten. Sie müssen ja etwas tun, das Ihnen fremd ist, was außerhalb Ihrer Komfortzone liegt.

Das, was Ihnen fremd ist, müssen Sie trainieren. Trainieren heißt, etwas - das Ihnen fremd ist, das Sie noch nicht können - so oft und so lange zu wiederholen, bis es für Sie selbstverständlich geworden ist. Dann ist es leicht. Die Kunst besteht darin, eine Kleinigkeit so lange zu trainieren, bis sie Teil von Ihnen geworden ist. Dann hat sich Ihre Persönlichkeit verändert.

Beharrliches, regelmäßiges Training ist der Schlüssel zum Erfolg. Das ist allerdings die große Herausforderung in unserer Zeit, in der Bequemlichkeit („convenience") und Neuigkeiten (Abwechslung) so hoch im Kurs stehen. Wir wollen keine Wiederholungen - das ist der Fehler!

Viele Menschen wollen etwas in ihrem Leben ändern. Sie bemühen sich eine Woche, einen Monat oder auch drei Monate, etwas anders zu machen - und geben dann auf. Entscheidende Veränderungen, wie Persönlichkeitsentwicklung oder Vermögensaufbau, erfordern aber Beharrlichkeit über einen langen Zeitraum. Zehn und mehr Jahre sind womöglich nötig, denn Sie wollen ja Ihr Verhalten - und Ihre damit verbundenen Gefühle - verändern. Die neuronalen Verschaltungen Ihres Gehirns sind mit Absicht stabil, damit Sie sich darauf verlassen können. Sie zu verändern, dauert. Geben Sie auf keinen Fall auf!

Fangen Sie deshalb mit einem Aspekt an, den Sie auf jeden Fall schaffen können, und ändern Sie ihn! Was Sie auf jeden Fall tun können, ist dankbar zu sein. Wir haben uns so daran gewöhnt zu kritisieren, dass es uns gar nicht mehr auffällt, wie einseitig unsere Sichtweise ist. Das Selbstverständliche sehen wir nicht mehr, wie „Der Fisch sieht das Wasser nicht, in dem er schwimmt." Seien Sie dankbar für das Positive in Ihrem Leben! Achten Sie auf das, was Sie - trotz aller Probleme und Schwierigkeiten - haben und sind!

Dann ändern Sie den nächsten Aspekt. Danach wieder einen neuen Aspekt. Wenn Sie das ein halbes Jahr lang machen, nicht aufgeben und bewusst die Veränderungen wahrnehmen, dann wird Ihr Selbstwertgefühl gewaltig gewachsen sein. Selbst wenn Sie Ihr Ziel nicht ganz so schnell erreichen, wie erwartet, haben Sie etwas gelernt über sich, über äußere Einflüsse und das Handeln anderer. Sie sind aktiv gewesen. Sie haben etwas unternommen und erfolgreich einen Schritt auf dem Weg zu Ihrem Ziel-Selbstbild gemacht.

Thomas A. Edison soll 10.000 Versuche durchgeführt haben bis zur Erfindung der Glühbirne. Er hat dabei angeblich nach jedem Rückschlag erklärt, er habe eine Alternative ausgeschlossen, wie die Glühbirne nicht funktioniert. Er hat den Rückschlag also positiv gewertet und sich so immer wieder neu motiviert.

Im Sport kann man beobachten, dass Menschen jahrelang ihren Körper trainieren, um einen Wettkampf zu bestreiten. Die Sportler, die erst jahrelang ihren Körper trainieren, nehmen dann an Wettkämpfen teil, um sich auch mental auf die Wettkampfsituation vorzubereiten. Der Sieg hängt nämlich nicht nur vom Körper ab, sondern genauso von den geistigen und psychischen Fähigkeiten, der Persönlichkeit. Spitzensportler haben deshalb in aller Regel einen Coach oder Trainer, der neben dem Körper auch Geist und Psyche trainiert. Bei Wettkämpfen sind die Nerven und der Glaube an den Erfolg mit entscheidend für den Erfolg.

Ein schönes Beispiel für Beharrlichkeit im Sport ist Florian Hambüchen. Er gewann 2008 die Bronze-Medaille bei der Olympiade in Peking. Er trainierte weiter und holte 2012 in London die Silbermedaille. Er trainierte weiter und errang 2016 in Rio de Janeiro die Gold-Medaille. Erringen ist der passende Begriff, denn er hatte 2016 große gesundheitliche Probleme und konnte Monate vor der Olympiade nicht trainieren. Er gab aber nicht auf - und gewann Gold.

Noch ein Beispiel dafür, was aus kleinsten Anfängen möglich ist und was man für unmöglich halten würde: „The red paper clip", eine rote Büroklammer, die Kyle MacDonald eintauschte. Er tauschte - insgesamt nur erstaunliche 14 Mal - und war am Ende Besitzer eines Hauses. Den Link finden Sie in den Materialien.

Visualisieren Sie Ihr Ziel-Selbstbild immer wieder, das gibt Ihnen die intrinsische Motivation! Beginnen Sie also, egal wie klein Ihre erste positive Veränderung ist! Beachten Sie bewusst Ihren Fortschritt, denn das motiviert Sie, weiter zu machen!

Persönlichkeitsentwicklung ist kein linearer Prozess, sondern entwickelt sich über eine lange Zeit und zwar im Grunde exponentiell. Sie müssen also eine ganze Zeit beharrlich an sich arbeiten, bestimmte Dinge trainieren, bis Sie selbstverständlich für Sie geworden sind. Dann - auf einmal - werden Sie erkennen, dass Sie ein neues Niveau Ihrer Möglichkeiten erreicht haben.

Sie werden erleben, dass es leider - gaaaaaanz - langsam anfängt und erst nach einiger Zeit und Übung schneller geht, wie die exponentiellen Entwicklungen (vgl. Materialien zu 2.2.4.5). Es geht dann leichter und schneller, weil Sie mehr auf sich vertrauen, sich mehr zutrauen und weniger auf die Meinung anderer achten.

Im Zeitablauf entwickeln Sie immer wieder ein neues, größeres Ziel-Selbstbild und stellen sich selbst - wenn Sie es so sehen wollen - immer wieder eine neue Herausforderung. Die Ziel-Selbstbilder bauen aufeinander auf. Ihre Persönlichkeit entwickelt sich immer weiter und ist grundsätzlich ein lebenslanger Prozess der Vervollkommnung. Es wird so auch nie langweilig.

Sie wachsen mit Ihren Ziel-Selbstbildern immer weiter und lassen sich auch von Rückschlägen immer weniger aufhalten. Sie versuchen es dann einfach noch einmal. Wie die Epigenetik erforscht hat, ändern Ihre veränderte Bewertung und Verhalten sogar die Wirkung Ihrer Gene. Ihre Persönlichkeit entwickelt sich also selbst auf dieser elementaren Ebene

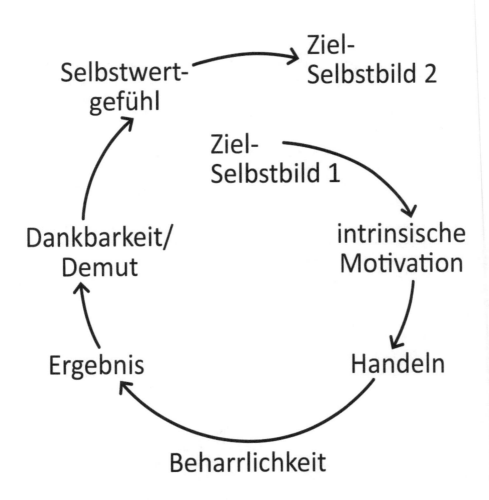

## 4.3. Probleme der Persönlichkeitsentwicklung

## 4.3.1. Innere Probleme

Am Anfang Ihrer Persönlichkeitsentwicklung werden Sie vielleicht schon ein emotionales Problem haben, Ihr Ziel-Selbstbild zu formulieren. Ihr Verstand wird Ihnen womöglich tausend Gründe liefern, warum nicht geht, was Sie sich vorstellen. Wenn Sie Ihr Ziel-Selbstbild formuliert haben, erleben Sie Vorbehalte, ob Sie es erreichen können („Das schaffst du doch nicht.").

In beiden Fällen haben Sie mit den Suggestionen (Limitierungen) aus Ihrer Sozialisation zu kämpfen. Wenn Sie dies erkennen, dann können Sie sie überwinden und werden - wieder einige Zeit später - hoffentlich die Zuversicht in sich spüren, dass Sie es schaffen werden.

An jedem dieser Punkte sind Sie aber bereits auf dem Weg Ihrer Persönlichkeitsentwicklung, denn sonst würden Sie diese Probleme nicht haben, sich diese Ziele nicht gesetzt haben. Fangen Sie also einfach an - und bleiben Sie beharrlich!

## Wachstumsschmerzen

Sie werden auf dem weiteren Weg Ihrer Persönlichkeitsentwicklung auch in der Umsetzung immer wieder emotionale Krisen und Ängste erleben. So wie ich bei meinen Wortbeiträgen vor größerer Runde werden Sie womöglich „Blut und Wasser" schwitzen und sich fragen, warum Sie sich das eigentlich antun, es ging ja auch ohne.

Dass Sie mit einem - bewusst - veränderten Verhalten sich zunächst unwohl fühlen, ja Angst haben, ist völlig normal. Das, was Sie tun, ist nicht das, was Sie bisher getan haben. Es ist Ihnen fremd, es passt nicht zu Ihrer „alten" Persönlichkeit, zu Ihrer Komfortzone.

Sie erleben deshalb negative Gefühle und zwar völlig nachvollziehbar, denn die Integrität Ihrer Persönlichkeit ist gestört. Sie verändern ja Ihre altes Verhalten und die damit verbundenen Gefühle und „verdrahten" Ihre neuronalen und synaptischen Verschaltungen neu. Sie erleben einen Widerstreit des Denkens, Fühlens und Handels Ihrer alten Persönlichkeit mit dem Denken, Fühlen und Handeln Ihres Ziel-Selbstbilds, Ihrer neuen, sich weiter entwickelnden Persönlichkeit.

Machen Sie sich bewusst, dass Sie ohne Ihre bewusste Persönlichkeits- entwicklung - ohne Ihr Ziel-Selbstbild - ebenfalls Probleme hätten! Die Probleme kämen dann von veränderten Vorgaben Ihres Umfelds. Der einzige Vorteil wäre, dass Sie mit anderen über die Probleme schimpfen könnten. Ohne Persönlichkeitsentwicklung müssten Sie sich dann aber eingestehen, dass Sie Probleme haben, jedoch nicht die Chance auf akti- ve Weiterentwicklung.

Seien Sie also nicht unzufrieden, wenn Ihnen Ihre Persönlichkeitsentwick- lung Probleme bereitet. „Du kannst, wenn Du glaubst, du kannst" (Peale), führt ja notwendig dazu, dass Sie sich an immer größere Herausforde- rungen - Ihrer persönlichen Entwicklung - heranwagen. Das führt immer wieder zu neuen Herausforderungen, aber eben auch zu Ihrer Entwick- lung!

Beachten Sie Ihre Entwicklung mit Dankbarkeit - egal, wie weit Sie dabei kommen! Beachten Sie das Positive, dass Sie sich nämlich auf Ihrem Le- bensweg Ihrem Ziel-Selbstbild weiter annähern.

Dieser Widerstreit der Gefühle, diese Irritationen und Rückschläge be- deuten also gerade nicht scheitern, sondern sind das Zeichen, dass Sie auf Ihrem Weg sind. Es sind Wachstumsschmerzen, die zu Ihrer sich ent- wickelnden Persönlichkeit gehören.

Irgendwann einmal stellen Sie erfreut fest, dass Ihnen die Wortmeldun- gen - oder eine andere Herausforderung - nichts mehr ausmachen und Ihnen der Dialog mit dem Referenten Freude bereitet. Sie haben einen weiteren Schritt geschafft. Der Weg ist das Ziel.

## Umgang mit Rückschlägen und Fehlern

Betrachten Sie Ihre Probleme aus der richtigen Perspektive! Früher hatten Sie keine Ängste und Rückschläge auszuhalten, da Sie gar nicht den Anspruch an sich hatten, es gar nicht versuchten, sich zu verändern.

Jetzt erleiden Sie einen Rückschlag - aber auf einem höheren Niveau Ihrer Persönlichkeit. Das ist der Beweis, dass Sie sich entwickeln. Nehmen Sie diese Perspektive ein! Sie wird Sie weiter motivieren!

Machen Sie weiter und Sie werden auch die nächste Stufe erklimmen! Einfach ist es nicht. Aber wer hat gesagt, es ist einfach, sich selbst zu entwickeln, sein Leben selbst in die Hand zu nehmen, sich selbst Ziele zu setzen und sich immer wieder neu zu motivieren?

Ein schönes Beispiel kommt wieder aus dem Sport: Alexander Zverev hat 2020 in New York im US-Open Tennis-Turnier im Endspiel verloren. Eine Enttäuschung? Ja, aber er war zum ersten Mal in seiner Karriere bis ins Endspiel eines der wichtigsten Tennis-Turniere der Welt gekommen. Das war sein Erfolg! Dass er scheiterte, war ein notwendiger Schritt auf dem Weg zu einem möglichen Sieg in einem der nächsten großen Turniere. Das Scheitern war ein notwendiger Teil seiner persönlichen Entwicklung. Inzwischen ist der nächstgrößere Sieg eingetreten. Er hat 2021 bei den Olympischen Spielen in Japan die Goldmedaille gewonnen. Die Niederlage in New York war eine notwendige Stufe auf seinem Weg. Das gilt auch für Sie.

Machen Sie sich bewusst, dass Sie ohne Ihre aktive Persönlichkeitsentwicklung ebenfalls Rückschläge und Probleme hätten! Sie hätten sie dann nur bezogen auf Ziele, die Ihnen von anderen gesetzt worden wären.

Viele Menschen kehren bei Rückschlägen und den damit verbundenen negativen Gefühlen zum altgewohnten Verhalten zurück. Sie geben auf („Ich hab´s versucht."). So verständlich das ist, machen Sie das nicht! Es wäre ein Rückschritt und würde vermutlich das Ende Ihrer bewussten Persönlichkeitsentwicklung bedeuten. Resignieren Sie nicht bei Rückschlägen, machen Sie mit Gleichmut - mit gleichem Mut - weiter!

Erwarten Sie nicht, dass Sie alles richtig machen. Sie werden Fehler machen. Aus Fehlern können Sie aber lernen. So wie in der Segel-Metapher: Sie ändern die Stellung des Steuers an Ihrem Boot, um die Einflüsse von Wind, Strömung und vielleicht auch eigene Steuerfehler zu korrigieren. Korrigieren Sie Ihr Vorgehen immer wieder und erreichen Sie so Ihr Ziel-Selbstbild.

Verurteilen Sie sich vor allen Dingen nicht für „Fehler", die Sie - von heute aus gesehen - in der Vergangenheit gemacht haben! Die „Fehler", die Sie heute sehen, waren Ihr Verhalten aufgrund Ihrer damaligen Möglichkeiten, Erkenntnisse und Ihrer damaligen Ziele. Sie haben sehr wahrscheinlich zu jedem Zeitpunkt Ihres Lebens in Ihrem besten Interesse gehandelt. Sie sehen heute nur Ihr altes Handeln mit Ihren neuen Maßstäben und Zielen.

Was Sie allerdings brauchen, ist die Tugend der Belehrbarkeit, das Gegenteil zur Besserwisserei. Lernen Sie aus Ihren Fehlern oder von anderen Menschen! Notieren Sie auch Ihre Überlegungen und Ihre Gründe für Ihre Entscheidungen. Dann können Sie in Zukunft überprüfen, welche Ihrer Annahmen und Schlussfolgerungen falsch und welche richtig waren.

Wenn Sie aus Ihren Fehlern lernen, ist das ein Fortschritt. Sie lassen den Fehler damit (hoffentlich) hinter sich, Sie haben aus ihm gelernt und sich weiter entwickelt.

Auch Ihr Körper macht bei der Zellteilung immer wieder Fehler. Zum Teil sind die neu gebildeten Zellen untauglich oder auch bösartig. Ihr Immunsystem identifiziert (normalerweise) diese Zellen und eliminiert sie, damit Sie gesund bleiben.

Richten Sie Ihre Aufmerksamkeit nicht auf das Problem oder den Fehler, sondern richten Sie sie weiter auf Ihr Ziel, Ihr Ziel-Selbstbild! Halten Sie Ihr Ziel im Fokus Ihres Bewusstseins. Lernen Sie aus Ihren Fehlern und Rückschlägen, ändern Sie womöglich Ihre Vorgehensweise, aber lassen Sie Ihr Ziel dabei nicht aus den Augen!

Wenn Sie einen Rückschlag erleiden oder kurzfristig glauben, es nicht zu schaffen, dann haben Sie vermutlich nur wieder mehr auf das geachtet, was Ihnen fehlt, haben Ihren Fokus auf das Problem gerichtet, oder zu viel in kurzer Zeit erwartet.

Um dem Rückschlag seine Kraft zu nehmen, notieren Sie, was Sie alles dennoch haben: Ihre gute Gesundheit, Ihre liebevolle Partnerschaft, Ihre tollen Kinder, Ihre ehrlichen Partner und guten Freunde, Ihre interessanten Herausforderungen. Machen Sie sich bewusst und seien Sie dankbar für das, was Sie alles haben, was Sie schon erreicht haben! Dann meistern Sie die nächste Herausforderung!

Je konsequenter Sie eine einmal getroffene Entscheidung umsetzen, egal was kommt, desto leichter wird es Ihnen fallen, bei aufkommenden Problemen standhaft zu bleiben. Je konsequenter Sie Ihre Tugenden leben („mein Wort gilt") und an sich glauben, desto weniger werden Sie wankelmütig und verunsichert reagieren. Sie haben entschieden, Ihr Ziel-Selbstbild zu leben, und Sie halten Ihr Wort - gerade sich selbst gegenüber.

"It´s not the mountain we conquer, but ourselves." * (Edmund Hillary) Wir überwinden (eigentlich) nicht die Probleme, sondern wir überwinden uns selbst. Wir entwickeln unsere Persönlichkeit, bis sie groß genug für die Herausforderung ist. Lassen sie sich also nicht von Rückschlägen und Fehlern irritieren und entmutigen, sondern handeln Sie (erneut). Scheitern Sie sich nach oben! Bleiben Sie aktiv!

Bei der Suche nach einem Verlag für dieses Buch entschied ich nach einer weiteren Absage: „Jetzt erst recht!" Wenn es kein Verlag veröffentlicht, wird es eben im Eigenverlag erscheinen. Dann entdeckte ich trediton. Halten Sie sich also nicht emotional mit einer Absage auf. Halten Sie Ihr Ziel im Auge - bleiben Sie aktiv - und Sie erreichen es!

Wenn Sie an einem Punkt wirklich nicht weiter kommen, lassen Sie los! Entspannen Sie sich und glauben Sie weiter an sich und Ihr Ziel! Arbeiten Sie gegebenenfalls an einem anderen Projekt weiter. Manchmal kommt die Lösung genau dann, wenn man loslässt. Sorgen Sie parallel auch für kleine Erfolgserlebnisse und belohnen Sie sich mit einem Essen, einem Ausflug, einem Konzert. Sie haben es sich verdient.

-------------------------------------------------------------------------------------------------

* „Wir überwinden nicht den Berg, sondern uns selbst."
  Edmund Hillary: Erstbesteigung des Mount Everest 1953

## Unzufriedenheit

Sie werden im Laufe Ihrer Persönlichkeitsentwicklung möglicherweise Unzufriedenheit erleben. Sie entwickeln sich weiter und sind zugleich unzufrieden. Ich habe das erlebt. Wie kann das sein?

Die Erklärung ist relativ einfach. Ihre Persönlichkeit, Ihre Sicht auf Sie selbst und die Welt, hat sich verändert. Ihre Erwartungen an sich selbst und Ihre Möglichkeiten, die Sie sehen, haben sich geändert. Da schüttelt man schon mal den Kopf, wenn man erkennt, was man in der Vergangenheit getan oder auch nicht getan hat und wo man heute steht, weil man früher so gehandelt hat, wie man eben gehandelt hat - mit der alten Persönlichkeit.

Sie haben die Grenze Ihrer alten Komfortzone überschritten und handeln nun jenseits davon. Sie wundern sich nun im Rückblick, wie Sie früher in Ihrer alten (kleinen) Komfortzone haben leben können. Zugleich wollen Sie Ihre Komfortzone für die Zukunft noch weiter ausdehnen. Zwischen dem Ziel-Selbstbild der Zukunft und der Person, die Sie waren, besteht eine deutliche Differenz. Die Differenz ist positiv, wenn Sie in die Zukunft blicken, aber negativ, wenn Sie in die Vergangenheit schauen. Das führt zu emotionalen Irritationen.

Sie leben Ihre - fortwährend wachsenden - Möglichkeiten, Ihr größeres Ziel-Selbstbild. Im Rahmen Ihrer Persönlichkeitsentwicklung schöpfen Sie Ihr Potential immer weiter aus. Natürlich irritiert dann der Rückblick auf Ihr „altes" Leben mit Ihrer „alten" Persönlichkeit. Diese Irritation ist aber ein positives Zeichen, denn sie resultiert aus Ihrem Wachstum. Nehmen Sie also die richtige Perspektive ein. Schauen Sie nach vorne! Sie können mit sich zufrieden sein, denn Sie sind auf dem richtigen Weg!

## Ungeduld

Ungeduld ist ein generelles Thema unserer Zeit. Wir haben verlernt, dass Entwicklungen ihre Zeit brauchen. Die Wirtschaft mit sofort verfügbaren

Produkten und Dienstleistungen verstärkt das. Wir vertrauen nicht mehr den Selbstheilungskräften des Körpers, geben ihnen keine Zeit, sondern nehmen sofort ein Medikament, z.B. bei einem Schmerz. Das ist unklug. Geben Sie dem Körper Zeit, er bringt es alleine in Ordnung. Ich habe das viele Male erlebt.

Vielleicht ist der hohe Verbrauch an Schmerzmitteln ein gutes Beispiel dafür, dass wir keine Geduld haben und nicht auf die Selbstheilungskräfte vertrauen. Bei körperlichen Schmerzen nehmen wir Schmerztabletten und bei seelischen Schmerzen - bei innerer Leere - stürzen wir uns in Aktivitäten (Party, Konsum) oder betäuben sie mit Alkohol oder Drogen. In beiden Fällen ist es klüger, den Schmerz auszuhalten, die Ursachen zu ergründen und zu beseitigen suchen.

Ungeduld ist ein weiterer Grund für Unzufriedenheit in Ihrer Persönlichkeitsentwicklung. Wir überschätzen im Allgemeinen, was wir in kurzer Zeit erreichen können, unterschätzen dagegen, was uns langfristig möglich ist. Da wir keine Geduld haben, nutzen wir Schmerzmittel (Tabletten oder Konsum).

Persönlichkeitsentwicklung - im umfassenden Sinn - ist die Lösung für fast alle Schmerzen. Sie lernen, sie zu vermeiden oder - ohne Schmerzmittel - auszuhalten! Visualisieren Sie also Ihr Ziel - Ihr Ziel-Selbstbild -, handeln Sie folgerichtig und üben Sie sich dann in Geduld! Hoffen Sie darauf, es leben zu können!

Erwarten Sie aber nicht, Ihr Ziel-Selbstbild zu einem bestimmten Zeitpunkt erreicht zu haben! Arbeiten Sie daran, hoffen Sie darauf, aber lassen Sie den Zeitpunkt der Realisierung offen! Sie werden Ihr Ziel-Selbstbild erreichen, sobald Sie und die Umstände reif dafür sind. Haben Sie also Hoffnungen aber keine Erwartungen! Dann erleben Sie Wunder aber keine Enttäuschungen!

Seien Sie geduldig! Ungeduld erzeugt Widerstand. Mit Ungeduld richten Sie Ihre Beachtung auf das, was (noch) fehlt und machen es damit größer. Aus eigener Erfahrung gebe ich gerne zu: Das ist leichter gesagt, als getan. Dennoch: Es ist klug, sich in Geduld zu üben!

# Disharmonie

Im Lauf Ihres Lebens entwickeln sich die drei Facetten Ihrer Persönlichkeit unterschiedlich - zum Teil auch durch äußere Einflüsse - und geraten deshalb immer wieder aus der Balance. Sorgen Sie dann für eine neue Balance der drei Facetten Körper, Geist und Seele, für Harmonie und Integrität, denn

- wenn Sie neue (größere) Ziele denken (Geist),
- dann müssen Sie auch mehr an sich glauben (Psyche),
- und Sie brauchen körperliche Kraft und Energie (Körper).

Man kann es auch als drei Arten von Kraft: körperliche, mentale und seelische Kraft ansehen, die entwickelt - oder beim Körper möglichst erhalten - und immer wieder neu zum Ausgleich gebracht werden müssen. Nur so bleibt oder kommt Ihre Persönlichkeit in Harmonie.

Wenn Sie einmal mit Ihrer aktiven Persönlichkeitsentwicklung angefangen und sich den Erkenntnissen geöffnet haben, dann spüren Sie, wenn eine Facette Ihrer Persönlichkeit Nachholbedarf hat. Im Laufe Ihrer Entwicklung stellt sich eine gewisse Übung ein, die den neuen Ausgleich fast „automatisch" herbeiführt.

Ihre Persönlichkeitsentwicklung führt Sie - wenn Sie beharrlich sind - in eine Aufwärts-Spirale durch die wechselseitige Beeinflussung der drei Facetten Ihrer Persönlichkeit. Sie entwickeln sich immer weiter auf Ihrem Lebensweg - hin zu Ihrem Ziel-Selbstbild. Fangen Sie nur an und geben Sie dann nicht wieder auf!

Probleme widerfahren uns, damit wir etwas aus ihnen lernen und daran wachsen! Wir müssen die Herausforderungen nur annehmen und meistern, die Disharmonien registrieren und korrigieren. Jeder Segler und jeder Privatpilot kennt das: Sie müssen beständig korrigieren, um das Ziel zu erreichen und um Harmonie zu erzeugen.

## Selbst-Sabotage

Sabotieren Sie sich nicht selbst! Achten Sie auf Gedanken wie:

- „Jetzt ist nicht der richtige Zeitpunkt." „Warum sollte gerade die Krise die richtige Zeit sein?" „Wir haben schon genug mit der Krise selbst zu tun. Erst mal die überstehen."

  Folgen Sie nicht diesem Gedanken! „Nicht die richtige Zeit" ist nur eine Ausrede, um nichts ändern zu müssen, um die Komfortzone nicht verlassen zu müssen.

- „Uns geht es doch gut." „Sobald die Krise rum ist, wird wieder alles (von alleine) gut."

  Wenn Sie dem Gedanken folgen, machen Sie es sich leicht. Sie müssen dann nämlich nicht entscheiden, Sie müssen sich nicht outen und Sie müssen sich nicht ändern. Wenn Sie so denken und handeln, wird es nichts mit Ihrer Persönlichkeitsentwicklung. Sie warten dann weiter auf die Vorgaben von außen und folgen ihnen.

- „Ich weiß nicht, ob ich das schaffe." „Ich habe Angst, zu scheitern, mich zu blamieren." „Es gibt da ein Problem, für das ich noch keine Lösung habe." „Ich kann mich nicht ändern." „Mehr kann ich nicht tun."

  Erkennen Sie die Limitierung, die Suggestion aus Ihrer Sozialisation? Wir alle hätten gerne, dass auf der Straße - 5 km voraus - alle Ampeln auf Grün stehen, bevor wir losfahren. Wir hätten gerne für alle Probleme, die wir erwarten, bereits eine Lösung, bevor wir uns auf den Weg machen. Das ist aber unrealistisch. Starten Sie und lösen Sie die Probleme unterwegs und nach einander. (vgl. Materialien).

Dass Sie Angst haben, ist völlig normal. Wir alle haben Angst! Wichtig ist, die Angst zu überwinden und trotz der Angst zu handeln. Stärken Sie Ihren Glauben an sich und an Gott, wenn Sie an ihn glauben! Andernfalls stärken Sie Ihre Überzeugung, zu können, was Sie wollen. Nehmen Sie sich dann vor, eine Kleinigkeit zu ändern, und ändern Sie diese Kleinigkeit!

Sie können nicht scheitern, denn Sie setzen sich selbst Ihre Ziele. Ziele, die Sie erreichen können, wenn Sie sich anstrengen. Mit etwas Training und Beharrlichkeit werden Sie das Ziel erreichen. Ihre Persönlichkeit wächst - und dann geht mehr.

Halten Sie sich also nicht von Ihrer Entwicklung ab, indem Sie sich selbst erklären, warum es nicht geht. Denken Sie darüber nach, wie es (doch) geht!

---

**Wer will und an sich glaubt, findet den Weg! Wer nicht will und nicht an sich glaubt, findet Gründe!**

---

## Senioren

Persönlichkeitsentwicklung von Senioren. Ist das ein Thema? Sie haben den größten Teil Ihres Lebens gelebt und Ihre großen Ziele sind erreicht - oder auch nicht. Was nun? Ich erlebe immer wieder Menschen in einem bestimmten Alter, die sagen: „Das war´s." Menschen, die schon mit Ende Fünfzig sagen: „Jetzt nur noch drei Jahre, dann bin ich im Ruhestand." Und dann?

Ich bin der festen Überzeugung, dass Sie für den nächsten Lebensabschnitt wieder ein neues Ziel brauchen! Nur ein Ziel liefert Ihnen die Motivation zum Handeln, für eine neue Anstrengung. Sie wollen sich nicht mehr anstrengen? Das kann ich verstehen. Es ist nur leider falsch.

Alles, was Sie nicht nutzen, was Sie nicht trainieren, verkümmert. Am offensichtlichsten ist das bei unserem Körper. Seine Leistungsfähigkeit schwindet ab dem 25. Lebensjahr. Dagegen können Sie grundsätzlich nichts machen, Sie können aber sehr wohl die Geschwindigkeit des Abbaus verringern.

Unser Gehirn kann bis ins hohe Alter voll funktionsfähig bleiben, wenn wir es nutzen, wenn wir es trainieren.

Kennen Sie auch Menschen, die Ihre Pensionierung erreichen und dann zwei oder drei Jahre später krank werden oder sterben. Warum ist das so? Ich glaube, der Körper baut ab, wenn der Mensch kein Ziel mehr hat. Mensch und Körper erschlaffen, wenn der Spannungsbogen fehlt.

Ich bin der Meinung, der Mensch braucht immer ein Ziel. Sie brauchen auch mit 80 Jahren ein (neues) Ziel-Selbstbild, ein Ziel, das Sie erreichen wollen. Der Mensch muss ein Ziel haben bis zur Todesstunde. Wofür sonst leben Sie?

Wenn Sie Ihr neues Ziel-Selbstbild erkennen, dann sind Sie motiviert und strengen sich automatisch an! Sie wollen noch etwas erreichen. Sie wollen noch etwas lernen, was Sie noch nicht können, vielleicht Frieden, Gelassenheit oder Weisheit?

Sie brauchen ein Ziel, Sie brauchen einen Spannungsbogen, damit Ihre Lebensgeister lebendig bleiben, damit Sie gesund bleiben an Körper, Geist und Seele. Alles was nicht genutzt wird, wird schwächer und verkümmert.

Suchen Sie sich also neue Ziele, Ziele, für die Sie sich anstrengen wollen, die Sie herausfordern. Das hält Sie körperlich, geistig und seelisch fit. So entwickeln Sie sich weiter und sind motiviert bis zum Lebensende.

## 4.3.2. Probleme mit der Gruppe

Ihre Persönlichkeit ist geprägt durch andere - durch die Gene und die Sozialisation durch Ihre Eltern, die Schule, Ihre Freunde und die Gesellschaft. In diesem Umfeld leben Sie und es prägt Sie ein Leben lang.

Sie leben in einem Beziehungsgeflecht mit Ihrem Partner(in), Freunden, Bekannten, Kollegen und Ihrer Nachbarschaft. Diese Gruppen sind in aller Regel relativ homogen - und Sie sind ein passender Teil davon. Die Engländer sagen: „Birds of a feather, flock together."

Gemeinsame Aktivitäten mit Ihrem Partner oder der Gruppe lassen Ihnen kaum Raum und Zeit für Ihre Persönlichkeitsentwicklung. Sie kommen nicht dazu, auf Ihre innere Stimme zu hören, denn dazu brauchen Sie Kontemplation oder Meditation, also Muße.

Wenn Sie Ihre Persönlichkeitsentwicklung ernst nehmen, müssen Sie sich aus bestimmten Freizeitaktivitäten ausklinken. Sie müssen dann sagen: „Dieses Wochenende bin ich nicht dabei, weil...". oder „Morgen früh mache ich erst einmal Sport." Ich bin jahrelang am Samstagvormittag zum Schwimmen gegangen. Das hat meiner Partnerin zuerst nicht gefallen. Mein Argument war: „Danach kommt ein ausgeglichener Mann mit guter Laune zurück." Und so war es auch. Nach einiger Zeit war Schwimmen am Samstag kein Thema mehr in unserer Partnerschaft.

Machen Sie sich frei von der Zustimmung Dritter! Holen Sie nicht das Okay ein! Welchen Wert hat die Zustimmung anderer, die wieder auf die Zustimmung der Gruppe schielen? Folgen Sie Ihrer Erkenntnis und glauben Sie, dass gut ist, was Sie erkannt haben, und dass Sie es leben können. Goethe hat es so formuliert: „Es wird einem nichts erlaubt. Man muss es sich selber erlauben, dann lassen sich's die anderen gefallen oder nicht."

Wenn Sie Ihre Persönlichkeit entwickeln wollen, dann fangen Sie im Stillen damit an! Sprechen Sie nicht darüber! Wenn Sie davon erzählen, was Sie machen wollen, wird man Ihnen sofort Gegenargumente liefern wie: „Du glaubst doch nicht, dass das geht!" „Wenn das so einfach wäre, würden das doch alle machen!"

Finden Sie also erst Ihr Ziel-Selbstbild und starten Sie Ihre Persönlichkeitsentwicklung! Ihr verändertes Verhalten ruft natürlich dennoch mehr oder weniger offene Reaktionen Ihres Umfelds hervor, von der Frage, was mit Ihnen los ist, bis zu offener Kritik und Ablehnung. Warum?

Mit Ihrem veränderten Verhalten stellen Sie die Ziele und Verhaltensmuster - die Identität - der Gruppe in Frage. Die anderen Mitglieder müssten sich die Frage stellen, ob ihr Verhalten (noch) richtig ist, wenn sie Ihr Verhalten nicht kritisieren würden.

Die Gruppen-Dynamik bewirkt, dass Sie und Ihr Verhalten abgelehnt werden. Der Vorteil für die Gruppe ist, dass die Rest-Gruppe wieder homogen ist. Es gilt der Satz: „Sage mir, mit wem du umgehst, und ich sage dir, wer du bist." Ihr altes Umfeld haben Sie sich nicht ausgesucht, das ist Teil Ihrer Sozialisation. Ihr künftiges Umfeld ist Ihre Entscheidung und Teil Ihrer Entwicklung.

Sprechen Sie also am Anfang nicht über Ihre Ziele, zumal Sie am Anfang noch unsicher sind und nicht genau wissen, wohin Sie wollen. Wenn Sie sich bereits etwas entwickelt haben und mit ersten Ergebnissen aufwarten können, fällt Ihnen das Argumentieren viel leichter - der Gruppe wiederum schwerer. Präsentieren Sie also Ergebnisse! Reden Sie nicht vorher darüber, was Sie beabsichtigen.

Ich habe den großen Vorteil, nie richtig zu einer Gruppe gehört zu haben oder mich dazu gehörend zu fühlen. Ich war immer ein „Wanderer zwischen den Welten". Der Nachteil ist allerdings: Ich war immer eher allein. Sind wir aber an den entscheidenden Punkten unseres Lebens nicht eigentlich immer allein? Bei Krankheit, bei Scheidung, bei Tod. Müssen wir das nicht immer allein mit uns ausmachen?

Mein Vorteil als „Wanderer zwischen den Welten" ist: Ich war und bin autonomer als andere, ich musste weniger gegen die „Klebekräfte" einer Gruppe ankämpfen. Ich war und bin auch offener für neue Kontakte und andere Menschen, vielleicht neugieriger.

Wenn es Ihnen also mit Ihrer Persönlichkeitsentwicklung ernst ist, müssen Sie Ihre Gruppenzugehörigkeit überdenken und sich von manchen - ggf. auch von vielen - bisherigen Kontakten verabschieden. Wenn die alte Gruppe Sie in Ihrer Entwicklung bremst, müssen Sie sich lösen. Sie müssen entscheiden, was Priorität hat!

Problematisch ist das in einer Partnerschaft. Positive Ergebnisse (der „ausgeglichene Mann" nach dem Schwimmen - s.o.) können Ihren Partner motivieren, Ihr Verhalten zu tolerieren oder sich Ihnen anzuschließen. Versuchen Sie keine Überzeugung, machen Sie keine Vorhaltungen, denn das führt selten zur Änderung des anderen, sondern nur zu Streit! Lassen Sie sich aber auch nicht von Ihrem Partner in Ihrer Entwicklung bremsen!

Sie kennen vielleicht die Adler-Parabel: Ein Adler-Ei wird per Zufall zusammen mit Hühnereiern ausgebrütet. Das Adler-Junge wächst mit den Jung-Hühnern auf. Die Hühner scharren im Boden nach Nahrung und sind damit zufrieden. Der junge Adler ist damit nicht recht glücklich und schlägt immer wieder mal mit den Flügeln. Erst als er eines Tages einen Adler über dem Hof seine Kreise ziehen sieht, erkennt er seine wahre Bestimmung, nutzt seine Flügel und schwingt sich in die Luft. Sind Sie vielleicht auch nur per Zufall in Ihrem Umfeld gelandet und haben ein anderes Potential als die Gruppe? Wenn Sie sich als Adler sehen, dann haben Sie den Mut, Ihre Schwingen zu nutzen und sich in die Luft zu erheben! „Fly like an eagle, don´t scratch with the chicken."

Die Mehrzahl Ihrer bisherigen Freunde und Bekannten wird etwas anderes wollen als Sie und das ist schwer. Henry Ford hat dazu gesagt: „Warum ist es so schwer gegen den Strom zu schwimmen? Es kommen einem so viele entgegen." Sie müssen also von Ihrem Weg überzeugt sein. Sie müssen überzeugt sein, ihn gehen zu können. Es muss Ihnen egal sein, ob die anderen Ihnen zustimmen oder Sie ablehnen.

Suchen Sie sich eine neue Gruppe, wenn die alte versucht, Sie in Ihrer Entwicklung zu bremsen. Es gibt heute genügend Gruppen, die Persönlichkeitsentwicklung anbieten. Sie sollten allerdings Ihr Ziel-Selbstbild bereits gefunden haben, bevor Sie sich einer neuen Gruppe anschließen. Der Einfluss der neuen Gruppe (Gruppendynamik) und gegebenenfalls des Coaches birgt sonst die Gefahr, dass Sie wieder eine fremdbestimmte Persönlichkeit erhalten!

Mit der Corona-Krise haben viele Freizeitmuster von Gruppen und in der Gesellschaft ihre Gültigkeit verloren. Die alten Routinen sind überholt. Die Gruppen - wie die gesamte Gesellschaft - orientieren sich neu. Das ist Ihre Chance! Es gibt neue Zeitmuster und Sie können die Nutzung Ihrer Zeit neu selbst bestimmen. Der wichtigste Punkt ist: Reservieren Sie sich Zeit für Ihre Persönlichkeitsentwicklung, denn Sie haben jetzt Ihr eigenes Ziel!

Jeder Mensch sieht die Realität durch seine eigene Brille und hat eigene Ziele und Bedürfnisse. Gestehen wir uns gegenseitig mehr Raum zur individuellen Entfaltung zu, mehr Souveränität und mehr Autonomie! Erwarten wir das nicht nur für uns, sondern gestehen wir es auch unseren Mitmenschen zu, dann werden unser Leben und die Welt lebenswerter!

## 4.4. Aufgaben

1. Starten Sie Ihr Sportprogramm!
2. Nutzen Sie die Affirmationen!
3. Reservieren Sie sich Zeit für Kontemplation, für Ihre Erkenntnis!
4. Arbeiten Sie an Ihrem Ziel-Selbstbild!
5. Ändern Sie konkret etwas an Ihrem Verhalten im Hinblick auf Ihr Ziel-Selbstbild!
6. Entwickeln Sie Tugenden - verbessern Sie Ihre Integrität und damit Ihr Selbstwertgefühl!
7. Lassen Sie sich von Rückschlägen nicht beirren, seien Sie beharrlich!
8. Lassen Sie sich von anderen nicht von Ihrem Vorhaben abbringen!
9. Nutzen Sie Blogs, Podcasts und Video-Kurse zur dauerhaften Motivation und Inspiration!

## 4.5. Notizen

# 5. Interaktion mit dem Umfeld

Was bedeutet Ihre Persönlichkeitsentwicklung für Ihr Umfeld?

Wir sind soziale Wesen und während unseres gesamten Lebens wirken fortlaufend äußere Einflüsse - Ereignisse und Menschen - auf unsere Persönlichkeit ein. Zunächst sind wir dieser Prägung - mehr oder weniger - ausgeliefert, denn wir werden in ein bestimmtes Umfeld hinein geboren. Wir können uns unsere Eltern, die Schicht und die Gesellschaft, in die wir geboren werden, nicht aussuchen und können uns den damit verbundenen Einflüssen nicht entziehen.

Als Erwachsene jedoch können wir entscheiden, in welchem Umfeld wir leben, welchen Einflüssen wir uns aussetzen und in welche Richtung wir uns aktiv entwickeln wollen.

Den meisten Menschen sind diese Zusammenhänge leider nicht bewusst. Sie haben keine Ahnung davon, dass sie ihre Persönlichkeit bewusst entwickeln können. Sie dagegen kennen Ihre Möglichkeiten.

Wenn Sie

- Ihre *wahre* Persönlichkeit erkennen und leben,

- für Harmonie von Körper, Geist und Psyche sorgen - und

- Ihr Potential entdecken und leben,

dann entwickeln Sie nicht nur bewusst Ihre Persönlichkeit, sondern wirken mit Ihrer sich entwickelnden Persönlichkeit wiederum verändernd auf Ihr Umfeld und die Gesellschaft ein.

Je mehr Sie Ihre Persönlichkeit entwickeln, desto mehr wirken Sie mit Ihren gelebten Werten und Ihrem veränderten Verhalten auf Ihr Umfeld ein und werden ein Vorbild für andere. Nicht mehr Sie werden (einseitig) von Ihrem Umfeld geprägt, sondern immer stärker prägen Sie Ihr Umfeld mit. Es entsteht eine Wechselwirkung und Ihre Persönlichkeit gewinnt an Bedeutung.

Da Sie eine harmonische Persönlichkeit entwickeln, werden Ihre sozialen und wirtschaftlichen Beziehungen ebenfalls harmonischer als ohne diese Entwicklung. So wie Ihre Persönlichkeit ist, so werden Ihre Beziehungen. Warum?

## 5.1. Soziale Beziehungen

Sie haben Ihr Ziel-Selbstbild gefunden und sich auf Ihren Weg gemacht. Sie haben Ihre intrinsische Motivation gefunden und wissen, dass Sie Ihr Leben „im Griff" haben. Sie wählen Ihre Worte bewusst und stellen zielführende Fragen. Sie sind dankbar für das, was Sie haben und was Ihnen widerfährt. Sie sind mit sich im Reinen und lieben sich selbst.

Wenn Sie mit sich selbst im Reinen sind und sich selbst lieben, dann können Sie andere Menschen akzeptieren und lieben, so wie diese sind. Sie haben dann kein Bedürfnis mehr, andere „nieder zu machen", um sich selbst (vorübergehend) besser zu fühlen. Wenn wir uns selbst lieben, können wir andere lieben, so wie sie eben sind. Das steckt hinter der Botschaft der Bibel: „Liebe deinen Nächsten, wie dich selbst." Viele meinen, sie müssten beim „Nächsten" anfangen. Nein. Zuerst müssen wir uns selbst lieben, erst dann können wir andere lieben. Es leuchtet ein, dass dann Ihre sozialen Beziehungen eine andere Qualität erlangen.

Da Sie in Ihrem Inneren in Harmonie sind, werden auch Ihre Beziehungen in Harmonie sein oder kommen. Ob das im Einzelfall tatsächlich klappt, hängt natürlich auch von den anderen ab. Sie aber haben Ihren Teil dazu beigetragen. Sie werden selbst auf eine weniger schöne Aktion aus Ihrem Umfeld nachsichtig reagieren, da Sie sich nicht oder weniger angegriffen fühlen. Sie empfinden vermutlich eher Bedauern. Ihre Einstellung (Ihre Bewertung) ist wichtiger als die Tatsachen!

Mit Ihrer harmonischen Persönlichkeit haben Sie die besten Voraussetzungen für gelingende soziale Beziehungen. Mit Ihren Freunden entwickelt sich ein entspanntes und bereicherndes Verhältnis. Sie vergleichen sich nicht mehr mit anderen. Sie wollen niemanden mehr mit Konsum beeindrucken. Sie freuen sich vielmehr mit an den Erfolgen - dem persönlichen Wachstum - Ihrer Freunde. Deren Wachstum nimmt Ihnen ja nichts weg!

Ihr Vorbild, Ihre Überzeugungen und Ihr Verhalten werden mittelfristig - wenn Sie beharrlich sind - veränderte Überzeugungen und Handlungsmuster in Ihrem Umfeld bewirken. Die Motivation dazu muss sich allerdings in den anderen selbst entfalten, Sie können die Veränderung nicht von außen mit Argumenten (Vorhaltungen) bewirken.

Erwarten Sie nicht zu viel! Ich habe die Erfahrung gemacht, dass die Beharrungskräfte sehr groß sind. Die meisten Menschen leiden und klagen lieber, als dass sie ihr Verhalten ändern und etwas Neues wagen. Es gibt allerdings auch immer wieder Menschen, die Sie durch Ihr Vorbild inspirieren können, ihr Leben selbst in die Hand zu nehmen, aktiv zu werden und sich zu entwickeln.

Wenn mehr Menschen so leben, wird sich eine neue Qualität des Miteinander ergeben, letztlich eine neue Gesellschaft. Wir werden uns dann gegenseitig unterstützen bei dem Bemühen um persönliche Entwicklung und werden - jeder für sich und alle gemeinsam - eine höhere Lebensqualität erreichen, mehr Eudämonie. Eine neue, bessere Welt entsteht, wenn die Entwicklung an Breite gewinnt.

## 5.1.1. Partnerschaft

Wenn Sie und Ihr Partner jeweils harmonische Persönlichkeiten sind, ist es dann nicht sehr wahrscheinlich, dass Sie auch eine harmonische Partnerschaft führen? Sind Sie dann nicht sehr wahrscheinlich auch beide gesünder, freundlicher, entgegenkommender, fürsorglicher gegenüber Ihren Kindern und Ihrem Umfeld? Es gilt: „Wie innen, so außen."

Wenn Sie auf dem Weg zu Ihrem neuen Ziel-Selbstbild sind und gerade keinen Partner haben, werden Sie womöglich feststellen, dass Sie gar nicht wissen, wer jetzt zu Ihnen passt. Mir ging das so. Ich suchte eine Partnerin und fragte mich: „Wen suche ich eigentlich?" „Wer passt zu mir?" Ich erkannte, dass es für eine neue Partnerschaft zu früh war. Ich war mitten in einem entscheidenden Umbruch und konnte mein neues Ziel-Selbstbild noch nicht leben. Ich entschied deshalb, zunächst alleine zu bleiben.

Wenn Sie Ihr Ziel-Selbstbild leben, tritt vermutlich der - dann - passende Partner in Ihr Leben. Sie erreichen eine Weggabelung auf Ihrem Lebensweg (vgl. Abschnitt 3.2.1.) und Ihr potentieller Partner kommt - vielleicht aus einer anderen Richtung - auch dort an. Sie erkennen, dass sie das gleiche Ziel haben und deshalb in die gleiche Richtung wollen.

Ihre Persönlichkeiten entwickeln sich dann parallel. Ihr Denken, Fühlen und Handeln ähneln sich und Sie beschließen, den weiteren Lebensweg gemeinsam zu gehen. Die Chance, diese Person zu treffen, haben Sie aber nur, wenn Sie Ihren Weg bis zu der Gabelung gegangen sind. Sonst treffen Sie sich nicht.

Darin steckt natürlich die unangenehme Wahrheit, dass Sie sich erst einmal allein auf den Weg machen müssen. Sie müssen sich erst lösen, wenn Sie überzeugt sind, dass Ihre alte Partnerschaft nur noch eine leere Hülle ist. Nur dann werden Sie - zunächst allein - Ihren neuen Weg gehen und die Weggabelung erreichen, an der Sie Ihren neuen Partner treffen.

Gerade wenn Ihr (alter) Partner Sie in Ihrer Entwicklung gehemmt hat, brauchen Sie eine Zeit der Besinnung auf sich selbst. Sie haben dann die Chance, sich selbst und Ihr Ziel-Selbstbild zu finden und zu stabilisieren. Viele Menschen flüchten aber sofort in eine neue Beziehung, weil sie nicht alleine leben können. Sie bekommen dann in der neuen Beziehung ähnliche Probleme wie zuvor. Nichts hat sich geändert, da Sie sich nicht geändert haben. Erst müssen Sie sich lösen, sich finden und Ihren Weg alleine gehen, dann werden Sie Ihren neuen Partner finden - an der Weggabelung!

## 5.1.2. Freundschaft, Bezugsgruppe und Gesellschaft

Jeder von uns, der aktive Persönlichkeitsentwicklung konsequent betreibt, strahlt das Ergebnis aus. Er ist - bewusst oder unbewusst - ein Vorbild für andere; vielleicht zunächst ein irritierendes, das sogar Kritik hervorruft. Das Vorleben wirkt aber und ist wichtiger als Argumente, so wie in der Erziehung.

Jeder, der sich selbst zum Positiven hin verändert, verändert damit sein Umfeld. Er behandelt andere wohlwollender und fördernder, denn er hat es nicht (mehr) nötig, sich selbst aufzuwerten, indem er andere abwertet. Er konkurriert nicht mehr mit anderen, sondern mit sich selbst auf dem Weg zu seinem Ziel-Selbstbild.

Jeder von uns verändert also sein Umfeld und damit letztlich die gesamte Gesellschaft durch sein gutes Vorbild. „Each of us can make the difference, every day." (Jane Godall)

Warten Sie nicht auf andere, warten Sie nicht auf die Politik oder die Wissenschaft! Sie können sich und damit die Welt verändern und sie besser machen, indem Sie:

- Ihre *wahre* Persönlichkeit und Ihr Potential erkennen,
- an Ihre Möglichkeiten glauben und den Mut aufbringen, sie zu leben,
- die Verantwortung für das Gelingen Ihres Lebens übernehmen,
- andere darin bestärken, das ebenfalls zu tun.

Sie können sich auch politisch engagieren und so dazu beitragen, dass unsere Gesellschaft besser und das persönliche Wachstum gefördert werden, in den Schulen und durch eine Gesellschaft, die mehr zur eigenen Entwicklung ermutigt und diese unterstützt.

Der Anfang ist Ihre Persönlichkeitsentwicklung. Wenn Sie auf Ihrem Weg sind und neue Menschen suchen, die sich ebenfalls entwickeln wollen, dann sehen Sie auf https://haharth.de nach. Melden Sie sich, wenn Sie Interesse an einer regionalen Gruppe von Gleichgesinnten haben!

## 5.2. Geschäftliche Beziehungen

Wenn Sie Ihr Potential erkannt haben - das, was Sie machen wollen und besonders gut können -, dann sind Sie darin auch besonders gut. Sie engagieren sich dann mehr, halten länger durch, lösen auftretende Probleme und geben einfach nicht auf.

Was Sie tun, tun Sie, weil Sie es tun wollen, nicht weil Sie müssen. Sie lieben Ihre Tätigkeit (oder das Werk) an sich und erledigen sie nicht wegen des erwarteten Geldes oder der Anerkennung von außen. Ihre intrinsische Motivation liefert Ihnen das emotionale Interesse, dass das, was Sie tun, sehr gut werden soll. Ihr Erfolg ist deshalb unvermeidlich.

Das Motiv Ihres Handelns ist nicht der Gewinn oder das Gehalt. Dennoch werden Sie vermutlich mehr Geld verdienen, weil Sie Ihre Tätigkeit mit großer Begeisterung, mit Engagement und Beharrlichkeit ausüben. Sie leisten mehr, weil Sie es wollen. Sie „kämpfen" auch mit fairen Mitteln, weil Sie Ihren Werten treu bleiben und integer leben wollen.

Steve Jobs hat gesagt: „Liebe, was du tust. Tue, was du liebst." Wenn Sie Ihr Potential leben, ist Ihre Tätigkeit nicht anstrengend oder gar stressig für sie. Sie wollen es ja tun. Sie sind deshalb ausgeglichener und zufriedener und das kommt wieder Ihrer Gesundheit zugute. Burnout ist so gut wie ausgeschlossen.

Der Ausgangspunkt ist immer wieder Ihre Persönlichkeit. Was Sie im Inneren sind, widerfährt Ihnen! „Was du bist, kommt zu dir." (Ralph W. Emerson)

## Vermögen

Vermögen ist im landläufigen Sinn vor allem Geld-, Aktien- oder Immobilienvermögen. Vermögen bedeutet: Ich vermag etwas!

Vielen Menschen ist nicht bewusst, dass der Kern ihres Vermögens in ihnen liegt. Der Kern Ihres Vermögens ist Ihre Persönlichkeit und Ihr Potential, nämlich das, was Sie besonders gut können - eben „vermögen" - und was Sie gerne tun. Wenn Sie sich und Ihr Potential erkennen, haben Sie den Kern Ihres Vermögens gefunden.

Da Sie Ihre Persönlichkeit entwickeln und Ihr Potential nutzen, haben Sie weniger das Bedürfnis, Dinge zu kaufen, um dazu zu gehören oder um sich für etwas zu belohnen. Sie müssen sich nicht mehr entschädigen für eine ungeliebte Arbeit, denn Sie tun ja, was Sie tun wollen!

Wenn Sie mit Ihrer Persönlichkeitsentwicklung noch nicht so weit sind und ohne Geldvermögen anfangen, dann ist der Anfang des Vermögensaufbaus schwer. Lassen Sie sich nicht von Ihrem Umfeld (und den Medien) zu Konsum verleiten, weil man etwas angeblich haben muss! Kaufen Sie vor allem nicht auf Kredit, auch wenn es der eingeräumte Dispositionskredit so einfach macht! Ich habe das leider selbst getan.

Gerade am Anfang des Erwachsenenlebens sind der Bedarf (man richtet sich die erste eigene Wohnung ein) und die Versuchung groß. Gerade dann sollten Sie es nicht tun!

Ich bin kein Freund des heute weit verbreiteten Trends, Dinge zu mieten und nicht zu kaufen. Abonnements (Handytarif mit Gerätemiete, Automiete, etc.) sind Verpflichtungen, die Sie jeden Monat erfüllen müssen. Wenn Sie hingegen einmal den Kaufpreis (aus einem Guthaben) bezahlt haben, sind Sie - bis auf mögliche Folgekosten - frei. Mit laufenden Zahlungsverpflichtungen reduzieren Sie Ihren Freiheitsgrad, denn Sie müssen jeden Monat die Raten, Beiträge oder Mieten zahlen.

Wenn Sie mit Ihrer Persönlichkeitsentwicklung bereits erkannt haben, dass Ihre Entwicklung nur in Ihnen - in Ihrem „Sein" - stattfinden und nicht im „Haben" liegen kann, dann kaufen Sie keine Dinge mehr, um andere damit zu beeindrucken. Dann bleiben Sie leichter bei Ihrem „Nein" (vgl. Abschnitt 4.2.3.) und behalten mehr vom Ihrem Einkommen übrig, das Sie sparen und investieren können. Vermögen entsteht ja nicht aus dem Geld, das Sie einnehmen, sondern nur aus dem Geld, das Sie einnehmen und nicht für Konsum wieder ausgeben.

Machen Sie sich auch den Unterschied zwischen Investition und Konsum klar! Das viel gelobte Eigenheim - für viele Menschen die größte Investition ihres Lebens - ist genau genommen Konsum, keine Investition.

Wenn Sie Ihr Potential nutzen, das in Ihnen angelegt ist, und tun, was Sie tun wollen, dann brauchen Sie kein Geld als Motivation. Das Geldvermögen ist dann einfach ein angenehmer Nebeneffekt Ihrer inneren Entwicklung, Ihres inneren Vermögens!

Geldvermögensaufbau ist am Anfang schwer, denn es baut sich zunächst ganz langsam auf. Wenn Sie etwas weiter sind und schon etwas Vermögen gebildet haben, fallen Ihnen weitere Investitionen leichter, denn Sie haben aus den ersten Investitionen zusätzliche Einnahmen und sind durch die ersten Erfolge motiviert. Die zusätzlichen Einnahmen können Sie investieren, wenn es Ihnen gelingt, Ihre Konsumausgaben konstant zu halten.

Ziel Ihrer Persönlichkeitsentwicklung ist aber nicht, ein großes Vermögen aufzubauen, denn: „Das Geld, das man besitzt, ist ein Instrument der Freiheit. Das Geld, dem man nachjagt, ist ein Instrument der Knechtschaft." (Jean-Jacques Rousseau). Es gibt finanziell reiche Menschen, die arm sind, weil sie mehr brauchen. Sie sind im „Mehr" gefangen - können nicht geben. „Nicht wer zu wenig hat, sondern wer mehr begehrt, ist arm." (Seneca)

Es ist deshalb gut, wenn Sie Vermögen haben, damit Sie etwas „vermögen", und wenn Sie wissen, was Sie damit bewirken wollen. Geld sollte immer „Mittel zum Zweck" sein! Es ist auch gut, wenn Sie die Bedeutung des Wortes „genug" erkennen und leben.

Außer Ihrer Persönlichkeit, Ihrem Potential und Ihrem finanziellen Vermögen haben Sie weitere Vermögenswerte: Ihre Gesundheit, Ihr Denkvermögen (im Sinne von eigenständigem Denken) und Ihre sozialen Beziehungen (Ihre Partnerschaft und auch Geschäftspartner).

Investieren Sie in Ihre Persönlichkeitsentwicklung, denn das ist die beste Investition mit der höchsten Rendite! Ihre Persönlichkeit beeinflusst alles! Nur die wenigsten Menschen erkennen das. Ihre Persönlichkeit nutzt sich nicht ab, sondern entwickelt sich bei entsprechender Pflege! Der wichtigste Punkt ist, dass Ihre Persönlichkeit unvergänglich ist. Wenn Sie alles andere Vermögen verlieren sollten: Ihre Persönlichkeit bleibt Ihnen erhalten!

Schön ist, wenn Sie am Ende den richtigen Umgang mit Vermögen an Ihre Kindern weitergeben. Helfen Sie ihnen, ihre Persönlichkeit zu entwickeln, indem Sie es ihnen vorleben! Ihre Kinder müssen später allerdings ihre Persönlichkeit wiederum selbst finden und entwickeln. Wir alle müssen unsere Persönlichkeit finden und entwickeln - immer wieder!

# 6. Zusammenfassung

Unser Ziel ist die Glückseligkeit. Glück kommt, wie wir gesehen haben, vom Mittelhochdeutschen „gelücke", was gelingen bedeutet.

Ich hoffe, Sie stimmen mit mir überein, dass der Weg zur Glückseligkeit die harmonische Entwicklung Ihrer Persönlichkeit ist. Sie brauchen ein Ziel, denn: „Der Ziellose leidet sein Schicksal, der Zielbewusste gestaltet es." (Immanuel Kant) Der Schlüssel für das Gelingen Ihres Lebens sind Ihr Ziel und Ihre innere Entwicklung; beide können Sie nicht kaufen!

Die Erkenntnis Ihrer *wahren* Persönlichkeit und Ihres Potentials ist die Basis Ihres Glücks. Sie werden nur glücklich, wenn Sie das entwickeln, was Ihrer *wahren* Persönlichkeit entspricht - nicht das, was andere meinen. Wie sollten Sie etwas entwickeln können, das nicht in Ihnen angelegt ist?

Ihre *wahre* Persönlichkeit ist deshalb der Schlüssel für das Gelingen Ihres Lebens und Ihrer privaten und geschäftlichen Beziehungen. Ihre Persönlichkeit - das Innere - entscheidet Ihr Leben. Das Äußere folgt dem Inneren!

Ich hoffe, Sie sind nun davon überzeugt, dass Sie viel mehr können, als sich bisher gezeigt hat, dass Sie ein großes, nicht ausgeschöpftes Potential in sich haben und Ihnen alles möglich ist, wofür Sie die Begabung in sich erkennen, wofür Sie sich begeistern und an dem Sie beharrlich arbeiten.

Ich hoffe, Sie glauben nun daran, dass Sie immer ein neues Ziel-Selbstbild erkennen werden, wenn Sie ein Ziel-Selbstbild erreicht haben. Sie können sich immer weiter entwickeln. Den Endpunkt Ihrer Lebensreise können Sie nicht sehen, sondern immer nur das nächste Ziel - den nächsten Entwicklungsschritt. Was danach kommt, erkennen Sie, wenn Sie diese Etappe gemeistert haben.

"Das Schwerste, dass man ein Werk auf Jahrzehnte hin unternehmen kann, ohne zu wissen, ob man es vollenden kann, eine Waghalsigkeit, die hauptsächlich aus Geduld besteht, die eine beinahe unmenschliche Hartnäckigkeit voraussetzt." (Elias Canetti) Das Ziel-Selbstbild macht Ihnen Ihren Lebensweg leichter, denn dieses Etappen-Ziel liefert Ihnen die aktuelle intrinsische Motivation. Wenn Ihnen Ihr Ziel-Selbstbild gelingt, haben Sie ein Erfolgserlebnis. Dann erkennen Sie Ihr neues Ziel-Selbstbild und erhalten so eine neue Motivation, die Ihnen die Lebensreise leichter macht. Geduld und Beharrlichkeit brauchen Sie dennoch.

Ihr Leben gelingt Ihnen, wenn Sie parallel auf eine harmonische Entwicklung der Facetten Ihrer Persönlichkeit achten. Die Harmonie muss gefunden, erhalten und immer wieder neu hergestellt werden, da täglich externe Einflüsse auf Sie einwirken. Eine Facette Ihrer Persönlichkeit zu maximieren, macht Sie hingegen nicht glücklich.

Sie können sich entsprechend entwickeln, Ihr Gehirn macht es auf jeden Fall möglich. Sie können Ihre Sicht auf sich selbst, auf Ihre Wirklichkeit und Ihre Möglichkeiten verändern. Achten Sie auf die Verzerrungen Ihrer „Brille" und den vielleicht vorhandenen „blinden Fleck", der Ihre Wahrnehmung beeinträchtigt! Nehmen Sie bei Bedarf bewusst eine andere Perspektive ein und fragen sich „Warum nicht doch?" Dann erkennen Sie vermutlich den „blinden Fleck".

Wenn Sie Ihr Potential und Ihr Ziel-Selbstbild erkennen und leben, Ihr Denken und Ihre Sprache verändern, dann verändern Sie Ihre Persönlichkeit. Dann erkennen Sie Chancen und ergreifen sie. Ihr Leben gelingt Ihnen. Es gelingt Ihnen zumindest immer besser, denn Rückschläge gehören weiterhin zum Leben.

Glauben Sie an Ihre Chancen! Erkennen Sie Ihre Chancen und nutzen Sie sie! Egal wie lange es dauert und wie viele Probleme auf Ihrem Weg auftauchen, Sie können es, wenn Sie es glauben! „Du kannst, wenn Du glaubst, du kannst." (Peale). Oder: „Alles ist möglich dem, der glaubt." (Markus, 9, 23)

Voraussetzung ist, dass Sie bereit und offen dafür sind, dass Sie vertrauen. Sie müssen also erst vertrauen, daran glauben, dann bekommen Sie es! Nochmal das Markus-Evangelium 11,24: „Alles um was ihr betet und bittet, glaubet nur, dass ihr es [bereits] empfangen habt, und es wird euch zuteilwerden." Wenn Sie glauben, dass Sie es haben, dann bekommen Sie es! Wenn Sie es nicht glauben, sehen Sie es nicht, oder Sie sehen es, glauben aber nicht daran.

Also glauben Sie, versuchen Sie es zumindest!

  - Wenn Sie an Ihre Chance glauben, werden Sie sie - irgendwann - erkennen.

  - Wenn Sie an sich und Ihre Fähigkeiten glauben, werden Sie die Chance nicht nur sehen sondern auch ergreifen und sich auf den Weg machen.

  - Wenn Sie - egal welche Schwierigkeiten auftauchen - beharrlich an sich und Ihre Chance glauben und daran arbeiten, wird es Ihnen letztlich gelingen. Denken Sie an Winston Churchill!

Es geht im Leben darum, glücklich zu sein oder zu werden. Wenn Sie Ihre *wahre* Persönlichkeit und Ihr Potential erkennen, Ihren eigenen Lebensweg gehen, die Realität und die Ereignisse richtig sehen und bewerten, dann sind Sie dankbar! Wer dankbar ist, ist glücklich!

Es geht darum, auf dem richtigen Weg - auf Ihrem Lebensweg - zu sein. Wie weit Sie auf Ihrem Lebensweg - mit Ihrer persönlichen Entwicklung - kommen, ist dagegen nicht entscheidend. Glücklich sind Sie, weil Sie sich auf dem richtigen Weg befinden und voran schreiten, in dem Ihnen möglichen Tempo. Der Weg gelingt Ihnen! Nicht das Ziel ist das Ziel, sondern: „Der Weg ist das Ziel."

Zur Glückseligkeit gehört aber auch die Klugheit, zu akzeptieren, dass gewisse Dinge uns oder Ihnen nicht möglich sind. Glückseligkeit erlangen Sie, wenn Sie diese Grenzen mit Demut annehmen. Wir sind nicht allmächtig und ein Rückschlag ist keine Schande. Ein Rückschlag kann sogar ein Vorteil sein. Manchmal verstehen wir erst im Rückblick, warum es gut war, dass wir etwas nicht bekommen haben, obwohl wir es partout wollten.

Seien Sie also dankbar für das, was Sie haben - machen Sie sich immer wieder bewusst, was Sie alles haben - und lassen Sie das andere los! Dann sind Sie glücklich. Das ist kein Fatalismus, es heißt nicht, sich mit allem abzufinden. Es bedeutet nur, die heutige Situation anzunehmen, wie sie ist. Glauben Sie parallel an Ihre *wahre* Persönlichkeit und Ihr Potential und machen Sie sich daran, beides für morgen weiter zu entwickeln!

Erkennen Sie Ihr Ziel-Selbstbild und beachten Sie Ihr Potential, dann haben Sie zwei starke intrinsische Motive. Dann leben sie fokussiert und sind auch geduldig und beharrlich. Leben Sie als Teil Ihrer *wahren* Persönlichkeit auch integer, also entsprechend Ihrer Werte, dann steigt Ihr Selbstwertgefühl!

Machen Sie sich mit Mut auf den Weg, auch wenn Sie nicht alles wissen und verstehen! Lernen Sie von den Herausforderungen auf dem Weg, aus den Rückschlägen und auch aus Ihren Fehlern! Geben Sie nicht auf - niemals!

Erwarten Sie ein bestimmtes Ergebnis Ihrer Entwicklung nicht zu einem fest definierten Zeitpunkt, denn damit würden Sie unglücklich! Geben Sie Ihrem Leben vielmehr die richtige Richtung und gehen Sie Ihren eigenen Weg! Jeder Schritt auf Ihrem Weg ist dann „Gelingen"! Seien Sie für jeden dieser Schritte dankbar!

Vermeiden Sie parallel die negativen Effekte auf Ihr Leben: Vergleichen Sie sich nicht mit anderen. Vergleichen Sie nicht mit dem, was andere haben! Vermeiden Sie Lärm und Stress! Lösen Sie sich von negativen Einflüssen - Nachrichten und Menschen. Gönnen Sie sich Muße!

Am Ziel Ihrer Persönlichkeitsentwicklung steht als Belohnung Ihr Ziel-Selbstbild, Ihre neue Persönlichkeit, mit der Sie das Potential, das in Ihnen angelegt ist, wieder ein Stück besser leben und die ungerechtfertigten Begrenzungen aus der Sozialisation weiter zurück gedrängt haben. „Das Große ist nicht, dies oder das zu sein, sondern man selbst zu sein." (Sören Kierkegaard)

Wenn Sie das erreicht haben, können Sie mit Recht stolz sein, Ihre Persönlichkeitsentwicklung selbst in die Hand genommen und Ihre Angst überwunden zu haben. Wenn Sie das tun, gelingt Ihnen Ihr Leben. Sie sehen die Welt anders, handeln anders und gehen anders mit anderen um. Sie verändern die Welt. Deshalb der Untertitel: „und die Welt verändert sich."

Was geschieht, wenn Sie Ihr Ziel-Selbstbild erreicht haben? Sie werden - mit größerem Selbstvertrauen - ein neues, anspruchsvolleres Ziel-Selbstbild in sich finden. Ihre Persönlichkeit hat sich entwickelt und versetzt Sie jetzt in die Lage, die nächste Etappe angehen zu können. Sie bekommen eine neue intrinsische Motivation für den nächsten Abschnitt Ihrer Lebensreise, Ihrer Persönlichkeitsentwicklung. Es ist ein lebenslanger Prozess. Ihr Leben wird nie langweilig und Sie werden auch im Alter noch ein neues Ziel in sich erkennen. Was für ein Abenteuer!

Fangen Sie also an und machen Sie sich auf Ihren Lebensweg, ganz egal, wie weit Sie auf Ihrem Weg kommen! Sie werden allemal weiter kommen und mehr Glück empfinden, als wenn Sie weiter den von anderen gesetzten Zielen mit den von anderen gesetzten Maßstäben folgen würden. Wie sollte Ihr Leben gelingen, ohne die aktive und gezielte Entwicklung Ihrer Persönlichkeit?

Erkennen Sie so viel wie möglich durch Meditation, Lesen oder Vorträge. Lesen, Vorträge, Erkenntnisse Dritter, so wie auch in diesem Buch, helfen Ihnen aber nur bedingt. Entscheidend sind Ihre eigenen, realen Erfahrungen. Nur Ihr verändertes, begeistertes Handeln (auch Unterlassen) führt zu veränderten Verschaltungen in Ihrem Gehirn und damit zu einer realen Entwicklung Ihrer Persönlichkeit.

Fangen Sie also mit kleinen, realen Veränderungen an! Weitere Veränderungen werden dann folgen, wenn Sie beharrlich sind. Werden Sie aktiv und nutzen Sie das Gesetz des Handelns!

Es ist klug, Ihre Aufmerksamkeit und Ihre Liebe auf Gedanken und Werke zu richten, die ewig Bestand haben, die zumindest für Ihr Leben Bestand haben. Investieren Sie in Ihre Persönlichkeitsentwicklung, statt in Dinge, die Sie morgen verlieren können oder die sich abnutzen! Ihre Persönlichkeit kann Ihnen niemand nehmen!

Viktor Frankl hat gesagte: „ Es gibt nichts auf der Welt, das einen Menschen so sehr befähigte, äußere Schwierigkeiten  oder innere Beschwerden zu überwinden, als das Bewusstsein, eine Aufgabe im Leben zu haben."

Persönlichkeitsentwicklung ist - nach meiner Überzeugung - die zentrale Aufgabe des Lebens. Sie können sie nicht kaufen. Niemand kann sie Ihnen geben. Sie können sie nur selbst vollbringen. Lassen Sie sich auf Ihr Ziel-Selbstbild ein und seien Sie beharrlich! Sie können in Ihrem Bemühen nicht scheitern. Sie werden sich immer weiter vervollkommnen, ohne allerdings Vollkommenheit zu erreichen. So bleibt Ihnen bis zum Lebensende immer ein Ziel und das hält den Spannungsbogen aufrecht, der Ihnen Lebenswillen und Vitalität schenkt.

„Fange nie an, aufzuhören, höre nie auf, anzufangen." (Cicero)
Sie haben angefangen. Hören Sie jetzt einfach nicht mehr auf!
Es lohnt sich!

**Ich wünsche Ihnen alles erdenklich Gute!**

------------------------------------------------------------------

Sie haben bis hier durchgehalten. Chapeau! Beharrlichkeit und Begeisterung sind wichtige Voraussetzungen für Ihre Persönlichkeitsentwicklung.

Sie haben mit der Umsetzung bereits angefangen? Noch besser!

1. Abonnieren Sie den „Aphorismus des Tages", wenn Sie ihn nicht längst abonniert haben!

   Sie erhalten dann jeden Tag einen positiven Gedanken, der Ihnen auf Ihrem Weg hilft.

2. Lesen Sie meine Blog-Artikel, in denen ich auf verschiedene Themen eingehe!

3. Hören Sie meine Podcasts! Das können Sie auch unterwegs.

4. Nutzen Sie meine Videos! Meine Angebote finden Sie unter https://haharth.de

5. Fangen Sie jeden Tag mit Dankbarkeit und den Affirmationen an! Das verändert Ihre Persönlichkeit positiv und nachhaltig.

6. Nehmen Sie sich Zeit für sich selbst: für Kontemplation und Erkenntnis! Arbeiten Sie an Ihrer Persönlichkeit, denn: „Erfolg hat drei Buchstaben: TUN." (Goethe)

7. Glauben Sie an sich und geben Sie nie, nie auf!

   **Es geht um Ihr Leben - Sie haben nur eins!**

----------------------------------------

Schreiben Sie mir, was Ihnen gefällt, was Ihnen fehlt, wo Sie ggf. gerne mehr Erläuterungen hätten. Das werde ich gerne im Blog, als Podcast, bei einer Neuauflage oder im nächsten Buch aufgreifen. Schreiben Sie mir unter: buch@haharth.de.

# Materialien

## 2.1.2.2. Sozialisation durch Schule

WHO „Depression and other common mental disorders", 2017
Ärzteblatt.de - „WHO: Millionen leiden an Depressionen", 23.02.2107

## 2.2.1. Die "Brille" der Wahrnehmung

The Monkey Business Illusion
https://www.youtube.com/watch?v=IGQmdoK_ZfY

Hütchen-Spiel - https://www.youtube.com/watch?v=_bnnmWYI0IM

Schachbrett-Illusion
https://www.youtube.com/watch?v=z9Sen1HTu5o

## 2.2.4.5. Konsequenz

Wie wichtig es ist, mit Ihrer Persönlichkeitsentwicklung anzufangen, sollen zwei Beispiele verdeutlichen. Aus einer kleinen Veränderung Ihrer Persönlichkeit kann nach einiger Zeit eine bedeutende Veränderung werden, wenn Sie beharrlich sind.

### Papier falten

Sie falten ein DIN-A4-Papier immer wieder in der Mitte. Das Papier ist ungefähr 0,1 Millimeter dick. Nach dem ersten Falten, ist also das gefaltete Papier rd. 0,2 mm dick. Wenn Sie es wieder falten, ist es rd. 0,4 mm und nach dem dritten Mal rd. 1mm.

Nach der vierten Faltung sind es 2mm, nach der fünften 4 mm, …. nach der zehnten Faltung rd. 12,8 cm! Langsam entfaltet sich die Kraft des exponentiellen Wachstums. Wie geht es weiter? Nach 16 Mal falten sind es rd. 8 m, nach 23 Faltungen rd. 1 km!

Nach 40 Mal falten wäre der Papierstapel rd. 130.000 km hoch! Das entspricht rd. 1/3 der Distanz zum Mond!

**Reiskorn-Parabel**

Sissa ibn Dahirs wünschte sich für sein Schachspiel 1 Reiskorn auf dem 1. Feld des Schachspiels und dann auf jedem folgenden Feld die doppelte Anzahl an Reiskörnern. Der Verwalter der Kornkammer des Herrschers hatte ein großes Problem, die Zahl an Reiskörner auszurechnen.

Auf dem 10. Feld sind es bereits 512 Körner, auf dem 17. Feld sind es 65.536 Körner. Das Schachbrett hat 64 Felder. Das Ergebnis ist unglaublich: das Geschenk für ibn Dahir wären gerundet:

18 Trillionen, 446 Billiarden, 744 Billionen, 73 Milliarden Körner. Das Gewicht rd. 730 Mrd. (!) Tonnen. Die Weltproduktion beträgt rd. 750 Mio. Tonnen. Ibn Dahir hätte also 1.000 Mal die Jahresproduktion an Reis der ganzen Welt bekommen!

### 4.1.1. Körper

Melitta Czerwenka-Nagel ist 91 Jahre alt und bestreitet Wettkämpfe.

https://www.nzz.ch/gesellschaft/athleten-die-im-alter-aktiv-sind-verkoerpern-maximale-fitness-ld.1611684 - aufgerufen 03.11.2021

https://www.zdf.de/wissen/terra-xpress/powermenschen-was-sie-stark-macht-100.html - ab Minute 17:50 – aufgerufen 15.12.2021

### 4.2.3. Herausforderungen

Wolfgang Wienand. CEO Siegfried AG, ex Florettfechter der Weltspitze Interview im Manager Magazin, 06.2021, S. 126

### 4.2.4. Beharrlichkeit

„red paper-Clip" - die Tausch-Geschichte  von Kyle MacDonald
https://www.youtube.com/watch?v=8s3bdVxuFBs

### 4.3.1. Selbst-Sabotage

Viele Menschen wollen erst dann handeln, wenn sie für alle Probleme, die sie erwarten, eine Lösung haben. Das ist so, als wollten wir erst losfahren, wenn wir unser Ziel vor uns sähen und alle Ampeln auf der Straße zum Ziel auf Grün stünden.

Was dabei übersehen wird, ist die Zeit, die wir benötigen, um die Strecke zu überwinden. In dieser Zeit kann die Ampel ihre Farbe wechseln (es tauchen neue Probleme auf). Eine Ampel die auf Rot stand, kann auf Grün umspringen, bis wir dort ankommen. Die Ampel, die jetzt auf Grün steht, kann aber auf Rot umschalten, bis wir dort angekommen sind.

Der Wunsch, alle Ampeln sollen auf Grün stehen, bevor wir losfahren, ist also nicht klug. Er verhindert, dass wir handeln. Der Weg zum Ziel (die Straße) hat häufig auch Kurven. Wir können das Ziel beim Start noch gar nicht sehen (denken Sie an die Wanderung im Voralpenland). Wir wissen deshalb auch nicht, welche Probleme auf dem Weg auftauchen. Wenn wir das Ziel erreichen wollen, müssen wir anfangen, trotz der Ungewissheit oder gar Unwissenheit.

Wenn wir Sicherheit wollen, starten wir nicht oder erst später. Den Zeitverlust durch den späteren Start werden wir womöglich nicht wieder einholen. Ein gutes Beispiel dafür sind BioNTech und CureVac. BioNTech hat sich frühzeitig mit Pfizer verbündet und dadurch Zeit im Genehmigungsverfahren gewonnen. CureVac entschied lange, allein zu arbeiteten und hat den Zeitverlust nicht mehr aufgeholt.

# Literatur

| Autor | Titel |
|---|---|
| Branden, Nathaniel | „Die 6 Säulen des Selbstwertgefühls" |
| Bucay, Jorge | „Komm, ich erzähl dir eine Geschichte." |
| Bueb, Bernhard | „Lob der Disziplin" |
| Dobelli, Rolf | „Die Kunst des guten Lebens" |
| Enkelmann, Nikolaus | „Die Formel des Erfolgs" |
| Fischer, Alex | „Reicher als die Geissens" |
| Gigerenzer, Gerd | „Bauchentscheidungen" |
| Hammer, Armand | „Mein Leben" |
| Hill, Napoleon | „Denke nach und werde reich" |
| Hüther, Gerald | „Was wird sind und was wir sein könnten" |
| | „Jedes Kind ist hochbegabt" |
| | „Die Macht der inneren Bilder" |
| Peale, Norman V. | „Du kannst, wenn du glaubst, du kannst." |
| Pestalozzi, Heinrich | „Wie Gertrud ihre Kinder lehrt" |
| Pieper, Josef | „Über die Tugenden" |
| Porsche, Susanne | „Kinder wollen Werte" |
| Robbins, Anthony | „Das Robbins Powerprinzip " |

Scherer, Hermann        „Glückskinder"

Schönburg, Alexander „Die Kunst des lässigen Anstands"

Peter Spork             "Der zweite Code" Epigenetik

Spitzbart, Michael      „Fit Forever - 3 Säulen für Ihre Leistungsfähigkeit"

Strelecky, John         „The Big Five for Life"